토지의 경제학

토지의 경제학
경제학자도 모르는 부동산의 비밀

전강수 지음

2012년 4월 23일 초판 1쇄 발행
2019년 10월 21일 초판 6쇄 발행

펴낸이 한철희 | 펴낸곳 주식회사 돌베개 | 등록 1979년 8월 25일 제406-2003-000018호
주소 (10881) 경기도 파주시 회동길 77-20(문발동)
전화 (031) 955-5020 | 팩스 (031) 955-5050
홈페이지 www.dolbegae.co.kr | 전자우편 book@dolbegae.co.kr
블로그 imdol79.blog.me | 트위터 @Dolbegae79 | 페이스북 /dolbegae

책임편집 소은주
편집 김태권·이경아·이현화·권영민·김진구·김혜영·최혜리
표지디자인 오필민 | 본문디자인 이은정·박정영
마케팅 심찬식·고운성·조원형 | 제작·관리 윤국중·이수민 | 인쇄·제본 상지사

ISBN 978-89-7199-479-5 03320

책값은 뒤표지에 있습니다.

이 도서의 국립중앙도서관 출판시도서목록(CIP)은 e-CIP 홈페이지
(http://www.nl.go.kr/ecip)에서 이용하실 수 있습니다.(CIP제어번호: CIP2012001725)

토지의
경제학

경제학자도 모르는 부동산의 비밀

전강수 지음

돌베개

한국 사람들보다 한국을 더 사랑한 사람

평생을 강원도 산골짜기에서 가난한 한국 사람들과 함께 지냈던 사람

이 땅에 토지정의가 실현되기를 염원하며

기도와 지원을 아끼지 않았던 사람

현재인Jane Grey Torrey 사모님

얼마 전 별세하신 그분께

감사와 존경의 마음을 담아 이 책을 바칩니다.

차례

이 책을 써야겠다고 마음을 먹은 것은 2009년경이었다. 꽤 오랫동안 부동산 문제에 관심을 가지고 글을 쓰고 사회운동을 해왔지만 막상 내 생각을 차분히 정리할 기회가 없었구나 하는 반성이 들었기 때문이다. 하지만 책의 구성과 내용을 결정하는 데는 나 개인의 생각을 정리한다는 차원을 뛰어넘는 요인이 작용했다. 그것은 부동산 문제에 관한 논의의 혼란상을 정리해보고 싶다는 생각이었다. 나는 2002년경 우리 사회에서 부동산이 최대의 화두로 부각된 이후 소위 부동산 '전문가'라는 사람들이 같은 문제를 두고 너무나 다른 이야기를, 너무도 자신 있게 그리고 줄기차게 외치는 것을 지켜보았다. 문제는 그들의 주장 속에 일리 있는 것도 있었지만 터무니없는 내용도 많았다는 사실이다.

그중에는 노무현 정부 당시에 기득권층과 보수 언론의 강력한 지원을 받으면서 급성장한 자칭 '시장주의자'들(이들은 시장 만능주의자 혹은 시장 근본주의자라 불러야 마땅하다)이 있다. 그들은 투기의 해악을 부정하고, 불로소득의 환수에 반대하고, 시장 상황에 관계없이 공급을 확대해야 한다고 주장한다. 현실 시장에서 일어나는 현상은 모두 정당하고, 정부가 현실 시장의 문제를 해결하기 위해 개입하는 것은 무조건 잘못이라는 것이 시장 만능주의자들의 생각이다.

한편 그들의 반대편에는 시민단체 활동을 하면서 집값이나 전세금이 오르는 것은 정부가 잘못 대처했기 때문이고 그럴 때는 무조건 정부가 직접 나서서 집값과 전세금을 잡아야 한다는 주장을 펼쳐온 사람들이 있다. 영향력은 크지 않지만 좌파 인사들도 이들과 비슷한 생각을 가지고 있다. 이들은 '정부개입 만능주의자' 혹은 '가격규제 만능주의자'라고 부를 수 있겠다. 시장 만능주의자들이 현실의 부동산 시장을 있는 그대로 긍정하는 것과는 반대로, 이들은 시장원리(즉, 수요-공급의 법칙) 자체를 불신하는 경향을 보인다. 이들은 부동산 부자들과 건설업자들이 마음만 먹으면 집값과 전세금을 끌어올릴 수 있고, 정부는 마음만 먹으면 집값과 전세금을 직접 끌어내릴 수 있다고 믿는다. 이 세상에서는 사람이 아니라 구조가 문제의 원인이 되는 경우가 많다는 것을 이들은 모르는 것 같다.

내가 보기에, 시장 만능주의자들은 경제학 이론을 중시하며 시장원리를 강조하지만, 사실은 이론과 시장원리의 이름으로 진실을 왜곡하고 있다. 그들은 자신들이 부동산 시장을 분석할 때 의존하는 이론에 근본적 오류가 있고 그런 이론이 탄생한 데는 특별한 역사적 배경이 있다는 사실을 알지 못한다. 한편 가격규제 만능주의자들은 자신의 경험이나 눈에 보이는 현상에만 집착하여 이론의 중요성을 무시하는 경향이 있다. 이들은 이론 없는 운동은 방향성을 잃고 표류하기 쉽다는 사실을 인식하지 못하는 듯하다. 요컨대 전자는 잘못된 이론으로 부동산 시장을 분석하고, 후자는 이론 자체를 무시한다. 결국 이론이 문제다.

문제투성이의 주장들임에도 시장 만능주의자와 가격규제 만능주의자는 우리 사회에서 막강한 영향력을 행사하고 있다. 전자는 부동산 부자들과 건설업자들, 그리고 강남 지역 부동산 소유자들 같은 기득권층의 전폭적인 지지를 받고 있고, 후자는 눈에 보이는 현상만으로 사태를 파악하는 데 익숙한 일반 시민들의 정서에 부합하는지 그들의 지지를 한 몸에 받고 있다. 기득권층과 일반 시민들의 지지에 민감할 수밖에 없는 정치인들과 정부는 시장 만능주의와 가격규제 만능주의 사이에서 왔다 갔다 하는 경향을 보인다. 게다가 부동산 투자 전문가들까지 가세해서 시민들의 판단을 흐린다. 이들은 애당초 정확한 시장정보를 제공하는 데는 관심이 없고, 무조건 부동산 시장에 자금을 끌어들이는 일에 혈안이 된 사람들이다. 상황이 이렇게 혼란스러울 때는, 객관적인 입장에서 진실을 말해줄 수 있는 지식인들이 나서서 정치인들과 시민들이 올바른 판단을 할 수 있도록 도와야 할 텐데, 요즈음은 그런 지식인들을 찾아보기가 힘들어졌다. 경제적 이익도 없고, 인기도 얻기 어렵고, 더구나 자칫 잘못하면 기득권층으로부터 탄압을 받거나 시민들로부터 지탄을 받기도 하는 괴로운 일을 감당하려 들지 않는 것이다. 지식인들의 무관심과 침묵은 사회가 내부적으로 쇠퇴하기 시작했음을 드러내는 대표적인 징후인데, 요즈음 우리 사회에서 이런 현상이 보이고 있으니 걱정스럽기 짝이 없다.

어떤 문제건 올바로 인식하고 대처하기 위해서는 올바른 이론에 기초하는 것이 가장 중요하다. 이론이 없거나 잘못된 이론에 기댈 경우, 진단도 잘못되고 처방도 엉터리가 될 수밖에 없다. 시장 만능주의자들은 자신들이 기대고 있는 이론이 오랜 세월의 검토를 거치는 동안 타당성이 증명된 이론이라는 확신을 가지고 있다. 애덤 스미스Adam Smith가 '보이지 않는 손'을 이야기한 이래 경제학에서 수요-공급의 법칙이나 '시장의 자기조절 기능' 같은 것은 도저히 부정하기 어려운 진리의 반열에 올랐다. 이런 개념을 가지고 토지와 부동산을 분석하고 대안을 말하기 때문에 자신들은 절대로 잘못될 수 없다는 것이 시장 만능주의자들의 생각이다. 그들은 수요-공급의 법칙이나 시장의 자기조절 기능이 제대로 작동하지 않는 시장이 존재할 수 있다는 사실을 인정하기 싫어한다.

자신들이 신봉하고 있는 신고전학파 경제학의 성립과정에서 매우 중대한 왜곡이 있었다는 사실을 안다면 시장 만능주의자들은 어떻게 반응할까? 사실 시장주의 혹은 자유방임주의의 원조인 고전학파 경제학자들은 시장 만능주의자들과는 무척 다른 토지이론을 가지고 있었다. 고전학파의 토지이론을 현대적 감각에 맞게 꾸며서 시장 만능주의자들 앞에 내놓을 때 그들이 어떤 반응을 보일지 무척 궁금하다. 짐작건대 시장 만능주의자들은 단번에 그것을 반反시장적인 이론으로 규정지을 것 같다.

고전학파 경제학자들은 토지가 다른 자원이나 일반 재화와는 매우 다른 물건이라는 것을 간파하고 있었다. 그리고 토지시장의 동향이 경제의 다른 분야에 커다란 영향을 미친다는 사실도 잘 알고 있었다. 뿐만 아니라 토지 소유자에게 돌아가는 소득(지대)이 어떤 성질을 갖는지에 대해서도 잘 파악하고 있었다. 그들은 공통적으로 토지를 절대적·배타적 소유의 대상으로 삼는 것은 잘못이며 지대소득에 대해서는 가능한 한 무겁게 과세해야 한다는 생각을 갖고 있었다. 신고전학파 경제학이 형성되고 있던 19세기 후반에 미국에서는 헨리 조지Henry George라는 걸출한 경제학자가 등장하여 고전학파의 토지이론을 완성했다. 헨리 조지는 당시 영미권에서는 카를 마르크스Karl Marx에 버금가는 영향력이 있었다.

메이슨 개프니Mason Gaffney에 의하면, 헨리 조지의 엄청난 영향력에 위협을 느낀 미국의 지주 세력이 당시 엘리트로 꼽히던 경제학자들을 고용해서 헨리 조지 경제학을 무너뜨리는 작전을 전개했다. J. B. 클라크Clark, E. R. A. 셀리그먼Seligman, R. T. 일리Ely, 프랜시스 워커Francis A. Walker, 프랭크 나이트Frank Knight 등이 그때 동원되었던 경제학자들이다. 중요한 것은 이들이 바로 미국 신고전학파 경제학의 아버지들이라는 사실이다.

그중에서도 클라크는 헨리 조지 경제학을 논파하기 위해 책을 무려 24권이나 썼다고 하니 대표적인 인물로 꼽을 만하다. 그가 사용한 방법은 자본의 개념을 새롭게 정의하여 토지와 자본의 차이를 흐릿하게 만들고 양자 사이의 벽을 허무는 것이었다. 다른 경제학자들도 클라크와 마찬가지로 토지와 자본의 차이, 지대소득과 다른 소득의 차이를 제거하고자 노력했다. 이들의 끈질긴 노력은 마침내 성공을 거두었다. 더 이상 토지는 특별히 구별해서 다루어야 할 대상이 아닌 것으로 간주되었고, 토지이론은 경제학

교과서에서 사라져버렸다. 미국에서 신고전학파의 성립과정은 바로 주류 경제학에서 토지가 빠지게 되는 과정이었던 것이다.

우리나라의 부동산 시장 만능주의자들은 토지문제에 관한 한 자기 아버지(신고전학파)가 할아버지(고전학파)를 배반하고 엉터리 이론을 만든 줄도 모른 채 아버지의 주장이 시장주의의 전범典範이라고 철석같이 믿고 있다. 하지만 토지를 바라보는 시각에서 전범이 되어야 할 것은 고전학파와 헨리 조지의 경제학이다. 토지의 특수성과 중요성을 중시하는 고전학파와 헨리 조지의 시각이 복원되지 않는다면 시장주의가 본연의 모습을 갖추기 어려울 것이다.

시장 만능주의자들과는 달리, 가격규제 만능주의자들의 경우 이론이 아예 없다는 것이 문제다. 그들의 눈에는 가격을 부당하게 올리는 나쁜 사람들만 보인다. 그리고 그런 나쁜 사람들을 그냥 방치하는 나쁜 정부만 보인다. 그래서인지 가격규제 만능주의자들은 가격을 부당하게 끌어올리는 사람들의 나쁜 짓을 적발하고 폭로하는 일에 전력全力을 기울인다. 정부더러는 가격 상한을 설정해서 이런 나쁜 짓을 막으라고 요구할 뿐만 아니라 정부가 직접 나서서 값싼 주택을 공급하여 가격을 낮춰야 한다고 주장한다.

하지만 경제학원론 교과서만 읽어보더라도, 가격이란 나쁜 사람의 마음대로 올리고 내리고 할 수 없다는 사실과 인위적인 가격 통제는 소기의 목적을 달성하지는 못하고 부작용을 낳기 마련이라는 사실을 금방 이해할 수 있다. 가격규제 만능주의자들이 이론 없이 자신들의 경험과 피상적인 현상 인식만 가지고 엉터리 주장을 펼치고 있다는 사실이 분명한데도, 이들의 주장은 끈질긴 생명력을 발휘하며 많은 사람들을 현혹시키고 있다. 시장 만능주의자들이 경제학 이론을 앞세워서 기득권층을 옹호하는 바람에, 가격규제 만능주의자들의 유치한 주장이 도리어 힘을 얻고 있는지도 모르겠다.

　시장 만능주의자들 같은 이데올로그ideologue들과 가격규제 만능주의자들 같은 선동가들이 부동산의 진실을 왜곡하여 시민과 정치인들을 혼란에 빠뜨리고, 올바른 정책이 실시되지 못하게 방해하는 것을 더 이상 방치해서는 안 된다. 일반 시민들이 부동산의 진실을 제대로 파악하고 있다면 이들의 왜곡과 선동은 설 자리를 찾기 어려울 것이다. 내가 이 책의 내용을 구상하고 집필한 목적은 토지와 부동산에 관한 올바른 이론과 정책 대안을 정리하고 소개함으로써 일반 시민들이 부동산의 진실을 파악할 수 있도록 도우려는 데 있다.

　1부에서는 신고전학파 경제학이 토지를 무시하게 된 배경, 일반 재화나 자본을 다루는 데 사용되는 경제이론을 토지와 부동산에 그대로 적용해서는 안 되는 이유, 토지의 특수성, 지대와 지가의 결정원리, 토지가 거시경제에 미치는 영향 등에 대해 설명한다. 토지의 특수성과 중요성을 제대로 인식하지 않는다면 토지이론을 올바로 구축하는 것은 불가능하다는 것이 1부의 기본 문제의식이다.

　2부에서는 부동산 투기가 발생하고 소멸하는 메커니즘을 설명한다. 투기의 해악과 대책에 대해 이야기하는 사람들은 많지만, 막상 그것이 왜 발생하고 또 소멸하는지 이론적으로 해명한 사람은 거의 없다. 이 책에서는 부동산 가격이 심한 변동성을 보이는 이유, 투기와 거품을 유발하는 원인, 거품의 붕괴를 야기하는 내적 요인, 그리고 거품의 형성과 붕괴boom and bust 메커니즘에 영향을 미치는 외부적 요인 등에 대해 이론적으로 설명함으로써 '투기의 경제학'을 구축해보고자 한다.

3부에서는 토지공개념의 원조라고 불리며 노태우 정부와 노무현 정부의 부동산 정책에 큰 영향을 미쳤던 헨리 조지의 토지이론을 소개하고 그것의 정정訂正을 시도한다. 토지이론과 부동산 정책에 관한 논의에서 헨리 조지의 이론은 오늘날에도 매우 중요한 의미를 갖지만, 우리나라에서는 아직까지 그에 대해 본격적인 검토가 이루어지지는 못했다. 그래서 그런지 헨리 조지에 관심을 갖고 있는 사람들은 무조건 반대하는 사람과 무조건 지지하는 사람으로 나뉘어 있다. 나는 시장친화적인 방법으로 토지의 공공성을 실현해야 한다는 헨리 조지의 정신에는 완전히 공감하지만, 그의 이론 가운데 적지 않은 오류와 논리적 결함이 들어 있다고 판단하고 있다. 이런 오류와 결함을 수정하는 동시에 현대 경제에 적합한 형태로 그의 이론을 발전시켜야 한다는 생각에서 3부를 집필했다.

4부에서는 이 책의 앞부분에서 소개한 이론을 바탕으로 올바른 부동산 정책의 조건을 제시한다. 이 조건에 비추어 전두환 정부에서부터 현 이명박 정부에 이르기까지 우리나라 각 정부가 실시한 부동산 정책들을 평가하고, 많은 시민과 정치인들의 판단을 흐리고 있는 잘못된 정책 대안들에 대해 본격적으로 비판한다.

5부에서는 다음 정부가 부동산 정책을 어떤 방향으로 펼쳐야 할지, 주요 정책 과제들을 어떤 방식으로 추진해야 할지 구체적으로 제안한다. 정책 제안의 대상을 진보개혁 정부로 한정하는데, 그 이유는 수년간 토지정의를 실현하기 위한 사회운동에 참여했던 나의 경험에 비추어볼 때 우리나라의 보수 정치 세력은 헨리 조지 식 정책 대안을 수용할 만한 그릇이 안 된다고 판단했기 때문이다.

　　일찍이 헨리 조지는 "(경제문제에 관한 잘못된 견해들이: 인용자) 고통을 예민하게 느끼고 부조리를 예리하게 의식하는 상당수의 사람들에게 급속히 퍼지고 있다. 이러한 견해는 정치권력의 궁극적인 원천인 국민 대중을 자칫 사이비 지도자 내지 선동가의 지배하에 둘 위험성을 안고 있다. 그러나 이러한 견해에 효과적으로 대처하려면 정치경제학 이론에 부합하면서 일반 대중과 공감을 얻을 수 있는 해답을 내놓아야 한다"*고 이야기한 바 있다. 그의 주장에 전적으로 공감하면서, 독자들이 이 책에서 그런 해답의 일부라도 발견하기를 간절히 바란다.

　　이 책에는 토지정책학회(구 헨리조지연구회)나 부동산연구회 회원들과의 토론, 토지정의 운동 관계자들과의 교류, 시장 만능주의자들과 가격규제 만능주의자들과의 논쟁 등을 통해 숙성되고 정리된 생각들이 많이 녹아 있다. 일일이 거명하지는 않겠지만, 지금

•

헨리 조지 지음, 김윤상 옮김, 『진보와 빈곤』, 비봉출판사, 1997, 10~11쪽.

까지 이런저런 모양으로 내가 생각을 정리하고 발전시키는 데 도움을 주신 분들께 감사의 마음을 전한다.

이 책의 집필에는 특히 내 가족과 쥬빌리교회 교인들의 도움이 컸다. 내 아내와 아이들은 자기들과 충분히 시간을 보내지 못하는 나에게 불평과 원망을 하기는커녕 중간 중간 낙심하고 지쳐 있던 나를 격려하고 끝까지 지지해주었다. 그리고 쥬빌리교회 교인들은 내가 책 집필을 잘할 수 있도록 계속해서 기도해주셨다. 내 가족과 쥬빌리교회 교인들의 사랑과 기도가 없었다면 나는 아마 이 책을 마치지 못했을지도 모른다. 지면을 빌려서 사랑과 감사의 마음을 전하고 싶다. 그리고 이 책의 의의를 인정하고 기꺼이 출판을 맡아준 돌베개 출판사 관계자들께도 깊이 감사드린다. 편집부의 소은주 팀장님과 김태권 님은 초고를 꼼꼼히 읽고 개선 방향을 제시해주셨다. 그 덕택에 책의 내용이 한 단계 업그레이드되었다. 마지막으로 이 책은 2010년도 대구가톨릭대학교 교내연구비 지원을 받았음을 밝혀둔다.

2012년 3월
전강수

1부

복원되어야 할
'토지의 경제학'

01

현대 경제학의 미스터리

왜 경제학자들은 토지를 무시하게 되었을까?

경제학원론을 수강한 적이 있는 학생들에게 생산의 3요소가 무엇인지 물어보면, 바로 "토지, 노동, 자본이요!"라고 대답한다. 그도 그럴 것이 대부분의 경제학원론 교과서가 초반부에 토지, 노동, 자본이 생산의 3요소라고 분명하게 가르치고 있기 때문이다. 지금까지 전 세계에서 가장 많이 팔린 경제학원론 교과서는 폴 새뮤얼슨Paul Samuelson의 『경제학』*Economics*이라고 알려져 있다. 그 책에서 새뮤얼슨은 경제문제를 세 가지로 요약하는데, 그것은 '무엇을 얼마만큼 생산할 것인가?', '어떻게 생산할 것인가?', '누구를 위하여 생산할 것인가?'다. 그런데 이 세 가지 문제는 모두 생산요소와 깊은 관련이 있다는 점에 유의할 필요가 있다. 첫 번째는 한 사회가 가지고 있는 생산요소를 어느 분야에 얼마만큼씩 배분하여 생산물을 생산할 것인가 하는 문제이고, 두 번째는 생산요소를 어떤 방법으로 결합하여 생산할 것인가 하는 문제이며, 세 번째는 생산물을 생산요소 제공자들에게 어떻게 귀속시킬 것인가 (즉, 분배할 것인가) 하는 문제이기 때문이다.

토지가 생산의 3요소 중 하나고 3대 경제문제가 모두 생산요소를 다루는 방식과 관련이 있다면, 경제학 책들이 토지를 중요하게 취급하는 것이 당연할 것이다. 그런데 경제학원론 교과서들을 읽어보면 전혀 그렇게 하지 않고 있다는 사실을 발견할 수 있다. 초반부에 분명히 토지를 생산의 3요소라고 해놓고는, 조금 뒤 기업의 생산함수를 다루는 부분에 가서는 슬그머니 토지를 빼버린다. 생산량은 토지와 노동과 자본의 양에 의해 결정된다고 해야 함에도, 노동과 자본의 양에 의해서만 결정된다고 해버리는 것이다. 왜 토지를 제외하는지 이유도 설명하지 않는다. 그다음부터는 분배이론을 다루는 부분에서 한두 페이지 정도 언급하는 것을 제외하면 마지막 페이지까지 토지 이야기는 나오지 않는다. 경제학원론 교과서라서 초보적인 내용만 다루다 보니 그렇게 됐겠지 생각할 수도 있지만, 그렇지 않다. 경제학원론보다 좀더 심화된 내용을 다루고 있는 미시경제학과 거시경제학 교과서들을 보더라도 상황은 마찬가지다. 재정학, 화폐금융론, 경제정책론 등 주요 경제학 각론 교과서에서도 토지에 관한 이야기는 찾아보기 어렵다. 경제학 전체 체계에서 토지가 실종되어버렸다고 해도 과언이 아니다.

토지경제학이라는 분야가 있지 않은가라고 반문하는 사람이 있을 수 있다. 물론 토지경제학이라는 분야가 있고 거기서는 분명히 토지를 집중적으로 다룬다. 하지만 이 분야는 경제학에서 일개

변두리 분야로 간주되기 때문에, 전공하는 학자들이 다른 분야에 비해 소수일 뿐 아니라 대학 강단에서도 소홀하게 취급된다. 대학 학부와 대학원에서 경제학을 전공하고도 토지경제학을 한 번도 수강하지 않은 채 졸업하는 학생들이 수두룩하다. 토지를 다루는 방식에도 문제가 있다. 토지를 전체 경제의 틀 속에서 보는 것이 아니라 따로 떼어내서 그것만 미시적으로 다루고 끝내는 것이다. 토지경제학 분야에서 토지와 임금, 토지와 금리, 토지와 빈곤, 토지와 고용 등의 문제를 다루는 연구는 드물다. 어찌 보면 지금의 토지경제학은 토지의 중요성을 부각시키기보다는 토지를 칸막이 안에 가두어버리는 역할을 하고 있다.

앞으로 자세히 살펴보겠지만 토지는 현실 경제에 매우 중대한 영향을 끼치고 있다. 그런데 왜 경제학자들은 그것을 깡그리 무시하거나, 아니면 토지경제학이라는 조그만 변두리 영역 안에 가두어놓고는 빠져나오지 못하게 막는 것일까? 현실 경제의 움직임에 큰 영향을 끼치는 요소를 무시할 경우 분석의 설명력이 떨어지는 것은 불가피한데도 말이다.

경제학의 역사를 살펴보면, 경제학자들이 처음부터 토지를 무시했던 것은 아님을 알 수 있다. 애덤 스미스, 데이비드 리카도 David Ricardo, 존 스튜어트 밀 John Stuart Mill 등의 고전학파 경제학자들은 토지의 특수성을 분명하게 인식하고 있었고, 각자 나름대로 토지가치가 소득분배나 거시경제의 변동에 미치는 영향을 이해하고자 노력했다. 고전학파의 시대가 끝나가고 있던 19세기 후반에도 미국에서 헨리 조지라는 걸출한 경제학자가 등장하여, 토지가치의 변화로 진보 속의 빈곤을 설명하고 토지 투기로 불황을 설명하는 토지 중심의 경제학을 가지고 전 세계를 뒤흔들었다. 1879년에 출간된 그의 책 『진보와 빈곤』Progress and Poverty은 19세기 말까지 나온 영어로 쓰인 논픽션 분야의 책 가운데 성경 다음으로 많이 팔린 책으로 기록되었고, 경제학 책만 가지고 따지면 지금까지 최고 베스트셀러 자리를 차지하고 있다고 한다. 헨리 조지의 이론은 그의 사후 1920년경까지도 강한 영향을 미쳤다고 하는데, 그렇다면 지금부터 90년 전까지만 해도(즉, 스미스의 『국부론』이 출간된 1776년 이후 140여 년 동안은) 토지를 중시하는 지적 전통이 강하게 유지되고 있었던 셈이다.

토지가 경제학 체계에서 빠져버린 것은 헨리 조지와 동시대에 활동했던 초기 신고전학파 경제학자들 때문이다. 1870년대 초에 K. 멩거Menger, W. S. 제본스Jevons, L. 발라Walras 3인이 한계효용 이론을 주창한 것을 계기로, 19세기 말에서 20세기 초에 영국에서는 A. 마셜Marshall과 A. C. 피구Pigou 등이, 미국에서는 클라크, 셀리그먼, 일리 등이 고전학파의 자유방임주의, 생산비 가치론과 한계효용 이론을 결합하여 신고전학파 경제학을 성립시켰다. 이때 성립한 신고전학파 경제학이 바로 오늘날 자본주의 국가의 대학들에서 학생들이 배우고 있는 주류 경제학의 뿌리다.

클라크는 미국 신고전학파의 아버지라고 불리는 인물이다.* 오늘날 그를 기리는 클라크상이 미국에서 노벨경제학상에 버금가는 상으로 평가받고 있다는 점을 생각하면 그가 미국 경제학계에서 어느 정도의 위치를 차지하고 있는지 짐작할 수 있다. 클라크가 한계생산력설을 만들고 초기 미국 신고전학파를 주도했다는 사실을 기억하는 사람들은 많지만, 그가 경제학에서 토지를 빼버리기 위해 집요하게 노력했다는 사실을 기억하는 사람은 드물다. 그가 토지를 누락시키기 위해 사용한 방법은 자본의 개념을 새롭게 정의하여 토지와 자본의 차이를 흐릿하게 만드는 것이었다. 오랫동안 기계, 건물, 원료 등과 같이 생산을 돕기 위해 투입되는 생산물을 가리키는 것으로 이해되고 있던 자본을, 클라크는 이런저런 물건들로 형태 전환할 수 있는 비물질적인 실체로 정의했다. 그에 의하면 자본은 올해는 기계의 형태를 취하다가 내년에는 건물, 내후년에는 토지 등으로 얼마든지 형태 전환을 할 수 있다. 자본을 여러 사람의 몸을 들락날락하는 일종의 영적 실체처럼 취급한 것이다. 그래서 혹자는 클라크의 자본을 '젤리 자본'jelly capital 혹은 '플라스틱 자본'plastic capital이라고 부른다. 자본을 이렇게 정의하고 나면 자연적으로 자본과 토지의 차이는 무의미해진다. 실제로 그의 자본 개념이 나온 이후 경제학자들은 점점 토지를 자본의 한 형태로 이해하기 시작했고, 결국 경제학의 무대에는 토지는 사라지고 노동과 자본만 남게 되었다.

클라크가 만든 한계생산력설도 토지와 자본 사이의 벽을 허무는 데 일조했다(한계생산력설에 대해서는 뒤에서 좀더 자세히 설명한다). 한계

•

이하의 내용은 Mason Gaffney, "Neo-classical Economics as a Strategem against Henry George", Mason Gaffney and Fred Harrison eds., *The Corruption of Economics*, Shepheard Walwyn, 1994 참조.

생산력설에 의하면, 생산요소에 대한 대가는 그 생산요소의 마지막 단위가 만드는 생산물(한계생산)의 가치를 반영한다. 즉, 임금은 노동의 한계생산 가치를 반영하고, 이자는 자본의 한계생산 가치를 반영하며, 지대는 토지의 한계생산 가치를 반영한다는 것이다. 세 가지 생산요소에 대한 대가가 모두 동일한 원리에 의해 결정된다는 이야기는 세 가지 생산요소가 동질적임을 암시하는 것으로 이해될 수 있다. 실제로 클라크는 그렇게 이해해서 한계생산력설을 토지와 자본의 벽을 허무는 도구로 활용했다. 더욱이 그는 거기서 머물지 않았다. 한 걸음 더 나아가 임금이나 이자가 불로소득이 아닌 것처럼 지대도 불로소득이 아니라는 사실을 논증하는 데 한계생산력설을 적극적으로 활용한 것이다. 지대가 토지의 생산성에 대한 정당한 대가임을 입증하는 것이 그의 궁극적인 관심사였던 것이다.

클라크는 물질적 실체임이 분명한 자본을 가지고 왜 그런 이상한 짓을 한 것일까? 그는 왜 그렇게 토지와 자본의 벽을 허물고 지대와 다른 소득의 질적 차이를 제거하려고 노력한 것일까? 어떤 학문의 발전이 개념이나 논리 같은 학문적 요인에 의해서만 이루어지지 않는다는 것은 주지의 사실이다. 이해관계나 권력과 같은 학문 외적 요인이 영향을 끼치는 경우가 비일비재하다. 개프니에 의하면, 미국 신고전학파의 형성과정에 바로 그런 학문 외적 요인이 강하게 작용했다. 클라크의 주된 관심은 고전학파 경제학의 논리적 오류를 바로잡아 경제학을 발전시키는 것이 아니라, 당시 선풍적인 인기를 끌면서 지주 세력을 위협하고 있던 헨리 조지의 이론을 무너뜨리는 데 있었다.

클라크는 존스 홉킨스 대학교에서 가르치다가 1895년에 콜롬비아 대학교로 자리를 옮겼는데, 그곳에서 그는 셀리그먼과 함께 헨리 조지 비판에 몰두했다. 그는 1886~1914년 사이에 헨리 조지를 비판하는 책을 무려 24권이나 썼다고 한다. 아이러니하게도 그의 대표적인 이론인 한계생산력설은 헨리 조지의 임금이론을 집중적으로 검토하는 과정에서 아이디어를 얻어 만든 이론이라고 클라크 스스로 고백한 바 있다. 클라크를 경제학 교수로 뽑은 사람은 부유한 실크 수입업자이자 지주였으며 당시 콜럼비아 대학교 총장이었던 세스 로Seth Low였다. 1895년에 로는 뉴욕 시장 선거에 출마하기 위해 준비 중이었는데 그의 유력 상대가 바로 헨리 조지였다. 클라크를 영입한 이유가 무엇이었는지 충분히 짐작케 한다. 당시 콜럼비아 대학교 외에도 존스 홉킨스 대학교, 시카고 대학교, 스탠퍼드 대학교 등이 반反헨리 조지 성향을 강하게 드러내고 있었는데, 그 대학교들 모두가 클라크를 영입하기 위해 열을 올렸다고 한다. 이 대학교들의 설립과 발전에 지주들이 큰 역할을 했다는 것은 시사하는 바가 크다.

클라크와 함께 헨리 조지 비판에 앞장섰던 미국의 신고전학파로는 셀리그먼 외에도, 미국 경제학회 초대 회장과 매사추세츠 공과 대학교MIT 총장을 역임한 프랜시스 워커와 존스 홉킨스 대학교 경제학 교수로서 토지경제학 분야를 개척한 일리를 들 수 있다. 시카고학파를 창시했던 프랭크 나이트가 그들의 뒤를 이었다. 헨리 조지를 비판하기 위해 클라크, 셀리그먼, 워커, 일리, 나이트 등이 한결같이 동원했던 방법은 토지와 자본의 차이를 제거하는 것이었다. 그들이 미국의 경제학계에 미친 영향은 실로 지대하다. 그들은 많은 책과 논문을 집필하고 많은 제자들을 양성함으로써 토지를 무시하는 신고전학파 경제학의 발전과 보급에 크게 기여했다. 그러니까 오늘날 수많은 경제학 교과서에서 토지가 무시되고 있는 것은 결코 우연이 아니다.

학문이 특권층의 이해관계의 영향을 받아 왜곡되는 경우 학자들은 각광을 받고 돈을 벌 수 있을지 몰라도 그 학문 자체는 처량한 처지에 떨어지고 만다. 그러니까 오늘날 신고전학파 경제학이 현실 경제와 유리되어 올바른 진단과 처방을 내릴 수 없는 처량한 처지에 빠진 것도 결코 우연이 아니다.

02

토지의 특수성

경제학에서는 사람들의 욕구를 충족시키는 생산물을 재화와 서비스라고 부른다. 사람들은 재화와 서비스를 소비하여 자신의 욕구를 충족시키고 만족, 즉 효용을 얻는다. 빵을 먹으면 배가 부르고, 옷을 입으면 따뜻해지고, 차를 타면 목적지에 빠른 시간 안에 도착한다. 빵, 옷, 차는 서로 다른 재화지만 소비하는 사람들에게 효용을 가져다준다는 점에서 동일하다. 부동산도 소비하는 사람에게 효용을 가져다준다. 주택은 거주자에게 마음 놓고 쉬고 잠잘 수 있는 공간을 허락하며, 사무실은 사용자에게 마음 놓고 일할 수 있는 공간을 제공한다.

부동산이 일반 재화와 마찬가지로 소비하는 사람들에게 효용을 가져다준다는 이유로 양자를 동일하게 취급하는 경제학자들이 적지 않다. 일반 재화를 분석할 때 경제학자들은 수요곡선, 공급곡선, 가격 변화 등의 개념을 이용한다.

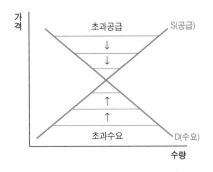

그림 1

수요·공급 곡선과
시장의 자기조절 기능

〈그림 1〉은 경제학자들이 학생들을 가르칠 때 가장 많이 활용하는 그래프로서, 시장에서 일어나는 일을 일목요연하게 표현하고 있다. 여기서 수요곡선은 우하향하고 공급곡선은 우상향하며, 가격은 우하향하는 수요곡선과 우상향하는 공급곡선이 교차하는 점에서 결정된다. 수요량이 공급량을 초과할 때는 초과수요 상태가 되는데 이때는 가격이 상승하여 초과수요 상태를 해소한다. 반대로 공급량이 수요량을 초과할 때는 초과공급 상태가 되는데 이때는 가격이 하락하여 초과공급 상태를 해소한다. 이처럼 초과수요나 초과공급이 발생할 때 가격이 움직여서 즉시 수요량과 공급량이 일치하는 균형 상태를 회복시키는 것을 시장의 자기조절 기능이라고 부른다.

경제학자들 가운데 아무 생각 없이 이런 분석틀을 부동산에도 그대로 적용하는 사람들이 적지 않다. 물론 부동산 시장에도 수요와 공급이 존재하고 가격도 성립하기 때문에 이런 분석틀을 가지고 어느 정도까지 설명은 가능하다. 그러나 이런 분석은 대체로 부동산과 일반 재화의 질적 차이를 감안하지 않는다는 점에서 치명적인 결함이 있다. 부동산 수요는 일반 재화의 수요와 매우 다르다. 그리고 부동산 공급은 일반 재화의 공급과 매우 다르다. 그렇기 때문에 부동산 가격의 움직임은 일반 재화 가격의 움직임과 매우 다른 양상을 보인다. 이 모든 일은 일반 재화와 부동산의 질적 차이에서 기인한다.

2008년 11월 영국 여왕 엘리자베스 2세가 세계 최고 수준의 경제학과를 가진 런던정경대학^{LSE}을 방문한 자리에서 세계 금융위기를 주제로 한 루이스 가리카노^{Luis Garicano} 교수의 발표를 듣고 난 후 "왜 아무도 이런 일을 예상하지 못했지요?"라고 물었다고 한다.* 런던정경대학 경제학과에는 세계 최고 수준의 주류 경제학자들이 모여 있다는 점을 생각할 때 여왕의 질문은 금융위기 예측에 무능했던 주류 경제학 전체를 향한 것이었다고 볼 수 있다. 주류 경제학자들이 세계 금융위기를 예측하지 못했던 이유로 여러 가지를 생각해볼 수 있지만, 그들이 평소에 부동산의 특수성에 무관심했다는 사실이 매우 중요하다. 그들과는 대조적으로, 토지와 부동산을 중시하고 그 특수성에 주목하는 조지스트^{Georgist} (헨리 조지를 따르는 사람) 경제학자들은 금융위기가 발발하기 몇 년 전부터 2008년을 전후하여 대규모 금융위기가 발생할 것이라고 경고해왔다.

이제 부동산의 특수성에 대해 살펴볼 텐데, 그전에 먼저 분명

---

*

장하준, 『그들이 말하지 않는 23가지』, 부키, 2010, 320쪽.

히 해두어야 할 사항이 있다. 부동산은 성격이 전혀 다른 두 가지 요인, 즉 토지와 토지개량물이 결합된 물건이라는 점이다. 토지개량물이란 사람들이 토지 위에 만드는 모든 인공물을 통칭하는 말이다. 건축물은 대표적인 토지개량물이다. 토지와 토지개량물 중 일반 재화와 질적 차이를 갖는 것은 바로 토지다. 그러니까 부동산의 특수성은 바로 토지의 특수성에서 나온다고 해도 틀린 말이 아니다. 그렇다면 토지의 특수성에 대해 잘 살펴봐야 하지 않겠는가?

여기서 말하는 토지는 지표면만이 아니라 풍부한 광맥과 유전, 동력을 일으키는 폭포, 놀라운 교신을 가능케 하는 주파수대, 우주 공간의 위성궤도 등 자연 전체를 가리키는 용어다. 이 가운데 가장 큰 문제가 되는 것이 지표면이기 때문에 주로 여기에 집중해서 논의를 진행하자.

토지는 창조주가 인류에게 공짜로 준 것이다(천부성)

먼저 토지는 사람이 만들지도 않았고 또 만들 수도 없는 천부자원이다. 일반 재화들은 모두 사람의 손을 거쳐서 생산된 것들이다. 하지만 토지는 인류에게 그냥 주어졌을 뿐이다. 과학기술이 아무리 발전해도 사람이 토지를 만들 수는 없다. 혹자는 이렇게 말할지도 모른다. 인간은 바다를 간척해서 토지를 만든다고. 하지만 그것은 본질적으로 바다라는 형태의 토지가 지표면이라는 형태의 토지로 형태 전환을 한 것에 불과하며, 그런 형태 전환조차도 쉬운 일이 아니다. 간척을 통해 지표면을 확대하는 일이 쉬운 일이었다면, 왜 그렇게 오랜 세월 동안 한반도는 똑같은 모양을 유지하고 있는 것일까?

천부자원이라는 용어는 무상으로 주어졌다는 의미를 포함한다. 사람이 생산자원으로 사용하는 것 중에는 토지 말고도 자본이 있다. 기계, 건물, 댐, 도로, 수로 등이 바로 자본에 해당한다. 토지도 자본도 모두 그 소유자에게 이익을 가져다주고 생산과정에 기여하지만, 양자는 결정적으로 다르다. 토지는 무상으로 주어졌고 자본은 비용을 들여 만든 것이기 때문이다.

토지는 사유해서는 안 되는 물건이다(사유불가성)

토지가 무상으로 주어졌다는 사실은 그 소유권에 대한 논의를 촉발한다. 결론부터 말하자면 토지는 사유해서는 안 되는 물건이다. 오늘날 우리나라를 포함한 많은 국가들이 토지사유제를 채택하고 있어서 토지도 일반 재화나 자본처럼 사적으로 소유하는 것을 당연하게 생각하는 사람들이 많다. 하지만 만든 사람이 있는 일반 재화나 자본과, 만든 사람이 없이 무상으로 주어진 토지를 똑같이 취급할 수는 없다. 사유재산의 원칙을, 사람이 어떤 물건이라도 사적으로 소유할 수 있고 그럴 경우 그 소유권은 절대적으로 보호되어야 한다는 식으로 이해하는 사람들이 있다. 만일 사유재산의 원칙이 그런 내용이라면, 노예제도나 인신매매도 얼마든지 정당화될 수 있을 것이다.

그러나 진짜 사유재산의 원칙은 그런 것이 아니다. 자유주의

사상의 시조인 존 로크John Locke에 의하면, 어떤 물건에 사적 소유권이 성립하는 것은 누군가 그것을 만들기 위해 노동이라는 비용을 지불했기 때문이다. 그렇게 성립한 사적 소유권은 절대적이고 배타적인 권리로서 인정받고 보호받아야 한다는 것이 로크의 생각이었다. 개인의 인격과 신체, 그리고 노동력이 그 개인의 것이라면 그의 노동력을 발휘해서 생산한 물건도 그의 것으로 인정해야 한다는 것이 논거였다. 물론 자신의 노동생산물을 주는 대신 다른 사람의 생산물을 취득하는 교환을 통해서도 사적 소유권이 생길 수 있다.

그러니까 사유재산의 원칙이란, 어떤 물건은 그것을 만들기 위해 노력한(즉, 비용을 지불한) 사람이 소유하는 것이 마땅하다는 '상식'을 근사한 형태로 표현한 것에 지나지 않는다. 이런 상식에 입각해서 생각하면, 사람이 다른 사람을 소유하고 거래하는 노예제도는 당연히 부정된다. 토지사유제도 마찬가지 아닌가? 토지를 만들기 위해 비용을 지불한 사람이 아무도 없는데, 어떻게 사적 소유권을 부여할 수 있겠는가? 창조주 외에 토지를 놓고 절대적·배타적 소유권을 주장할 수 있는 존재는 이 세상에 아무도 없다.

소유할 수 없는 물건을 소유하기 위해서는 폭력과 무력을 동원할 수밖에 없다. 영국과 미국의 노예제도가 아프리카 흑인들에 대한 무자비한 폭력에서 시작되었음을 기억하라. 16세기 초부터 19세기 후반까지 최소 1,500만 명의 아프리카 흑인들이 마치 동물처럼 포획되어 아메리카 대륙으로 끌려갔다. 폭력에 기초하여 성립한 노예제도를 철폐하려고 했을 때 노예주들이 사유재산 보호론을 내세워 극렬히 저항했던 것은 잘 알려진 사실이다.

　노예제와 마찬가지로 토지사유제도 폭력과 함께 시작되었다. 인류 역사를 통틀어서 볼 때, 한 민족의 영토 확보에는 대개 무력이 동원되었으며, 확보한 영토를 사회구성원들에게 분배하는 데도 정치적 힘의 논리가 결정적인 요인으로 작용했다. 토지 소유권의 기원은 개인의 근면이나 저축이 아니라 강탈과 강점이었던 것이다. 힘으로 토지 소유권을 확보하는 짓은 인류 역사상 최초로 토지 소유권이 등장했던 시대에만 행해진 것이 아니다. 인류 역사에서 수없이 반복되어온 전쟁은 토지를 무력으로 확보하려는 노력이 끊이지 않았음을 보여주며, 오늘날에도 수자원, 유전, 주파수대, 오염권, 해안 접근권 등 넓은 의미의 토지(즉, 자연자원)를 힘으로 사유화하려는 시도가 세계 곳곳에서 계속되고 있다.

　최초에 폭력과 힘에 의해 성립하는 토지 소유권이 정당성을 가진 것처럼 보이게 된 이유는 그것이 오랜 세월을 지나면서 고착화되고 관습화되기 때문이다. 토지시장이 성립하여 토지가 매매되기라도 한다면 토지 소유권의 외견상 정당성은 더욱 강화된다. 그러나 노예시장에서 제값을 주고 노예를 샀다고 해서 노예 소유권이 정당화될 수 없는 것과 마찬가지로, 토지가 매매된다고 해서 토지 소유권이 정당화될 수는 없다. 매매를 이유로 소유권을 정당화할 수 있다면 시장에서 구입한 장물에 대해 소유권을 주장하는 것도 쉽게 정당화될 수 있을 것이다.

토지의 공급은 일정하다(공급고정성)

토지는 마모되지 않을 뿐 아니라 사람이 만들 수도 없기 때문에 그 공급이 줄어들지도, 늘어나지도 않고 일정하다. 이는 사람이 만드는 일반 재화나 자본의 공급이 가변적인 것과 매우 대조적이다. 물론 주거용 토지, 상업용 토지, 공업용 토지, 농업용 토지 등 특정 용도의 토지에 초점을 맞출 경우 토지의 공급은 가변적인 것처럼 보인다. 그러나 특정 용도 토지의 공급 증가는 반드시 다른 용도 토지의 공급 감소를 수반하기 때문에 일반 재화나 자본의 공급이 늘어나는 것과는 성격이 다를 뿐 아니라, 그 경우에도 전체 토지나 특정 위치에 있는 개별 토지의 공급이 고정되어 있다는 사실에는 변함이 없다.

토지의 공급고정성은 매우 중요한 경제적 결과를 초래한다. 첫째, 토지의 소유는 제로섬 게임과 같아서 한 사람이 많이 차지하면 다른 사람들은 적게 차지할 수밖에 없다. 또한 한 사람이 특정 토지를 차지하면 다른 사람들은 그 토지를 차지할 수 없다. 토지의 소유는 애초부터 독점의 성격을 갖고 있는 것이다. 자본의 경우 한 사람이 특정 자본을 소유하고 있다고 해서 다른 사람이 동일한 자본을 소유하지 못하는 일은 없다. 자본은 인간의 노력과 절제에 의해 얼마든지 더 생산할 수 있기 때문이다.

둘째, 일반 재화나 자본의 경우 가격은 수요와 공급의 상호작용에 의해서 결정되지만, 토지의 경우 가격이 수요에 의해서만 결정된다. 공급곡선이 수직인 경우를 상정해서 가격 결정이 어떻게 이루어지는지 생각해보면 가격이 수요에 의해서만 결정된다는 사실을 금방 이해할 수 있을 것이다.

셋째, 일반 재화나 자본의 경우 수요 증가는 공급 증가를 유발하여 결과적으로 사회 전체의 복지를 증가시키는 반면, 토지의 경우 수요 증가가 오로지 가격 상승으로만 이어지기 때문에 토지 소유자만 이득을 볼 뿐이다.* 특정 분야의 자본이 초과수익을 누릴 경우 그 분야에 자본의 공급이 증가하여 초과수익을 정상이윤 수준으로 되돌려놓는다. 하지만 특정 위치의 토지가 초과수익을 누릴 경우 그곳의 토지 공급이 늘어날 수 없기 때문에 초과수익은 소멸하지 않는다. 사람들이 강남과 같이 좋은 위치의 토지를 얻으려고 혈안이 되는 데는 다 이유가 있다.

토지의 공급고정성 때문에 토지에 대한 투기는 다른 물건에 대한 투기에 비해 훨씬 심각한 해악을 경제에 끼친다. 투기란 사용할 목적이 아니라 매매에서 나오는 시세 차익을 얻을 목적으로 어떤 물건을 매매하는 행위를 가리키는 용어다. 그 물건이 새롭게 생산될 수 있는 것이라면, 투기로 인해 가격이 폭등할 때 공급이 늘어나기 때문에 시간이 지나면서 가격 폭등은 진정되고 투기도 자연적으로 소멸한다. 사실 공급을 늘릴 수 있는 물건의 경우, 투기에 의해 가격이 급등하는 것이 반드시 나쁘다고만 할 수는 없다. 왜냐하면 가격의 급등이 수요에 비해 공급이 부족한 초과수요

*

이정전, 『토지경제학』, 박영사, 2009, 130~131쪽.

상태를 신속하게 해소해주기 때문이다. 그러나 토지처럼 공급을 증가시키는 것이 불가능한 물건의 경우, 상황은 전혀 달라진다. 투기가 가격 폭등을 부르고 가격 폭등이 다시 투기를 부르는 악순환이 발생하는 것이다. 이 경우 투기는 시간이 지나도 자연적으로 소진되지 않고 가격을 계속 폭등시켜 경제에 엄청난 타격을 가한 후에야 비로소 사라진다.*

토지의 천부성과 공급고정성은 인류가 토지를 어떻게 다루어야 좋을지 가르쳐준다. 토지는 일반 재화나 자본처럼 개인에게 절대적·배타적 소유권을 인정해줄 것이 아니라 모든 사람이 평등한 권리를 누리도록 하는 것이 옳다. 아무도 만들지 않았고 비용이 지불되지도 않았으며 한번 차지하면 영원히 특별한 이익을 누릴 수 있는 물건을, 만든 사람이 있고 비용도 지불되었으며 차지한다고 해서 특별한 이익을 누릴 수도 없는 일반 재화나 자본과 똑같이 취급하는 것은 부당하지 않은가? 모든 사람이 토지에 대해 평등한 권리를 누리도록 해야 한다고 주장하는 사상을 평등지권平等地權 사상 혹은 '시장친화적 토지공개념'이라고 부른다. 이에 대해서는 나중에 자세하게 살펴보기로 하자.

---

*
전강수, 「부동산 정책의 역사와 시장친화적 토지공개념」, 『사회경제평론』 제29(1) 호, 2007, 374쪽.

토지는 이동시킬 수 없다(위치고정성 혹은 비이동성)

토지는 공급만 고정되어 있는 것이 아니라 위치도 고정되어 있다. 이는 일반 재화나 자본이 쉽게 이동하는 것과는 매우 대조적이다. 대구나 부산에서 휘발유에 대한 수요가 증가하면 다른 지역에 저장되어 있던 휘발유를 싣고 와서 공급한다. 광주에 자동차 공장을 세울 경우 필요한 설비들은 대개 다른 지역에서 운송해 온다. 즉, 일반 재화나 자본의 경우 필요에 따라 얼마든지 이동시킬 수 있으며 따라서 위치는 특별한 의미를 갖지 않는 것이다. 하지만 토지는 그렇지 않다. 어느 지역에서 토지에 대한 수요가 증가할 경우, 그 수요를 충족시키는 데 필요한 토지를 다른 곳에서 운송해서 공급할 수는 없다. 공급고정성과 더불어 위치고정성은 토지만이 가지는 뚜렷한 특성이다.

위치고정성은 토지의 개별성 혹은 이질성을 만들어내는 중요한 원인이다. 우리나라에는 약 3,800만 필지(필지란 등기부상에서 하나의 토지로 간주하는 토지 단위를 가리키는 말이다)의 개별 토지들이 존재하는데, 엄밀히 말해 이것들은 모두 상호 이질적이다. 면적이나 형태가 다르기도 하지만 그보다는 위치가 다르다는 것이 결정적인 요인이다. 사람들은 서울 강남에 있는 소나타 승용차 한 대와 제주도에 있는 같은 모델의 소나타 승용차 한 대를 다르다고 보지 않는다. 파리바게트 빵 하나가 충청도에 있다가 서울로 옮겨졌다고 해서 원칙상 가격이 달라지지는 않는다. 하지만 토지는 그렇지 않다. 예를 들어 서울 강남의 땅 한 평과 경북 문경의 땅 한 평은 엄청나게 다르다. 경북 문경의 땅이라 하더라도 시내의 땅 한 평과 농지 한 평 사이에는 큰 차이가 존재한다.

위치고정성 때문에 생기는 토지의 개별성은 토지가치의 개별성을 낳는다. 소나타 승용차나 파리바게트 빵의 가격은 원칙상 전국 어디서나 동일하지만, 토지가치는 개별 토지마다 다르다. 우리나라에 약 3,800만 필지의 개별 토지가 있으니 토지가치도 엄밀히 말하면 약 3,800만 개가 존재하는 셈이다.* 서울 강남 땅 한 평과 경북 문경 땅 한 평 사이의 엄청난 차이는 바로 그 가치의 차이에서 확연히 드러난다. 위치는 필지별 토지가치의 차이를 발생시키는 최대 원인이다. 토지가치의 결정에서 위치가 얼마나 중요한 역할을 하는지는 다음과 같은 부동산 관련 서양 격언에 잘 드러나 있다.

세 가지 요인이 토지가치를 결정한다. 그것은 바로 위치, 위치, 그리고 위치location, location, and location다.

리카도나 튀넨Johann Heinrich von Thünen 같은 경제학자들은 일찍부터 토지가치의 결정에서 위치가 중요한 역할을 한다는 것을 간파하여 차액지대론이나 입찰지대론 같은 뛰어난 토지가치 결정이론을 만들었다. 이들이 말한 토지가치의 결정원리에 대해서는 나

---

*

이정전, 앞의 책, 143쪽.

중에 상세히 살펴보기로 하자. 그러나 토지가치의 결정에서 위치가 얼마나 중요한 역할을 하는지는 이런 이론들에 기댈 것도 없이, 이른바 '목이 좋은' 땅을 귀하게 여기는 일반인들의 사고방식만 보더라도 금방 확인할 수 있다.

이처럼 개별 토지들이 상호 이질성을 갖고 있기 때문에, 일반 재화를 분석할 때 사용하는 수요공급 이론을 아무 거리낌 없이 그대로 토지의 분석에 활용하는 것은 잘못이다. 수요공급 이론은 개별 상품들의 상호 동질성을 전제하기 때문이다. 수요곡선과 공급곡선의 교차에 의해 하나의 균형 가격이 결정된다고 보는 이 이론이 대상으로 하는 것은, 거래되는 상품이 동질적이어서 모든 상품이 하나의 가격을 갖게 되는 경우다. 거래되는 상품이 이질적인 시장에 이런 이론을 적용할 수는 없다. 이 이론을 토지의 분석에 그대로 적용해도 문제가 되지 않는 경우가 있기는 하다. 개별 토지별로 시장이 하나씩 성립한다고 보고, 각 개별 토지의 수요곡선과 공급곡선으로 토지 가격의 결정을 설명하는 경우다. 그런데 그런 방법으로 우리나라 전체 토지를 정확하게 분석하려면 3,800만 개의 그래프가 필요할 것이다. 이런 문제들을 깡그리 무시하고 전체 토지시장을 하나의 수요곡선과 하나의 공급곡선으로 설명해 버리는 경제학자들이 적지 않은데, 용감하다 해야 할지 무식하다 해야 할지 모르겠다.

토지의 위치고정성에 대해 말하다 보면 토지의 근접성 혹은 공간적 연관성에 대해 이야기하지 않을 수 없다. 특정 지역의 개별 토지들은 서로 가까이 있기 때문에 공간적으로 영향을 주고받는다. 어느 한 필지에서 이루어지는 경제행위가 주변의 다른 필지에 바로 영향을 끼치는 것이다. 예를 들어 도심에 소재한 어느 토지에 고층빌딩이 들어서면 인근 지역의 교통이 혼잡해진다. 어느 마을의 특정 필지에 축사가 들어서면 주변 토지에 집을 짓고 살고 있던 사람들이 역한 냄새 때문에 고통을 겪게 된다. 이런 현상을 경제학에서는 외부효과라고 부르는데, 토지의 근접성은 외부효과를 유발하는 주요 요인이다. 외부효과가 발생할 경우 시장은 스스로 문제를 해결할 수 없고 정부가 개입해야 한다. 전 세계 여러 나라에서 정부가 토지 이용 규제를 실시하고 있는 것은 토지의 근접성에 기인하는 외부효과의 문제를 해결하고 토지 이용의 공간적 조화를 도모하기 위한 것이다.

토지는 마모되지도, 감가되지도 않는다(영속성)

토지는 물리적으로 마모되지도 않고 경제적으로 감가되지도 않는다. 사람이 만든 일반 재화나 자본 가운데 어느 정도의 내구성을 갖는 것은 있지만 무한한 내구성, 즉 영속성을 갖는 것은 단 하나도 없다. 또 시장에서 거래되는 상품 가운데 사용하고 있는데도 가치가 떨어지지 않는 것은 토지 말고는 없다. 사실 토지사유제하에서는 토지의 가치는 떨어지기는커녕 오히려 장기적으로 상승하는 경향이 있다(물론 경기변동에 의해 단기적으로 상승과 하락을 반복할 수는 있다).

혹자는 이렇게 질문할지도 모른다. "주택을 비롯한 부동산은 사람이 만든 물건 아닌가? 그런데 부동산은 사용에 의해 값이 떨어지지 않고 오히려 올라간다. 어떻게 된 일인가?"라고. 하지만 주택 가격이 상승하는 것은 건물의 속성에 기인하는 것은 아니다. 건물은 다른 인공물들과 마찬가지로 시간이 갈수록 감가한다. 주택의 가격이 상승하는 것은 주택의 건물이 토지와 결합되어 있기 때문에 생기는 현상이다. 다시 말해 토지가치의 상승이 주택 증가增價의 원인인 것이다. 이제 우리는 서울 강남의 낡아빠진 아파트가 10억, 20억을 호가하고 지방의 근사한 대형 아파트 가격이 3, 4억에 불과한 이유를 알게 되었다. 바로 토지가치의 차이가 원인이다.

토지는 무한한 내구성을 갖고 있기 때문에 몇 번이고 재활용이 가능하다. 사실 우리가 지금 사용하고 있는 토지는 대부분 중고품이라고 불러도 된다. 예전부터 사용해온 토지를 재활용하고 있기 때문이다. 일반 재화나 자본은 재활용할 경우 품질이 신규 제품에 비해 크게 뒤떨어지지만, 토지는 그렇지 않다. 토지를 재활용하더라도 품질이 예전에 비해 뒤떨어지는 일은 없다. 사실 성장하는 지역에서는 보통 토지의 품질은 재활용할 때마다 좋아진다.* 주변 환경이 좋아져서 토지의 위치 조건이 좋아지기 때문이다.

토지가 무한한 내구성을 가지며 시간이 갈수록 가치가 상승하

---

*

토지가 물리적으로 마모되지 않는다든가, 재활용할 때마다 품질이 좋아진다는 이야기는 토지의 자연적 생산력이 중요한 비중을 차지하는 농지나 광업용 토지에는 해당되지 않는 말이다.

는 경향이 있다는 사실은, 그것이 가치저장 수단으로서 최적 조건을 갖추고 있음을 의미한다. 따라서 토지가치의 사적 전유를 막을 수 있는 제도적 장치를 갖추지 않을 경우 토지는 쉽사리 투기의 제물로 전락하고 만다.

이상에서 살펴본 토지의 특성들을 감안할 때, 일반 재화나 자본을 분석하는 이론을 토지에 그대로 적용해서는 안 된다는 것은 분명하다. '토지의 경제학'이 절실히 필요함에도 고전학파와 헨리 조지의 탁월한 이론이 나온 이후 더 이상의 의미 있는 진전이 이루어지지 않고 있으니 정말 안타까운 일이다.

03

두 가지 토지가치의 결정원리

경제학은 시장을 분석하는 학문이라 해도 과언이 아니다. 시장에서는 수요와 공급이 상호작용을 해서 가격이 결정된다. 수요곡선과 공급곡선이라는 분석도구를 이용하여 가격의 결정 메커니즘을 설명하는 것이 시장에 관한 경제이론의 기본 내용이다. 토지시장에도 이 수요공급 이론을 적용할 수 있다면 무척 편리하겠지만, 개별 토지의 이질성 때문에 그렇게 할 수가 없다. 굳이 수요공급 이론을 적용해서 정확한 분석을 하려면 개별 토지마다 수요공급 분석을 하거나, 유사한 조건의 개별 토지들을 대충 묶어서 수요공급 분석을 하는 수밖에 없다. 이렇게 하는 것도 의미가 없지는 않지만, 그 경우에는 전체 토지를 아우르는 종합적 분석을 할 수 없다는 점이 문제다.

반면 리카도와 헨리 조지의 차액지대론이나 튀넨의 입찰지대론을 활용하면 전체 토지를 아우르는 종합적 분석이 가능하다.

두 이론의 내용을 설명하기 전에 먼저 지적해두고 싶은 것은, 토지사유제하에서는 두 종류의 토지시장이 존재한다는 사실이다. 하나는 매매시장이고 다른 하나는 임대차시장이다. 토지 매매시장에서는 토지 그 자체가 거래되고, 토지 임대차시장에서는 토지를 일정 기간 사용할 수 있는 권리가 거래된다. 두 시장에서는 각각 나름의 가격이 성립한다. 토지 매매시장의 가격은 지가^{land} ^{price}고 토지 임대차시장의 가격은 지대^{rent}다. 우리나라 사람들은 대개 토지가치라고 하면 지가를 떠올리는데 그것은 토지 사용보다는 소유를 더 중시하는 문화 탓으로 보인다. 하지만 지대 또한 엄연히 토지가치의 일종임에 유의하기 바란다.

　　사실 지가가 성립하는 것은 일반 재화가 가격을 갖게 되는 것과는 전혀 다른 사정에 기인한다. 일반적으로 재화가 가격을 갖는 이유는 원하는 사람들이 있기 때문이기도 하지만, 그것을 생산하는 데 비용이 들기 때문이다. 파리바게트 빵이 1,500원 하는 것은 정상이윤을 포함하여 그것을 생산하는 데 1,500원이 들었기 때문이고, 소나타 승용차가 3,000만 원 하는 것은 그것을 생산하는 데 3,000만 원이 들었기 때문이다. 파리바게트 빵보다 소나타 승용차가 훨씬 비싼 것은 후자의 생산비가 전자의 생산비보다 훨씬 크기 때문이다. 그런데 일반 재화와는 달리 토지의 생산비는 제로(0)다.* 천부자원으로 그냥 주어졌기 때문이다. 생산비가 제로인 물

---

*

여기서 말하는 토지는 인간의 노력이 가해지지 않은 자연 상태 그대로의 토지임에 유의하라.

건이 어떻게 해서 가격을 갖게 되었을까? 그것은 토지를 소유할 경우 계속해서 지대라는 소득을 얻을 수 있기 때문이다. 생산비가 들지 않았다고 하더라도, 그 물건을 갖고 있을 경우 계속해서 소득을 얻을 수 있다면 사람들은 그 물건에 가격을 부여하게 된다. 토지가 바로 그런 물건이다.

요컨대 지가는 생산비가 아니라 지대 획득 가능성 때문에 성립하는 것이다. 토지를 갖고 있더라도 지대소득을 얻는 것이 불가능하다면 지가는 성립하지 않는다. 국가가 지대를 전액 세금으로 징수하는 경우가 이에 해당한다. 결국 지가는 지대의 사적 전유를 허용하는 토지사유제의 산물이라고 할 수 있다.

지대의 결정원리를 설명하는 차액지대론

논리적으로 따져서 지대가 지가에 우선한다는 것이 분명해졌으므로, 이제 지대가 어떻게 결정되는지부터 살펴보기로 하자. 차액지대론과 입찰지대론은 지대의 결정원리를 명쾌하게 밝힌 탁월한 이론들인데, 기본 발상이 유사하므로 우선 여기서는 전자에 입각해서 논의를 진행하기로 하자.

차액지대론은 고전학파 경제학자 리카도가 농업지대의 결정원리를 설명하기 위해 사용한 이론이다. 이 이론을 도시 토지를 포함하는 모든 토지에 확대 적용한 사람이 바로 헨리 조지다. 헨리 조지는 단지 지대의 결정원리를 설명하는 데 그치지 않고 지대의 변동이 소득분배와 경기변동에 미치는 영향을 설명하는 데까지

나아갔다. 차액지대론은 헨리 조지에 의해 토지시장의 모든 측면을 분석하는 일반 이론으로 발전한 것이다.

앞에서 설명한 대로 개별 토지들은 서로 이질적이다. 토지의 이질성을 분명하게 드러내는 두 요인이 있다. 그것은 바로 토지의 자연적 생산력과 위치다. 개별 토지 사이에는 자연적 생산력 혹은 위치의 차이가 존재하기 때문에, 동일한 면적에 동일한 금액을 투자해서 생산을 하더라도 각 토지에서 생기는 수입은 달라진다. 시장경제가 발달한 곳에서 기업가들(자영업자들을 포함한다)은 항상 수익이 높은 곳으로 향하는 경향이 있다. 따라서 동일한 금액을 투자하는데도 다른 토지들보다 많은 수입이 생기는 토지에는 기업가들이 몰려들기 마련이다. 기업가들 사이에 토지 획득 경쟁이 벌어지는 것이다. 기업가들이 무엇으로 토지 획득 경쟁을 벌이겠는가? 바로 토지 소유자에게 토지 사용 대가를 지불하겠다는 조건을 내거는 것 아니겠는가? 그 결과 자연적 생산력이나 위치의 차이로 인한 수입의 차이는 기업가들의 수중에는 머물 수가 없고, 궁극적으로 토지 소유자들의 수중에 들어갈 수밖에 없다. 이것이 바로 지대다. 지대의 결정원리는 리카도의 지대법칙이라고 불리는데, 그 내용은 다음과 같다.

어느 토지의 지대는 그 토지의 생산액과, 동일한 투입으로 사용 토지 중 생산성이 가장 낮은 토지에서 얻을 수 있는 생산액의 차이에 의해 결정된다.

여기서 투입이란 토지에서 노동과 자본을 이용하는 것을 가리킨다. 그리고 사용 토지 중 생산성이 가장 낮은 토지란 남아도는 (즉, 무상으로 이용 가능한) 토지들 가운데 가장 좋은 것을 의미하며 한계지 혹은 최열등지라고 부른다. 동일한 노동과 자본을 여러 등급의 토지에 투입할 때 생산액은 토지 등급에 따라 달라질 텐데, 특정 토지의 생산액과 한계지 생산액의 차이가 바로 그 토지의 지대가 되는 것이다. 만일 그 토지의 수입 중 토지 소유자에게 지대로 지불되지 않고 기업가의 수중에 남는 부분이 조금이라도 있다면 그 기업가는 한계지를 이용하는 기업가에 비해 더 많은 수입을 얻게 되는데, 그 경우 다른 기업가들이 좀더 높은 지대를 지불하겠다며 토지 획득 경쟁을 걸어올 것이다. 결국 그 토지의 생산액과 한계지 생산액의 차이는 전액 지대로 토지 소유자의 수중에 들어갈 수밖에 없다.

가상적인 상황을 상정하고 수치를 들어서 설명하면 차액지대의 결정원리를 좀더 쉽게 이해할 수 있을 것이다. 지금 어느 미개척 지역에 4개 등급의 토지가 있다고 하자. 그리고 기업가들이 동일한 토지 면적에 노동과 자본을 동일하게 일정량을 투입할 경우, 1등급의 토지에서는 100만 원어치의 생산물이 생산되고, 2등급 이하의 토지에서는 각각 90만 원, 70만 원, 60만 원어치의 생산물이 생산된다고 하자.

이 지역에 처음으로 기업가가 들어와서 생산을 한다면 어디에 자리를 잡을까? 당연히 100만 원어치의 생산물을 생산할 수 있는 1등급 토지일 것이다. 처음 얼마 동안은 1등급 토지가 풍부하게 널려 있을 것이므로 그것이 사용된다고 하더라도 거기에 지대는 발생하지 않을 것이다. 만일 땅 주인이 지대를 내라고 요구한다면 (토지 소유권이 어떻게 성립하는지는 논외로 하자), 기업가는 주변에 널려 있는 다른 1등급 토지로 옮겨갈 것이기 때문이다. 따라서 1등급 토지가 풍부하게 존재하는 상황에서는 사람들이 이 지역으로 이주해 와서 1등급 토지를 사용한다고 하더라도 지대는 발생하지 않는다. 각각의 1등급 토지에서 생산되는 100만 원어치의 생산물은 모두 기업가의 수중에 들어가서 결국 노동과 자본의 대가로 지불된다.

이 지역에 이주해 오는 기업가들이 많아져서 1등급 토지가 모두 소진되었다고 하자. 그러면 그 후에 이주해 오는 기업가들은 그보다 생산성이 떨어지는 2등급 토지에 자리를 잡을 수밖에 없을 것이다. 2등급 토지에서는 1등급 토지와 동일한 투입을 한다고 하더라도 생산액은 90만 원으로 떨어진다. 높은 수익성을 생명처럼 여기는 기업가들은 동일한 투입을 하고도 생산액이 100만 원과 90만 원으로 달라지는 것을 결코 용납하지 않는다. 1등급 토지를 구하지 못해서 할 수 없이 2등급 토지에 자리잡은 기업가들은 1등급 토지로 옮겨가려는 경쟁을 시작할 것이다. 그들이 어떻게 경쟁을 하겠는가? 1등급 토지의 소유자들에게 토지 사용료, 즉 지대를 내겠으니 토지를 자신에게 빌려달라고 제안하는 것 아니겠는가? 그전까지 한 푼의 지대도 받지 못했던 1등급 토지의 소유자들은 당연히 그 제안을 받아들일 것이다. 비로소 1등급 토지에 지대가 발생하는 것이다. 2등급 토지를 사용하는 기업가들의 토지 획득 경쟁은 두 토지 어디서 생산하건 기업가의 수중에 들어가는 금액(이것은 노동과 자본의 대가로 지불된다)이 같아질 때까지 계속될 것이다. 결국 1등급 토지의 지대는 그 토지의 생산액과 2등급 토지 생산액의 차이와 같아질 것이다. 이 경우 2등급 토지에서는 지대가 발생하지 않는다. 왜냐하면 얼마 동안은 공짜로 이용할 수 있는 2등급 토지가 남아돌 것이기 때문이다.

이주해 오는 기업가들이 늘어나서 2등급 토지도 모두 소진되고 3등급 토지가 사용되기 시작하면 1, 2등급 토지를 사용하는 기업가들과 3등급 토지를 사용하는 기업가들 사이에 생산액의 격차가 발생한다. 그러면 3등급 토지를 사용하는 기업가들은 1, 2등급 토지를 획득하기 위한 경쟁을 벌일 것이고, 그 결과 모든 등급의 토지에서 기업가의 수중에 들어가는 금액은 70만 원으로 같아지는 반면, 1등급 토지에서는 30만 원, 2등급 토지에서는 20만 원의 지대가 발생하게 될 것이다. 물론 이때도 3등급 토지에서는 지대가 발생하지 않는다. 1등급 토지의 지대 30만 원이 1등급 토지 생산액과 3등급 토지 생산액의 차이와 같고, 2등급 토지의 지대 20만 원은 2등급 토지 생산액과 3등급 토지 생산액의 차이와 같다는 사실에 주목하라.

이런 일이 계속되어서 4등급 토지까지 사용된다면 각 토지의 지대가 어떻게 변할지 금방 계산할 수 있을 것이다. 1등급 토지에서는 40만 원, 2등급 토지에서는 30만 원, 3등급 토지에서는 10만 원의 지대가 각각 발생할 것이다. 요컨대 어느 토지의 지대는 그 토지의 생산액과 한계지 생산액의 차이에 의해 결정되는 것이다. 한계지에서는 지대가 발생하지 않는데, 그 이유는 남아도는 토지에 대해 사용료를 지불하겠다며 경쟁을 벌일 기업가가 없기 때문이다.

어느 토지의 지대는 그 토지의 생산성이 변하거나 한계지가 바뀔 경우에 변화한다. 토지의 질質이 좋아질수록, 그리고 한계지의 질이 나빠질수록 지대는 증가한다(어느 토지의 지대가 그 토지 자체의 사정에 의해서만 결정되지 않는다는 사실이 흥미롭다. 한계지의 사정이 다른 토지의 지대에 영향을 미치는 것이다).

토지의 질이 좋아지는 경우란 인구가 증가해서 '집적의 이익'이 발생하든지 도로가 뚫리고 지하철이 건설되며 도서관·학교·병원·쇼핑센터가 세워지는 등 주변 환경이 좋아져서 위치 조건이 개선되는 경우를 가리킨다. 사람들이 한곳에 모여 살고 경제활동이 특정 지역에 집중되는 경우, 분업이 용이해지고 한 분야의 기술개선이 다른 분야로 쉽게 이전되며 거래비용이 감소함으로써 특정 토지의 생산성이 높아지는 것과 유사한 현상이 발생하는데, 이를 집적의 이익이라고 부른다.

한계지의 질이 나빠지는 일은, 사용되지 않고 있던 열등한 토지들이 새롭게 사용되기 시작하는 경우에 주로 발생한다. 생산의 한계가 확장되는 것인데, 이는 경제가 성장하거나 인구가 증가하여 토지에 대한 신규 수요가 생겨날 때 종종 일어난다. 이런 일은 기성 지역 토지들이 투기 목적으로 보유됨에 따라 인위적인 토지 공급 부족이 발생하고 외곽지 토지에 대한 수요가 증가하는 경우에도 일어날 수 있다.

성장하는 경제에서는 기성 지역 토지의 질이 좋아지고, 생산의 한계가 확장되어 한계지의 질이 나빠지는 일이 동시에 발생한다.

그 결과 집적의 이익과 위치 조건의 개선이 집중적으로 일어나는 기성 중심가 토지에서는 지대가 다른 지역에 비해 훨씬 빠른 속도로 올라간다. 조금 뒤에 살펴보겠지만 지대는 지가와 정비례하기 때문에, 중심가 토지의 지가도 다른 지역에 비해 훨씬 빠른 속도로 올라간다.

우리나라에서 서울 강남의 부동산 가격이 다른 지역의 부동산 가격보다 빠른 속도로 상승한 것은 부동산 투기로 인해 가격이 부풀려진 탓도 있지만, 기본적으로 그 지역 토지의 지대가 다른 지역 토지의 지대보다 빠른 속도로 상승했기 때문이다. 얼마 전 우리나라 부동산 가격이 폭락할 것인지 폭등할 것인지를 둘러싸고 논란이 분분했던 적이 있는데, 한 가지 확실하게 단언할 수 있는 사실은 장기적으로 서울 강남 지역 등 중심가의 부동산 가격은 다른 지역에 비해 훨씬 더 빠른 속도로 상승할 것이라는 점이다.

눈치 빠른 독자라면, 이상의 논의는 토지가 생산요소로 투입되는 경우를 상정한 것임을 금방 알아차릴 것이다. 그런데 도시에서는 주택의 부지처럼 토지가 소비재로 사용되는 경우가 많다. 이 경우에도 차액지대론은 타당할 것인가? 그렇다. 왜 그런지 간단하게 살펴보기로 하자.

동일한 금액으로 동일한 주택 건물을 짓는다고 가정할 경우, 어느 토지 위에 짓느냐에 따라 소비자가 누리는 편익의 크기는 달라진다. 한계지보다 많은 편익을 가져다주는 토지에 대해서는 소비자들 사이에 획득 경쟁이 벌어지기 때문에, 그 편익의 차이는 소비자들이 누리지 못하고 결국 토지 소유자에게 지대로 지불될 수밖에 없다. 따라서 '토지의 생산액'을 '토지 소비에 의해 얻는 편익'으로 바꾸기만 하면, 리카도의 지대법칙은 바로 토지가 소비재로 사용될 경우의 지대 결정원리를 설명하는 법칙이 될 수 있다. 물론 자가自家 소유자처럼 토지 소유자가 직접 자신의 토지를 소비하는 경우에는, 소비자가 소유자에게 지대 명목으로 돈을 지불하는 일은 일어나지 않지만 다른 사람에게 빌려줄 경우에 얻을 수 있는 지대를 얻지 못하기 때문에, 그만큼 토지 소비의 대가를 지불하는 것으로 봐야 한다. 경제학에서는 이를 귀속지대라고 부른다. 이상에서 차액지대론은 토지가 생산요소로 사용되건 소비재로 사용되건 언제나 적용할 수 있는 지대이론이라는 사실이 명백해졌다.

임금, 이자, 이윤과 마찬가지로 지대는 소득이다. 소득이란 개인이나 법인이 토지, 노동, 자본 등 생산요소를 제공하여 생산에 참여하는 대가로 분배받는 생산물을 의미한다. 물론 화폐경제가 발달한 곳에서는 소득은 생산물이 아니라 화폐로 지급된다. 지대는 소득임에는 틀림없지만, 노동소득(임금)이나 자본소득(이자와 이윤)과는 그 성격이 매우 다르다는 점에 유의해야 한다. 노동소득과 자본소득의 경우 생산요소 소유자가 결정적으로 중요한 역할을 하지만, 토지소득 즉 지대의 경우 토지 소유자는 아무런 역할도 하지 않는다. 다시 말해 노동과 자본의 생산성은 생산요소 소유자가 만들지만 토지의 생산성은 그렇지 않다. 또 노동소득과 자본소득의 크기는 생산요소 소유자들의 의사결정에 따라 달라지지만, 지대의 크기는 토지 소유자들의 의사결정에 상관없이 결정된다.

앞에서 말한 집적의 이익, 위치 조건의 개선, 생산 한계의 확장 등 지대의 크기에 영향을 미치는 현상들은 모두 토지 소유자들과는 상관없는 것들이다. 노동소득은 노동자가 없으면 생길 수 없고 자본소득은 자본가가 없으면 기존 자본재가 존재하는 동안만 생기다가 그 자본재의 소멸과 함께 사라지는 반면, 지대는 토지 소유자가 없더라도 토지가 이용되는 한 항상 발생한다. 노동소득과 자본소득을 노력소득으로 분류하고 지대를 불로소득으로 분류하는 것은 그 때문이다.

헨리 조지가 그랬듯이 자본 사용의 대가를 '이자'라는 용어로 통일한다면, '생산물＝임금＋이자＋지대'라는 항등식이 성립한다. 생산물은 생산에 참여한 생산요소의 소유자들이 나눠 갖기 때문이다. '생산물－지대＝임금＋이자'가 되므로, 생산이 증가할 때 지대가 그보다 더 빠른 속도로 증가한다면, '임금＋이자'는 생산물보다는 느린 속도로 증가하거나 심한 경우 감소하게 된다. 지대의 변화가 다른 소득의 변화에 영향을 미치는 것이다. 생산이 증가할 때 지대가 그보다 더 빠른 속도로 증가할지 여부는 단정적으로 말할 수 없지만, 증가하는 지대가 다른 소득을 압박하는 작용을 한다는 것만은 틀림없는 사실이다. 오늘날 우리나라 도시에서 식당, 학원, 호프집, PC방, 노래방 등을 경영하는 자영업자들은 유례없는 어려움을 겪고 있는데, 이는 조기 퇴직의 확산으로 인해 자영업자의 수가 증가하여 경쟁이 치열해졌기 때문이기도 하지만, 늘어나는 가게 세(상당 부분이 지대다) 부담이 경영을 압박하기 때문이기도 하다.

지대의 독특한 성격

지대는 토지(혹은 자연물)에만 발생한다
....

일상생활에서는 건물이나 기계와 같은 고정 시설물을 빌려 쓰는 대가도 지대라고 부르는 경우가 많다. 그러나 우리는 토지와 같이 공급이 엄격하게 고정되어 있는 자연물의 사용 대가만을 지대로 한정한다. 어떤 땅에 지대가 발생하려면 그 땅의 생산력과 같은 정도의 생산력을 가진 땅이 더 이상 없어야 한다. 동일한 정도의 생산력을 가진 땅이 도처에 널려 있어 거저 쓸 수 있다면 그 땅에는 지대가 발생하지 않는다. 즉, 지대는 토지의 절대적 한정성, 희소성에 영향을 받고 있다.

건물이나 기계의 경우는 다르다. 건물이나 기계가 일시적으로는 부족해질 수 있으나, 가격이 오름에 따라 공급도 늘어난다. 그러나 토지는 지대가 아무리 오른다 해도 공급은 늘어날 수 없다. 물론 토지의 경우에도 지대가 올라가면 사람들은 토지를 더 잘 활용하기 위해 언덕을 깎고, 둑을 쌓고, 관개시설을 하는 등 토지개량을 통해 토지를 더 효율적으로 이용할 수 있다. 이는 '사실상' 토지의 면적이 넓어진 것과 같은 효과를 가져온다. 이 경우, 개량을 통해 가치가 증대한 부분은 지대로 간주해서는 안 된다. 그것은 분명히 인간의 노력의 결과이기 때문이다. 지대는 인간의 노력에 관계없이 조물주가 거저 준 토지(자연물)에 발생하는 대가만을 의미한다.

땅의 소유자가 이용해도 그 땅에 대한 지대는 발생한다. 일상생활에서는 땅 주인이 그 땅을 이용하고 있으면, 보통 지대가 없는 것으로 간주한다. 그러나 땅의 소유자와 사용자가 동일인이라 해도, 소유자가 자기 땅을 다른 사람에게 빌려줄 경우에 얻게 될 소득이 바로 지대가 된다. 이 경우, 자기 땅을 이용하는 사람의 임금은 그 땅에서 나는 총소득에서 다른 사람에게 임대했을 때 얻을 수 있는 소득, 즉 지대를 뺀 나머지가 된다. 이와 같이 지대는 공급을 증가시킬 수 없는 땅(혹은 자연물)에만 발생한다.

지대는 독점가치다

지대가 독점가치라는 것은 무슨 뜻인가? 앞에서 보았듯이 토지의 공급은 고정되어 있을 뿐만 아니라 특정한 생산력을 가진 토지에 대한 수요가 공급을 초과하기 때문에 발생한다. 만약 인구가 매우 적어서 공급량에 비해 수요가 미미하다면, 비록 토지의 공급이 고정되어 있다 하더라도 지대는 발생하지 않는다. 누가 지대를 징수하려 하면 생산성이 동일한 다른 토지가 아직 남아 있기 때문에 그곳으로 옮겨가면 되기 때문이다.

이렇게 본다면 지대는 어떤 땅을 독점적으로 이용할 수 있기 때문에 발생한다는 것을 알 수 있다. 내가 한계지보다 나은 토지에 대한 독점적 사용권을 가지고 있기 때문에 나는 지대를 요구할 수 있는 것이다. 이와 같은 독점적 사용권만 있으면, 나는 실제로 사용하지 않더라도 그 땅을 다른 사람에게 임대하고, 그 사람이 그 땅에서 거둔 수확의 일부를 요구할 수 있는 것이다. 그래서 헨리 조지는 지대가 생산에 주는 도움이나 기여도를 표시하는 것이 아니라 단지 생산의 결과 중 일부분을 취득할 수 있는 힘을 표시할 뿐이라고 갈파했다. 그의 말대로 지대는 독점가격이고 인적 노력에 의해 생산할 수도 증가시킬 수도 없는 자연요소를 개별 소유권의 대상으로 삼는 데서 생기는 것이다.

지대는 사회적 성격을 갖는다

....

경제가 발전하고 도시화가 진전됨에 따라 도시의 지대는 주변부보다 더 급격히 증가하는 경향이 있다. 왜 그럴까? 그것은 도시로 인구가 집중되기 때문이고, 또한 도시의 생산성(예컨대 금융이나 상업을 생각하자)이 주변부보다 더 크게 높아지기 때문이다. 인구의 집중과 도시 생산성의 향상은 상호작용을 하지만 편의상 따로 떼어서 생각해보기로 하자. 첫째, 인구의 집중은 도시 지역의 토지 부족 현상을 초래하게 되고, 이는 한계지를 생산성이 더 낮은 곳으로 밀어낸다. 이것은 도시 지역의 지대를 끌어올린다(토지의 지대는 그 토지의 생산성이 한계지의 생산성을 초과하는 부분이라는 것을 항상 기억하라). 둘째, 한계지가 밀려나지 않더라도 도시 지역의 생산성을 증가시키는 요인이 있다. 그것은 상하수도 시설, 전기, 도로, 치안, 공공기관과 같은 편익시설과 공공서비스다. 이들은 주변부에 비해 도시 지역 토지의 생산성을 크게 향상시킨다. 따라서 이들 편익시설과 공공서비스는 도시 지역의 지대를 끌어올린다. 앞에서 설명한 집적의 이익은 바로 도시의 지대를 급속히 끌어올리는 요인이 된다.

그런데 곰곰이 생각해보면 이와 같은 인구증가와 편익시설, 그리고 공공서비스의 공급은 모두 사회적 성격을 띠고 있다는 것을 알 수 있다. 예컨대 인구증가는 도시 지역 토지 소유자 개인들의 노력으로 발생하는 것이 아니다. 또한 도로와 같은 사회간접자본이나 공공 편익시설은 사회구성원 모두의 기여(세금)에 의해 이루어진 것이다. 따라서 지대의 상승은 사회 전체의 힘에 의한 것이라고 볼 수 있다. 즉, 지대는 사회에 의해 창출되고 유지되는 것이다.

전강수·한동근, 『토지를 중심으로 본 경제이야기』, CUP, 2002, 52~56쪽 요약·인용.

지가의 결정원리

지금까지 지대의 결정원리에 대해 살펴보았으므로 이제 토지 그 자체의 가격, 즉 지가의 결정원리에 대해 살펴보기로 하자. 앞에서도 언급했지만, 지가가 성립하는 것은 토지를 생산하는 데 비용이 들었기 때문이 아니라 토지사유제하에서 토지를 소유하면 지대를 얻을 수 있기 때문이다. 사람들은 미래에 얻을 수 있는 지대의 합계치가 큰 경우 그 토지의 가격을 높게 평가할 것이고, 반대로 미래에 얻을 수 있는 지대의 합계치가 작은 경우 그 토지의 가격을 낮게 평가할 것이다. 결론적으로 말해 지가는 미래 지대의 합계치와 같아지게 되는데, 그 이유는 간단하다.

지가가 미래 지대의 합계치보다 높다고 해보자. 사람들은 그런 토지를 구입하려고 하지 않을 것이다. 얻을 수 있는 수익보다 지불하는 비용이 더 크기 때문이다. 토지 매입수요가 줄어들면 지가는 종전 수준을 유지하지 못하고 떨어질 것이다. 지가가 미래 지대의 합계치 수준으로 접근하는 것이다. 반대로 지가가 미래 지대의 합계치보다 낮다고 해보자. 그런 토지는 구입하려는 사람들이 많을 것이다. 얻을 수 있는 수익이 지불해야 하는 비용보다 더 크기 때문이다. 이 경우 토지 매입수요는 늘어날 것이고 그 결과 지가는 올라갈 것이다. 지가가 미래 지대의 합계치 수준으로 접근하는 것이다. 결국 지가는 미래 지대의 합계치와 동일한 수준에서 결정될 수밖에 없다.

단, 여기서 주의해야 할 것은 사람들이 미래의 지대를 현재 가치로 환산해서 생각한다는 사실이다. 따라서 위에서 말한 미래 지대의 합계치란 미래 지대의 현재 가치를 합한 값이라고 해야 정확하다. 그렇다면 사람들은 미래의 가치를 어떻게 현재 가치로 환산할까? 이자율을 10퍼센트라고 할 경우, 사람들은 돈을 은행에 넣어두는 상황을 상정해서 1년 후의 1만 원을 9,100원으로 평가한다. 왜냐하면 9,100원을 은행에 넣어둘 경우, 1년 후에 원리금을 합해서 1만 원이 되기 때문이다[9,100원×(1+0.1)=1만 원]. 1년 후의 1만 원을 (1+이자율), 즉 1.1로 나누면 그 현재 가치인 9,100원이 나온다는 것을 기억하기 바란다. 그러면 2년 후 1만 원의 현재 가치는 얼마일까? 1만 원을 (1+이자율)^2, 즉 1.1^2으로 나눈 값인 8,260원이다. 8,260원을 2년 동안 은행에 넣어두면 1만 원이 되기 때문이다. 3년 후 1만 원의 현재 가치는 1만 원을 1.1^3으로 나누어 계산하면 된다.

그러므로 만일 어느 토지가 '1년 후에 1만 원, 2년 후에 1만 원, 3년 후에 1만 원……'이라는 미래 지대의 흐름을 낳는다면, 지가는 그 미래 지대들의 현재 가치를 합한 값, 즉 $\frac{1만 원}{1.1} + \frac{1만 원}{1.1^2} + \frac{1만 원}{1.1^3} + \cdots$으로 결정될 것이다. 이런 식을 수학에서는 무한등비급수라고 부르는데, 그 값은 의외로 간단하게 계산된다. 무한등비급수 공식을 사용해서 이 식의 값을 계산하면 $\frac{1만 원}{0.1}$, 즉 10만 원이 된다.[*]

<hr>

[*] 무한등비급수를 계산하는 공식은 $\frac{초항}{1-공비}$이다. 따라서 초항에 $\frac{1만 원}{1.1}$을 대입하고 공비에 $\frac{1}{1.1}$을 대입해서 계산하면 $\frac{1만 원}{0.1}$, 즉 10만 원이 나온다.

이를 좀더 일반화해서 지가 결정 공식을 구해보면 〈식 1-1〉과 같다. 단, 이 식은 미래의 지대가 변화하지 않고 계속 현재와 같은 수준으로 유지된다고 가정했을 때 성립하는 식이다.[*]

식 1-1

$$지가 = \frac{지대}{1+이자율} + \frac{지대}{(1+이자율)^2} + \frac{지대}{(1+이자율)^3} + \cdots\cdots = \frac{지대}{이자율}$$

만일 미래의 지대가 고정되지 않고 매년 일정한 비율로 상승한다면 이야기는 조금 달라진다. 미래 지대가 매년 5퍼센트씩 상승한다고 가정하자. 그 경우 미래 지대의 흐름과 그 현재 가치들의 합은 각각 다음과 같다.[**]

미래 지대의 흐름:

1만 원, 1만 원×(1+0.05), 1만 원×(1+0.05)^2, 1만 원×(1+0.05)^3, ······

현재 가치들의 합:

$$\frac{1만 원}{1+0.1} + \frac{1만 원 \times (1+0.05)}{(1+0.1)^2} + \frac{1만 원 \times (1+0.05)^2}{(1+0.1)^3} + \frac{1만 원 \times (1+0.05)^3}{(1+0.1)^4}$$

$+ \cdots\cdots$

[*]
알파벳을 사용하여 수식을 표현하면 다음과 같다. $P = \frac{R}{1+i} + \frac{R}{(1+i)^2} + \frac{R}{(1+i)^3} + \cdots\cdots = \frac{R}{i}$
단, P는 지가, R은 지대, i는 이자율이다.

이 무한등비급수의 값을 계산하여 지가를 구하면, 20만 원이 나온다. 당연한 일이지만 미래 지대가 고정되는 경우에 비해 지가가 높게 형성됨을 확인할 수 있다. 이를 일반화해서 공식으로 적어보면 다음과 같다.***

식 1-2

$$지가 = \frac{지대}{1+이자율} + \frac{지대 \times (1+지대상승률)}{(1+이자율)^2} + \frac{지대 \times (1+지대상승률)^2}{(1+이자율)^3}$$

$$+ \cdots\cdots = \frac{지대}{이자율 - 지대상승률}$$

만일 독자들이 수학 혐오증을 갖고 있다면, 계산 과정은 그냥 놔두고 계산 결과만 가지고 생각해도 상관없다. 〈식 1-2〉가 말해주는 바는 지대가 높을수록, 이자율이 낮을수록, 그리고 미래 지대상승률이 높을수록 지가는 높아진다는 것이다. 지가가 지대와 관계가 있다는 사실은 당연한 일이지만 이자율이나 미래의 지대상승률과도 관계가 있다는 사실은 시사하는 바가 크다.

**

1년 후의 지대를 1만 원×(1+0.05)가 아니라 1만 원으로 잡는 이유는, 현재 지대가 토지를 1년 동안 사용한 후에 지불된다고 가정하기 때문이다.

***

알파벳을 사용하여 표현하면 다음과 같다. $P = \frac{R}{1+i} + \frac{R(1+g)}{(1+i)^2} + \frac{R(1+g)^2}{(1+i)^3} + \cdots\cdots = \frac{R}{i-g}$

단, g는 지대상승률을 가리킨다.

지가가 이자율과 역의 관계에 있다는 사실은 부동산 시장이 금융시장의 영향을 크게 받는다는 것을 의미한다. 이자율은 부동산 시장이 아니라 금융시장에서 결정되기 때문이다. 독자들은 부동산 가격이 급등할 때 한국은행 총재가 우려를 표시하며 개입 가능성을 시사하는 발언을 하는 것을 언론을 통해 본 적이 있을 것이다. 이는 시중 금리의 기준이 되는 정책 금리의 결정권을 갖고 있는 한국은행이 정책 금리를 올릴 경우 시중 금리는 올라가고 부동산 가격은 떨어진다는 사실을 의식한 정책적 발언이다. 세계 여러 나라에서 부동산 투기가 기승을 부릴 때 중앙은행이 금리인상 카드로 대응한 사례가 많은데, 이 또한 부동산 가격이 이자율의 영향을 크게 받는다는 사실을 근거로 해서 취해진 정책들이다. 미국의 서브프라임 사태는 금융시장발 부동산 거품 붕괴와 부동산 시장발 금융위기가 연쇄적으로 발생한 대표적인 사례인데, 이것도 지가가 이자율의 영향을 받기 때문에 생긴 현상이다. 토지와 부동산이 금융 대출의 담보로 많이 활용되는 사회에서 어떤 원인에서건 이자율이 상승하면 부동산 가격이 담보액 이하로 떨어질 수 있다. 이렇게 되면 대출금을 제대로 회수하지 못하는 금융기관을 필두로 연쇄적인 도산이 일어날 수 있다.*

부동산 시장과 금융시장의 관계에 대해서는 나중에 좀더 상세하게 설명하기로 하고, 이제 지가와 미래 지대상승률의 관계에 대해 생각해보기로 하자. 눈치 빠른 독자라면 벌써 머릿속에서 '미

*

김윤상, 『지공주의』, 경북대학교출판부, 2009, 173쪽.

래의 지대상승률을 어떻게 알지?'라고 질문하고 있을 법하다. 올바른 질문이다. 여기서 말하는 미래의 지대상승률은 실제 상승률이 아니라 예상치를 의미한다. 물론 미래 지대의 흐름에 대해서 사람들이 어떻게 예상할지 단정적으로 말하기는 곤란하다. 사실 위의 〈식 1-2〉는 미래 지대의 흐름에 대한 특정한 예상 방식을 가정한 것이다. 즉, 사람들이 미래의 지대가 일정한 비율로 계속 상승할 것으로 예상한다는 가정이 붙어 있는 것이다. 하지만 실제로는 사람들이 반드시 이렇게 예상하는 것은 아니다. 사람들의 예상 방식이 달라지면 당연히 지가 공식도 달라질 텐데, 그럴 경우 〈식 1-2〉처럼 간명한 수식으로 표현하기는 어려울 것이다. 아무튼 사람들의 예상 방식이 달라진다고 하더라도 미래의 지대가 빠른 속도로 상승할 것으로 예상할 경우 그 토지의 현재 가격이 높아진다는 사실에는 변함이 없다.

　미래 지대의 흐름에 대한 예상이 현재 지가에 지대한 영향을 미친다는 사실은 개발 가능성이 큰 도시 주변 농지의 가격이 높은 이유를 설명해준다. 아무리 도시 주변에 있다고 하더라도 토지가 농지 상태에 머물 경우에 지대는 도시 토지에 비해 훨씬 저렴할 것이다. 하지만 가격은 도시 토지 못지않게 높을 수 있다. 이런 현상이 발생하는 이유는 사람들이 그 농지의 미래 지대가 빠른 속도로 상승할 것으로 예상하고 있기 때문이다. 또 정부가 특정 지역에 개발 계획을 수립했다는 사실이 알려질 경우, 현재의 이자율이나 지대, 그리고 토지를 둘러싼 환경에 전혀 변화가 없음에도 즉시 지가가 폭등하는데, 그것은 바로 사람들이 미래 지대의 흐름에 대한 예상을 급격히 상향 조정하기 때문이다.

이와는 반대로 경기도 광주나 하남처럼 주요 도심에 근접해 있지만 부동산 가격은 도심과 엄청난 격차를 보이는 지역도 있다. 이들 지역의 부동산 가격이 낮은 것은 정부가 상수원 보호 등의 이유로 개발제한 조치를 취하고 있어서 개발 가능성이 낮고 그로 인해 사람들이 미래 지대상승률을 낮게 예상하고 있기 때문이다.

부동산 시장 참가자들이 매년 또 영원히 발생하는 미래 지대의 흐름을 전부 예상한다고 가정하는 것은 실제 부동산 시장에 참가하고 있는 독자들에게는 비현실적으로 느껴질지 모른다. 이런 가정은 사람들이 100퍼센트 합리적으로 행동한다고 가정하는 것과 동일하다. 현실 시장에서 그렇게 행동하는 사람이 과연 어디에 있겠는가? 현실의 부동산 시장에서는 사람들이 미래 지대의 전체 흐름이 아니라 가까운 미래의 지가를 예상하는 것으로 그치는 경우가 많다. 이런 사실에 착안하면 현재 지가의 결정 공식을 〈식 1-2〉와는 다르게 적을 수 있고 또 그것을 가지고 좀더 현실적인 분석을 할 수도 있다(이에 관해서는 2부에서 상세하게 설명한다). 단, 부동산 시장 참가자들이 100퍼센트 합리적으로 행동할 경우에는 어느 쪽으로 접근해도 결과는 동일하다.

토지 이용의 형태를 결정하는 입찰지대

차액지대론과 마찬가지로 토지의 이질성을 중시하면서도, 특히 위치에 따른 수송비(혹은 교통비)의 차이를 가지고 지대의 결정원리를 설명하는 이론이 있다. 바로 입찰지대론^{Bid-rent theory}이다. 이 이론은 19세기 초 독일의 경제학자 튀넨이 1826년에 펴낸 그의 저서 『고립국』^{Der isolierte Staat}에서 처음으로 전개한 것인데, 토지의 이질성을 낳는 요인으로서 자연적 생산력보다는 위치를 중시한다는 점이 차액지대론과 다르다. 처음에 입찰지대론은 농업을 대상으로 했지만 그 후 계속 발전하여 오늘날에는 도시 토지 이용의 공간적 분화를 설명하는 대표적인 이론으로 자리잡았다.

1) 입찰지대의 결정원리

우선, 입찰지대론이 지대의 결정원리를 어떻게 설명하는지 살펴보기로 하자. 설명을 쉽게 하기 위해 이 도시에는 하나의 도심이 있고, 모든 생산자는 생산물을 이 도심에 수송해서 판매하며, 어디서 생산하든 생산 자체에 드는 비용*은 동일하다고 가정하자. 어디서 생산하든 생산 자체에 드는 비용이 동일하다는 이야기는 어느 곳이든 토지의 자연적 생산력이 동일하다는 것과 같은 이야기다. 물론 생산물의 종류가 달라지면 생산 자체에 드는 비용도 달라진다.

하나의 생산물, 예를 들어 의류를 생각해보자. 의류업자가 이 도시 내 어떤 토지에서 생산을 하건 생산 자체에 드는 비용은 동

* 노동과 자본에 드는 비용으로서 생산물 단위당 비용을 의미한다. 이 비용에는 정상이윤이 포함된다.

일할 것이다. 그러나 문제는 생산한 의류를 도심까지 수송하는 비용이 어느 위치의 토지에서 생산하느냐에 따라 달라진다는 사실이다. 그래서 의류업자가 생산한 의류를 판매하고 난 후의 순수익은 그가 어느 위치의 토지에서 생산하느냐에 따라 달라진다. 똑같은 시설을 갖추고 같은 인원을 투입한다고 하더라도, 도심에서 가까운 곳에서 생산하는 의류업자의 순수익은 많을 것이고 반대로 도심에서 먼 곳에서 생산하는 의류업자의 순수익은 적을 것이다. 이런 차이를 낳는 근본 원인은 수송비의 차이고 또 수송비는 도심에서의 거리에 의해 결정되므로, 결국 순수익의 크기를 결정하는 것은 도심에서의 거리라고 할 수 있다. 의류업자의 순수익과 도심에서의 거리 사이의 관계를 그래프로 표시하면 〈그림 2〉와 같다.

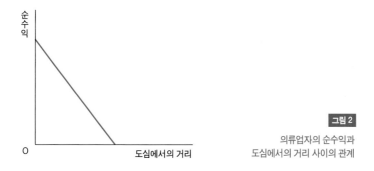

그림 2
의류업자의 순수익과
도심에서의 거리 사이의 관계

의류업자들은 이런 순수익의 차이를 순순히 받아들일까? 더 높은 수익률을 좇아서 끊임없이 움직이는 기업가들이 이런 차이를 순순히 받아들일 리가 없다. 의류업자들은 높은 순수익을 낳는 토지 쪽으로 몰려들 것이고, 이런 토지 획득 경쟁으로 인해 순수익은 의류업자의 수중에 남지 못하고 토지 소유자에게 지대로 지불되게 된다. 그러니까 〈그림 2〉는 이 도시 내의 토지들이 의류업자에 의해 사용될 경우 각 토지에서 의류업자가 토지 소유자에게 지불하게 될 지대의 크기를 나타내는 그래프로 해석할 수 있다. 이 지대는 위치의 차이에 의해 발생한다는 점에서 위치지대라고 부르기도 하고, 토지 사용자가 사용료로서 지불할 용의가 있는 최대 금액을 나타낸다는 점에서 입찰지대라고 부르기도 한다.

그런데 〈그림 2〉는 의류업자의 입찰지대 곡선이라는 점에 유의하라. 생산물이 달라지면 입찰지대 곡선도 다르게 그려진다. 다른 생산물, 예를 들어 빵의 경우에 대해 생각해보자. 빵을 생산하고 수송하는 조건은 의류의 그것과는 전혀 다르다. 시설도 다르고 투입 노동자의 수도 다르고 단위당 수송비도 다르다. 따라서 제빵업자가 이 도시에서 생산을 할 경우 그들이 각 토지에서 얻을 수 있는 순수익, 즉 입찰지대는 의류업자의 그것과는 다를 수밖에 없다. 〈그림 3〉은 의류업자의 입찰지대 곡선과 제빵업자의 입찰지대 곡선을 하나의 그래프 상에 그려본 것이다.

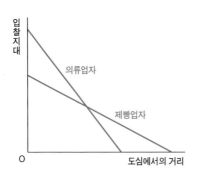

그림 3

의류업자의 입찰지대 곡선과
제빵업자의 입찰지대 곡선

이처럼 생산물마다 각각 입찰지대 곡선을 그릴 수 있으므로 다 그린다면 엄청나게 많은 곡선이 그려질 것이다. 하지만 설명을 간단하게 하기 위해 이 도시에서 이루어지는 생산활동이 세 가지뿐이라고 가정하자. 그러면 이 도시의 입찰지대 곡선들은 〈그림 4〉와 같이 그려질 것이다.[*]

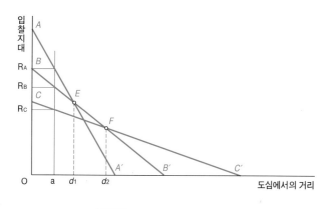

그림 4 도시의 입찰지대 곡선과 토지 이용 형태

그런데 각 개별 토지마다 지대가 세 개씩 존재하게 된다는 것은 이치에 맞지 않는다. 셋 중 어느 것이 실제 지대가 될까? 결론부터 말하면, 가장 높은 입찰지대가 실제 지대가 된다. 왜냐하면 앞서 말한 토지 획득 경쟁이 동일한 생산물을 생산하는 업자들 사이에서만 벌어지는 것이 아니라 서로 다른 생산물을 생산하는 업

<hr />

[*] 이정전, 앞의 책, 302쪽의 그림을 약간 보완한 것이다.

자들 사이에서도 벌어지기 때문이다.

도심에서 Oa만큼 떨어져 있는 토지를 생각해보자. 이 토지에 대해 재화 A를 생산하는 업자들은 R_A, 재화 B를 생산하는 업자들은 R_B, 재화 C를 생산하는 업자들은 R_C의 지대를 지불할 용의가 있다. 이들 모두가 이 토지를 획득하려는 경쟁에 참가하기 때문에 지대는 셋 중 가장 높은 수준인 R_A로 결정될 수밖에 없다. 다수의 생산자들이 이 토지를 획득하려고 경쟁하고 있는 상황에서 토지 소유자는 누구에게 토지를 빌려주려고 하겠는가? 더 많은 지대를 지불하려는 사람 아니겠는가? 따라서 이 도시의 입찰지대 곡선은 세 개의 곡선 모두가 아니라, Od_1 구간에서는 AE, d_1d_2 구간에서는 EF, d_2 외곽의 구간에서는 FC′가 되는 꺾은선 형태가 될 것이다. 이렇게 그려지는 입찰지대 곡선은 이 도시 내 모든 개별 토지의 지대의 크기가 얼마인지 보여준다. 도심에서 떨어진 거리가 얼마인지만 알면 그 토지의 지대가 얼마인지 바로 알 수 있다.

2) 토지 이용 형태의 결정원리

입찰지대론은 위치의 차이에 의해 개별 토지의 지대의 크기가 결정되는 원리뿐만 아니라 토지 이용의 형태가 결정되는 원리에 대해서도 설명해준다. 사실 입찰지대론은 지대 결정원리에 관한 설명에서는 차액지대론과 거의 유사하다. 개별 토지의 이질성에 주목하는 것도 그렇고, 생산자들 간의 토지 획득 경쟁이 순수익을 지대로 전환시킨다고 설명하는 것도 그렇다. 단지 토지 생산성의 차이 대신에 위치의 차이를 중시한다는 점에서 다를 뿐이다. 하지만 입찰지대론은 한 가지 점에서 차액지대론과 큰 차이를 보이는데, 그것은 입찰지대론이 토지 이용 형태의 결정원리에 관한 설명을 담고 있다는 점이다.

〈그림 4〉를 다시 보자. 여기서 우리는 Od_1 구간의 토지들은 재화 A를 생산하는 업자들이, d_1d_2 구간의 토지들은 재화 B를 생산하는 업자들이, 그리고 d_2 외곽 구간의 토지들은 재화 C를 생산하는 업자들이 차지하게 된다는 것을 알 수 있다. 각 업자들이 각 구간에서 가장 높은 지대를 지불하려고 하기 때문이다. 따라서 Od_1 구간에서는 주로 재화 A를 생산하는 형태의 토지 이용이 이뤄지게 되고, d_1d_2 구간에서는 재화 B, d_2 외곽의 구간에서는 재화 C를 생산하는 형태의 토지 이용이 이루어지게 된다. 위치에 따라 토지 이용의 형태가 달라지고 토지 이용의 공간적 분화가 일어나는 것이다.

입찰지대론은 도시의 공간구조가 각종 기관(기업의 본사, 각종 금융기관, 법률회사, 회계법인, 광고회사 등)의 사무실이 밀집한 빌딩가, 상가商家 밀집 지역, 그리고 주택가 등으로 분화하게 되는 이유를 설명하는 이론으로 활용되고 있다. 물론 〈그림 4〉의 입찰지대 곡선들을 바로 빌딩용의 입찰지대 곡선, 상가용의 입찰지대 곡선, 주택용의 입찰지대 곡선으로 해석할 수는 없다. 왜냐하면 그림에 나오는 곡선들은 모두 재화를 생산하고 수송하는 제조업의 입찰지대 곡선들인데, 토지를 빌딩용, 상가용, 주택용 등으로 사용할 경우에는 생산과 수송이 아닌 다른 경제활동들이 중심이 되므로 입찰지대에 관한 설명도 달라질 수밖에 없기 때문이다. 특히 토지가 주택용으로 사용될 경우에는 별도의 설명이 필요하다. 1960년대 초에 W. 알론소 Alonso는 주택용 토지의 경우에도 입찰지대 곡선을 그릴 수 있으며 이를 이용하면 소득 계층 간에 주거지 선택이 달라지는 이유를 설명할 수 있다는 이론을 제시함으로써 입찰지대론의 지평을 넓혔다. 입찰지대론이 이처럼 발전한 덕분에, 우리는 빌딩용, 상가용, 주택용 등의 입찰지대 곡선도 〈그림 4〉처럼 그려서 설명할 수 있게 되었다.

물론 입찰지대론에는 단일 시장을 가정한다든지, 도시 내 모든 개별 토지의 생산성이 동일하다고 가정한다든지 하는 한계가 여전히 존재한다. 하지만 이런 비현실적인 가정들을 완화하더라도 토지 이용 형태마다 입찰지대 곡선이 존재한다는 사실과, 각 개별 토지는 최고의 입찰지대를 낳는 용도에 투입된다는 사실에는 변함이 없다.

빌딩용의 입찰지대는 도심 부근에서는 매우 높고 외곽으로 갈수록 급격히 하락한다. 빌딩가에서 이루어지는 중심업무 기능들에는 도심이라는 위치가 제공하는 이점이 무척 중요하기 때문이다. 따라서 빌딩용의 입찰지대 곡선은 기울기가 매우 가파르다. 제조업이나 상업의 경우 일부는 이와 비슷한 입찰지대 곡선을 갖기도 하지만, 대개 빌딩용의 입찰지대 곡선보다 기울기가 완만한 입찰지대 곡선을 갖는다. 도심이라는 위치가 제공하는 이점이 중심업무 기능들보다는 작기 때문이다. 주택용의 입찰지대 곡선은 이보다도 더 완만한 형태를 갖는다. 도심에는 취업 기회나 쇼핑의 편의와 같은 이점과 함께 환경오염, 교통 혼잡, 소음, 범죄 등의 마이너스 요인이 존재하기 때문에, 도심이라는 위치가 제공하는 이점이 빌딩용이나 산업용, 상업용의 경우보다 작기 때문이다.

〈그림 4〉의 입찰지대 곡선들이 각각 어느 도시의 빌딩용, 상가용, 주택용의 입찰지대 곡선들이라고 한다면, 이 도시에서는 도심에서 d_1만큼 떨어진 곳까지는 주로 사무용 빌딩이 들어서고, d_1d_2 구간에는 주로 상가가, d_2 외곽의 구간에는 주로 주택이 들어서게 됨을 알 수 있다. 도시 전체가 공간적으로 분화하는 것인데, 이처럼 도시 공간이 빌딩가 – 상가 – 주택가로 분화하는 것은 상식에도 부합한다. 각 입찰지대 곡선에 변화가 있을 경우 도시의 공간구조에도 변화가 생기는 것은 물론이다.

유사지대 개념들

준지대

....

건물이나 기계 등 토지에 부착되는 시설물도 단기적으로는 위치와 공급이
고정된다는 점에서 토지와 비슷한 성질을 갖는다. 이런 생산요소의 가격은
토지 사용료인 지대와 비슷한 방식으로 결정된다. 즉, 수요가 그 가격을 결
정하는 것이다. 이를 최초로 언급한 사람은 마셜인데, 그는 이런 소득의 성
질이 토지의 지대와 비슷하다 하여 준지대quasi-rent라고 불렀다.

　준지대는 단기적으로만 발생한다는 점에 주의해야 한다. 장기적으로는
건물이나 기계 등의 시설물도 공급이 변화할 수 있고 위치도 변경될 수 있기
때문에, 그 가격은 위치와 공급량이 고정되지 않는 자본재(원료, 보조재료
등)나 노동과 동일한 방식으로 결정된다. 한편 마셜은 토지를 포함하는 자
연자원에 지불되는 지대는 순수지대라고 불렀다.

파레토지대

....

파레토지대Pareto-rent란 공급이 신축적이지 않은 생산요소에 과잉 지불되는
소득을 가리킨다. 마셜이 토지 이외의 생산요소에 지대 개념을 확대 적용하
고자 시도한 이후, 이탈리아의 경제학자 파레토Vilfredo Pareto는 지대 개념을
새롭게 정의하면서 그것을 모든 생산요소에 적용하고자 했다. 그는 공급이
신축적이지 않은 생산요소는 토지 외에도 많으며, 그런 생산요소에는 필요

이상의 대가가 지불된다는 사실을 발견했다. 파레토는 그런 생산요소에 지불되는 필요 이상의 대가를 지대라고 불렀다. 오늘날 경제학 책에 나오는 '경제적 지대'란 토지와 자연자원에 지불되는 고전적 의미의 지대가 아니라 바로 파레토지대다.

파레토는 어떤 생산요소를 현재의 용도로 묶어두기 위해 지불해야 하는 최소한의 대가를 전용비용이라고 불렀다. 어떤 생산요소가 전용비용을 초과하는 대가를 받고 있다면, 그것은 필요 이상의 대가를 받고 있는 것이고 그 초과분이 바로 지대라는 것이다.

예를 들어 설명해보자. 국민 MC라 불리는 유재석은 TV 예능 프로그램에 한 번 출연하는 데 보통 사람이 상상하기 어려운 출연료를 받는다(물론 외국의 스타들은 유재석보다 훨씬 많은 출연료를 받는다). 왜 그럴까? 그가 사회를 보는 예능 프로그램에 대한 수요가 많기 때문이다. 하지만 아무리 수요가 많다고 하더라도 유재석과 같은 재능을 가진 MC가 계속 등장한다면 그가 그렇게 높은 출연료를 받을 수는 없을 것이다. 유재석이 그렇게 높은 출연료를 받을 수 있는 이유는 당분간 우리 사회에서 그와 같은 재능을 갖춘 MC가 더 나타나기 어렵기 때문이다. 경제학 용어로 표현하자면, 생산요소의 공급이 제한되기 때문이다.

만일 유재석이 옛날처럼 일반 개그 프로그램에 등장하며 개그맨으로 활동한다면 그는 지금 받는 출연료보다 훨씬 낮은 금액밖에 못 받을 것이다. 지금 유재석이 받는 회당 출연료가 1,000만 원, 개그맨으로 출연할 경우의 회당 출연료가 회당 100만 원이라고 하자. 방송사들이 단결해서 그와 흥정한다면, 그의 출연료를 회당 100만 원으로까지 낮출 수 있을 것이다. 유재석 입장에서는 기분이 나쁘겠지만 일반 개그맨과 같은 출연료를 받더라도 MC로 남는 것이 유리하다고 판단할 것이다. 결국 지금 유재석에게 지불되고 있는 회당 출연료 1,000만 원 중에 900만 원은 필요 이상으로 과잉 지불된 셈이다. 여기서 100만 원이 파레토가 말한 전용비용, 900만 원이 파레토지대에 해당한다.

파레토는 고전학파의 지대를 자신이 정의한 지대의 특수한 사례에 불과하다고 간주하여 평가절하했다. 신고전학파 경제학자들은 마치 지대에 다른 의미가 없는 것처럼 파레토지대를 그냥 지대라고 부르기 시작했다. 그 결과 토지와 자연자원에 지불되는 대가라는 의미는 사라져버렸다.

파레토는 공급이 신축적이지 않은 생산요소에 필요 이상의 대가가 지불된다는 사실을 발견했다는 점에서 기여한 바가 있지만, 지대 개념을 필요 이상으로 확대함으로써 토지와 지대의 특수성을 흐릿하게 만드는 오류를 범했다. 그는 왜 공급이 신축적이지 않은 생산요소에 지불되는 필요 이상의 대가에 굳이 지대라는 이름을 붙였을까? 혹시 토지와 다른 생산요소의 차이를 모호하게 만들어서 토지를 경제학에서 제거하려고 했던 초기 신고전학파의 '작전'에 동참하고 있었던 것은 아닐까?

04

토지의 영향력

앞에서도 언급했듯이, 노동소득과 자본소득은 노력소득이지만 지대는 토지 소유자가 사적으로 전유한다면 불로소득이 된다. 지대를 사적으로 전유할 수 있기 때문에 토지 매매시장이 생겨나고 지가도 성립한다. 이렇게 토지사유제하에서 지대가 사적으로 전유되고 토지 그 자체가 매매시장에서 거래되기 시작하면 토지(토지소유, 토지가치, 토지시장)는 여러 경로로 경제에 영향을 끼치게 된다.

첫째, 토지 소유와 토지가치는 소득과 자산의 분배에 심대한 영향을 끼친다. 앞에서도 잠깐 언급했지만 한 나라의 총생산물은 생산에 노동과 자본과 토지를 제공한 사람들에게 각각 임금, 이자, 지대로 분배된다. 총생산물이 증가할 때 지대가 그보다 더 빠른 속도로 증가한다면, 나머지 소득의 합계치는 총생산물보다는 느린 속도로 증가하거나 심한 경우 감소하기 마련이다. 지대의 변화 양상이 임금과 이자의 변화에 직접적인 영향을 주는 것이다.

뒤에서 자세히 살펴보겠지만, 헨리 조지는 그의 명저 『진보와 빈곤』에서 물질적 진보가 진행되어 총생산물이 증가할 때 지대는 그보다 더 빠른 속도로 증가한다는 사실을 상세하게 논증한 바 있다. 지대가 총생산물보다 더 빨리 증가한다면 다른 소득이 압박을 받아서 상대적 빈곤이나 절대적 빈곤이 발생하기 때문에 진보 속의 빈곤은 불가피하다는 것이 조지의 결론이다. 헨리 조지 사후의 역사는 그의 주장처럼 극적으로 진행되지는 않았지만, 지대의 변화 추이가 다른 소득의 변화에 직접적인 영향을 끼친다는 것은 분명한 사실이다.

지대의 변화뿐 아니라 지가의 변화도 소득분배에 영향을 미친다. 지가 변화가 토지 매매 차익, 즉 자본이득capital gain을 낳기 때문이다. 물론 자본이득은 임금·이자·지대처럼 생산에 기여한 대가로 분배받는 소득과는 성질이 다르다. 연간 생산물로부터 분배되는 소득이 아니라는 말이다. 그래서 지대가 빠른 속도로 올라갈 때 임금과 이자를 압박하는 것과는 달리, 토지 자본이득은 다른 소득을 직접 압박하지는 않는다. 하지만 토지 자본이득이 발생할 경우 그만큼 토지 소유자들의 소득이 증가하기 때문에, 그것을 포함하여 계산하는 소득분배의 불평등도는 높아진다. 우리나라나 일본처럼 토지 소유의 편중도가 높은 경우에는 토지 자본이득이 소수에게 집중되기 때문에 상황은 더 심각해진다.

지가가 올라가더라도 실제로 토지가 매매되지 않으면 토지 자본이득이 발생하지 않지만, 그때는 자산분배 상태에 변화가 일어난다. 지가가 다른 자산의 가치보다 더 빠른 속도로 올라가거나,

특정 지역의 지가가 다른 지역의 지가보다, 또는 특정 부동산의 가격이 다른 부동산의 가격보다 더 빠른 속도로 올라가는 일은 종종 발생한다. 그럴 경우 지가 상승의 혜택을 많이 입는 사람들과 그렇지 않은 사람들 사이에 자산가치의 격차가 벌어지는 것이다. 2002~2006년 사이에 우리나라에서 일어난 부동산 가격 상승은, 강남불패 혹은 버블세븐이라는 말이 상징하듯이 국지적 폭등, 아파트 중심의 폭등이라는 특징을 갖고 있다. 그 바람에 서울 강남 주민과 강북 주민, 그리고 수도권 주민과 지방 주민 사이에는 엄청난 자산가치의 격차가 생겨났다. 버블세븐 이외 지역에 부동산을 가진 사람들은 아무 잘못도 없이 가난해졌고 서울 강남에 부동산을 가진 사람들은 땀 한 방울 흘리지 않고 부유해진 것이다. 지가 변화로 인해 자산분배 상태가 변한 대표적인 사례다.

둘째, 토지와 부동산 가격의 변화는 소비, 투자, 금리, 임금 등 주요 거시경제 변수들에 커다란 영향을 끼친다. 우선, 부동산 가격의 상승은 소비에 정(+)의 효과를 미치기도 하고, 부(-)의 효과를 미치기도 한다. 부동산 가격이 상승하면, 이미 부동산을 소유하고 있는 사람들은 소득이 늘지 않았는데도 자신들이 부유해졌다는 생각에 소비를 늘리는 경향이 있다. 한편 새로 부동산을 구입하는 사람들은 자기 자금으로 구입하건 대출을 받아서 구입하건, 구입 비용 부담이 늘어나기 때문에 소비를 줄이는 경향이 있다. 정(+)의 효과와 부(-)의 효과 중 어느 쪽이 더 우세할지는 경제 상황에 의해 결정되겠지만, 부동산 가격의 변화가 소비에 큰 영향을 미친다는 것은 틀림없다.

투자에 미치는 영향도 이와 비슷하다. 지가가 상승할 때, 한편에서는 토지 소유를 통해 자본이득을 증대시키려는 생각에 생산적 투자를 기피하는 기업들이 늘어나기도 하지만, 다른 한편에서는 반대로 건설업체들처럼 지가 상승이 가져다주는 높은 수익률에 고무되어 과잉 투자를 하는 기업들도 생겨난다. 토지를 계속 보유하며 생산하는 일반 제조업체들은 전자의 행태를 보이기 쉽고, 건설업체처럼 건축물과 함께 토지를 팔아버리는 기업은 후자의 행태를 보이기 쉽다. 장기간 지가 상승세가 지속된 일본과 한국에서 건설업의 비중이 세계 최고 수준으로 높아진 것은 우연이 아니다. 또 우리나라 제조업체들이 외국 기업에 비해 부동산을 지나치게 많이 갖게 된 것도 우연이 아니다. 2001년 말 현재 우리나라 제조업체들의 총자산 대비 토지자산의 비중은 12.5퍼센트로서, 미국(2.1퍼센트)에 비해 월등하게 높고 일본(9.9퍼센트)에 비해서도 높은 것으로 드러났으며, 1980년(4.9퍼센트)에 비해서는 2.6배나 커졌다.[*] 수십 년간 지가가 지속적으로 상승하는 가운데 우리나라 제조업체들이 생산이윤보다 토지 자본이득에 마음을 쓴 결과다.

뿐만 아니라 지가 상승과 높은 지가는 창업을 저해하고, 제조 공장의 해외 이전을 촉진하며, 외국 제조업체들의 국내 진출을 억제하는 것을 통해서도 국내 투자에 영향을 미친다.

또한 부동산 가격의 변화는 금리나 임금 등의 가격 변수에도

[*]

손낙구, 『부동산 계급사회』, 후마니타스, 2008, 118쪽.

큰 영향을 끼친다. 부동산 가격의 상승이 투기 열풍으로 이어질 경우 부동산 구입을 위한 자금 수요가 증가하여 금리를 끌어올린다. 그리고 부동산 가격 상승이 임대료 상승과 동시에 진행될 경우 노동자들의 임금인상 투쟁이 격화되어 임금을 끌어올린다. 1980년대 후반 우리나라에서는 노동자들의 투쟁이 유독 격렬했고 임금은 다른 나라에 비해 훨씬 빠른 속도로 인상되었는데, 이는 같은 시기에 일어났던 부동산 가격 및 전세금 폭등과 무관하지 않다.

셋째, 이처럼 지가와 부동산 가격은 주요 거시경제 변수들과 밀접한 관계를 갖고 있기 때문에, 경기변동에도 큰 영향을 끼치기 마련이다. 지가의 변동이 경기변동에 어떤 영향을 미치는지에 대해서는 나중에 상세하게 설명하기로 하고, 여기서는 부동산 가격 폭등과 불황 발발의 시간적 선후관계만 확인해두기로 하자.

표 1

지가 폭등과 불황 발발의 시간적 선후관계(미국)

지가가 고점에 도달한 연도	불황 시작 연도
1818	1819
1836	1837
1854	1857
1872	1873
1890	1893
1907	1918
1925	1929
1973	1973
1979	1980
1989	1990
2006	2008

자료: Fred Foldvary, *The Depression of 2008*, 2nd ed., Berkeley: Gutenberg Press, 2007.

〈표 1〉은 미국의 지가변동과 불황의 관계를 보여주는 표인데, 이에 의하면 지가가 최고점에 도달한 지 1~3년 후에 불황이 시작되었다는 것을 알 수 있다. 이런 현상은 미국에서만 나타난 것이 아니다. 영국, 일본, 우리나라에서도 동일한 현상이 나타났음을 확인해주는 연구 결과가 나와 있다.* 〈표 1〉은 시간적 선후관계만을 보여주고 있을 뿐이지만, 세계 곳곳에서 동일한 현상이 발견되는 것은 그것이 인과관계일 가능성이 높음을 말해준다.

넷째, 부동산 가격의 급등을 통해 막대한 불로소득을 취하는 일이 자주 일어나고 토지를 이용 목적이 아니라 투기 목적으로 보유하는 사람들이 늘어나면, 그것은 토지 이용 양태와 환경에 영향을 끼친다. 쓸모 있는 땅들이 유휴화遊休化하거나 저이용低利用되는 대신, 보존되어야 할 땅들이 무분별하게 개발되는 일이 일어나는 것이다. 토지의 투기적 보유는 도시의 과잉 확장, 난개발, 환경파괴 등을 유발하는 주범이다. 도심의 좋은 위치의 땅에 2, 3층짜리 낡은 건물이 들어서 있는 것을 본 적이 있을 것이다. 그리고 도시 외곽이나 농촌에서 공장이 들어서기에는 부적합한 땅에 버젓이 공장이 들어서서 환경을 파괴하고 있는 것을 본 적도 있을 것이다. 모두 토지의 투기적 보유가 만들어낸 풍광이다. 토지의 투기적 보유는 농촌 토지의 가격을 인상시켜 영농과 도시 주변의 개발

*

프레드 해리슨 지음, 전강수·남기업 옮김, 『부동산 권력』, 범우, 2009와 전강수·한동근, 「한국의 토지문제와 경제위기」, 이정우 외, 『헨리 조지 100년만에 다시 보다』, 경북대학교출판부, 2002를 참조하라.

을 어렵게 만들기도 한다.

전 세계의 환경에 엄청난 해악을 끼치고 있는 아마존 강우림 파괴도 토지의 투기적 보유에서 비롯되었다는 점에 유의하라. 브라질에서 토지를 무상으로 취득할 수 있는 곳은 아마존 강 유역의 강우림 지대地帶라고 한다. 도시와 농촌에서 자기 땅을 차지하지 못한 사람들이 이곳으로 대거 이주해서 삼림을 벌목하고 불을 지른 후 농사를 짓는다. 이 지역의 무른 표토表土는 장기간의 경작을 견디지 못하기 때문에 이주자들은 다른 토지를 찾아서 계속 강우림 속으로 들어간다. 만일 이들이 도시와 농촌에서 자기 땅을 차지할 수 있었더라면, 아니 소작지라도 괜찮은 조건으로 구할 수 있었더라면, 강우림이 파괴되는 일은 없었을 것이다.˙

사실 분배문제와 경기변동문제, 그리고 환경문제는 현대 사회를 괴롭히는 3대 경제문제라고 해도 과언이 아니다. 토지(토지 소유, 토지가치, 토지시장)가 이 모두와 깊은 관련이 있다는 사실이 놀랍지 않은가? 그러나 이보다 더 놀라운 것은 이렇게 중요한 요인이 현대 경제학에서 철저하게 무시되고 있다는 사실이다. 만일 클라크를 비롯한 미국 신고전학파의 선구자들이 부활해서 오늘날의 상황을 본다면, 어떤 반응을 보일지 무척 궁금하다. 추측건대 그들이 맨 먼저 꺼낼 말은 '우리가 그때 무슨 짓을 한 거야?'가 아닐까?

˙

로버트 안델슨·제임스 도오시 지음, 전강수 옮김, 『희년의 경제학』, 대한기독교서회, 2009, 182~183쪽.

05

토지사유제 없이는 자본주의가 성립할 수 없을까?

자본주의가 시장경제와 사유재산제도를 양대 축으로 하고 있다는 이유로 토지사유제를 당연하게 생각하는 사람들이 많다. 또 역사학자들 중에는 토지사유제를 근대 자본주의 탄생의 필수적 전제조건으로 간주함으로써 사실상 그것을 정당화하는 사람들도 많다. 이들에게 토지는 일반 재화나 자본과는 전혀 성격이 다르기 때문에 그것에 절대적·배타적 소유권을 인정할 수 없다고 말하면, 이들은 마치 신성불가침의 영역을 침범당한 것처럼 반발한다.

이들이 믿는 것처럼 자본주의 경제는 토지사유제 없이는 성립 불가능한 경제체제일까? 그렇지 않다는 것은 토지를 공유로 하거나 토지의 공공성을 강하게 인정하는 제도를 채택하고도 자본주의 시장경제를 모범적으로 발전시켜온 싱가포르, 홍콩, 대만, 핀란드 등의 사례를 통해 금방 알 수 있다. 그럼에도 토지사유제를 당연시하는 사람들에게 토지의 공공성을 인정해야 한다고 말하면, 그들은 즉각 사회주의적 발상이라고 비판한다. 토지제도에 대한 무지에서 나오는 경우가 아니라면, 이런 비판은 지주 세력의 이해를 옹호할 목적으로 다분히 의도적으로 제기하는 '색깔론'일 경우가 많다.

사실 토지제도에는 여러 형태가 있다. 소유권을 구성하는 세 가지 권리인 사용권·처분권·수익권을 누구에게 귀속시키느냐를 기준으로 토지제도를 분류해보면 다음과 같이 된다. 세 권리 모두 민간이 가지면 토지사유제가 되고, 세 권리 모두 공공이 가지면 사회주의적 토지공유제가 된다. 사용권은 민간이 갖고 수익권은 공공이 가질 경우 토지가치공유제가 되는데, 이는 처분권을 어디에 두느냐에 따라 다시 두 가지 제도로 나뉜다. 처분권을 완전히 민간이 가질 경우 토지가치세제(혹은 지대조세제)가 되고, 공공이 처분권을 가지면서 사용권을 가진 자에게 한시적으로 처분권을 맡길 경우 토지공공임대제가 된다. 실제로는 각 권리를 민간과 공공이 적당히 나누어 갖는 경우가 많으므로 현실의 토지제도는 이보다 훨씬 다양하다.

이 가운데 토지의 사용권·처분권·수익권을 모두 국가가 장악하는 사회주의적 토지공유제를 제외하고는 모두 자본주의 경제와 결합될 수 있다. 문제는 어느 경우가 더 나은 경제적 성과를 보이는가이다. 토지사유제 옹호론자들은 토지에 절대적·배타적 소유권을 인정해야만 토지자원의 효율적 배분이 가능하고 오용을 막을 수 있으며 토지 사용의 안정성을 보장할 수 있다고 생각한다. 그러나 이런 효과는 개인에게 토지의 사용권·처분권·수익권을 모두 부여해야만 달성되는 것은 아니다. 토지개량물의 소유권을 확실히 보장하고 토지에 대해서는 배타적 사용권(최대한으로 잡아서 사용권과 처분권)만 개인에게 부여하면 충분하다.

이와 관련하여 헨리 조지가 『진보와 빈곤』에서 인용하고 있는 찰스 램Charles Lamb의 이야기가 재미있다. 옛날 어느 중국인의 집에 불이 나서 몽땅 타버렸다고 한다. 그런데 그 집 안에 마침 돼지가 있어서 불에 그슬린 채 죽어 있었다. 불이 꺼진 후 그슬린 돼지를 발견한 사람들이 그 돼지를 먹어보니 맛이 좋았다고 한다. 그때부터 돼지고기를 맛있게 요리하려면 집에 불을 질러야 한다는 말이 오랫동안 전해 내려왔다는 이야기다. 헨리 조지는 이 이야기를 인용한 후에 다음과 같이 말한다.

돼지고기를 요리하기 위해 집을 불태울 필요가 없듯이 토지를 개량하기 위해 토지의 절대적·배타적 소유자가 될 필요가 없다. 돼지고기를 굽기 위해 집을 불태우는 것이 부적절하고 낭비적이며 불확실한 수단이듯이, 토지사유제는 토지개량물의 보장이라는 목적에는 부적절하고 낭비적이며 불확실한 수단이다. (……) 토지사용에 필요한 것은 토지의 사적 소유가 아니라 개량물에 대한 보장이다. 토지의 경작과 개량을 유도하기 위해서 '이 땅은 당신의 것'이라고 할 필요가 없다. 단지 '이 땅에서 당신이 노동과 자본을 들여 생산한 것은 당신의 것'이라고 하면 족하다. 수확을 보장해 주면 씨를 뿌릴 것이고, 주택을 소유할 수 있도록 보장해 주면 집을 지을 것이다. 수확이나 주택은 노동에 대한 자연스러운 보상이다. 사람이 씨를 뿌리는 것은 수확하기 위해서이고 집을 짓는 것은 주택을 소유하기 위해서이다. 토지의 소유 여부는 이와 아무 관계가 없다.*

토지에 절대적·배타적 소유권을 인정함으로써 수익권까지 개인에게 부여할 경우, 투기적 보유를 자극해 오히려 토지의 효율적 사용이 저해된다. 토지를 이용 목적이 아니라 투기 목적으로 보유하는 사람들은 적당한 시기에 팔아서 시세 차액을 챙기는 데만 관심이 있기 때문에, 자기 토지를 가급적 팔기 쉬운 형태로 유지하려고 한다. 자연히 이들은 자기 땅이 최선의 용도로 사용되는 것을 꺼리는 경향을 보이게 된다. 대도시 한가운데 좋은 땅이 공한지 상태로 있거나 저밀도로 이용되는 경우가 있는데, 여기에는 투기적 동기가 강하게 작용하고 있다고 보면 된다.

토지사유제 옹호론자들이 토지사유제가 있어야 토지자원의 남용을 막을 수 있다고 주장하기 위해 자주 드는 논리적 근거는 '공유지의 비극'Tragedy of the commons이다. 공유지란 중세 촌락에서 공동체 구성원들의 공동 사용의 대상으로 따로 구분해두었던 토지를 말하는데, 주로 촌락 주변의 목초지나 삼림이 이에 해당한다. 여기서 생기는 비극이란 공동체 구성원이라면 누구나 공동지에서 가축을 방목하거나 삼림자원을 채취할 수 있기 때문에 방목하는

---

*

헨리 조지 지음, 김윤상 옮김, 『진보와 빈곤』, 비봉출판사, 1997, 383~385쪽.

가축수가 늘어나고 삼림자원이 과잉 채취되어 결국은 공동지가 황폐하게 되는 현상을 가리킨다.

공유지의 비극을 막으려면 공동체 구성원들로 하여금 각자 자신의 공동지 사용에 상응하는 대가를 지불하게 하거나 자원을 남용하지 못하게 금지하면 되는데, 토지사유제 옹호론자들은 토지사유제를 도입하면 그렇게 할 수 있다고 주장한다. 하지만 이는 여우 피하려다 범을 만나는 결과를 자초하는 짓이다. 투기와 불로소득이라는 또 다른 심각한 폐해를 야기하기 때문이다. 배타적 사용권을 설정해주고 사용자에게는 사용 분량에 상응하는 사용료를 징수하거나 남용을 막기 위한 관리제도를 마련하면 충분함에도 왜 그들은 사용권·처분권·수익권을 몽땅 개인에게 넘기자고 주장하는 것일까? 토지사유화를 통해 이익을 챙기는 사람들의 이해에 복무하려는 의도가 깔려 있다고 볼 수밖에 없다.

유감스럽게도 역사는 토지사유제 옹호론자의 주장대로 진행되어왔고 지금도 그렇게 진행되고 있다. 그 전형적인 사례는 지주들이 공동지에 울타리를 치고 사유화해버렸던 영국의 인클로저 운동Enclosure Movement이지만, 근대 사회의 시작과 함께 전 세계 곳곳에서 다양한 형태로 공동지 사유화가 진행되었다. 오늘날 세계 곳곳에서 나타나고 있는, 수자원과 삼림을 사유화하려는 끈질긴 시도들은 현대판 인클로저 운동이라 부를 만하다.

앞에서 토지 매매시장과 지가는 지대의 사적 전유를 허용하는 토지사유제의 산물이라고 했다. 흔히 시장은 자원의 효율적 배분을 실현한다고 알려져 있으나 모든 시장이 그런 것은 아니다. 토지 매매시장은 임대시장과는 달리 가격을 통한 효율적 배분의 기능을 제대로 수행하지 못하는 불량시장이다. 이 시장은 '지가의 문제'를 야기하고 토지 불로소득을 발생시킨다는 점에서 심각한 결함이 있다. '지가의 문제'란 지가가 고액인 경우가 많아서 일반인에게 진입장벽으로 작용할 수 있다는 것, 토지 매입 후 상당 기간 동안 토지 보유비용인 이자가 토지 이용 수익인 지대보다 높다는 것, 지가가 현재의 토지가치인 지대 이외의 요인(예컨대 이자율)에 의해 결정되기 때문에 토지와 금융이 결합하여 경제위기를 야기할 수 있다는 것 등의 문제를 가리킨다.* 그리고 토지 불로소득의 발생이 심각한 결함인 이유는 소득분배를 악화시키고, 토지의 효율적 이용을 저해하며, 투기를 유발하여 거시경제의 불안정성을 증폭시키기 때문이다.** 토지사유제는 불량시장을 만드는 불량제도다. 이런 제도를 자본주의 시장경제의 필요조건이라고 당당히 주장하는 사람들은 도대체 어떤 사람들인가?

로크와 루소Jean Jacques Rousseau 등의 계몽사상가들을 비롯하여 스미스, 리카도, 밀 등의 고전학파 경제학자들, 미국의 대표적 토지개혁사상가 헨리 조지와 그를 지지했던 러시아의 대문호 톨스토이Leo Tolstoy, 중국의 국부 쑨원孫文 등은 한결같이 토지가 절대적·배타적 소유의 대상이 될 수 없다고 주장했다. 이 점은 현대

*

김윤상, 앞의 책, 172~173쪽.

**

전강수, 「평등지권과 농지개혁 그리고 조봉암」, 『역사비평』 91호, 2010(b), 299~300쪽.

사상가들의 경우에도 마찬가지다. 김윤상 교수에 따르면, 현대 자본주의의 사상적 기초를 구성하고 있는 공리주의, 계약주의, 최대 자유주의도 공통적으로 토지의 절대적·배타적 소유에 대해 반대 논리를 갖고 있다.[*]

토지의 효율적인 이용을 위해서는, 토지의 사용권을 민간에게 부여하되 사용료를 공적으로 징수하면 된다. 토지의 수익권을 공공이 갖는 것인데 그렇게 되면 지가의 문제나 토지 불로소득 같은 문제들은 바로 사라진다. 토지 매매시장은 극도로 위축되거나 소멸하겠지만, 토지 임대시장이 남아서 작동하기 때문에 가격을 매개로 하는 토지의 효율적 배분은 아무런 문제없이 이루어진다. 뿐만 아니라 투기 목적으로 토지를 보유하려는 사람들이 사라지게 되고, 토지 사용자는 그때그때 사용료를 납부해야 하므로 토지를 최선의 용도로 사용하고자 노력하게 된다. 토지가치공유제(토지가치세제와 토지공공임대제)는 토지의 사용권을 민간에게 부여하되 사용료를 공적으로 징수하는 것을 가능케 하는 대표적인 수단이다. 이런 제도야말로 자본주의를 자본주의답게 만드는 시장친화적인 토지제도가 아닌가? 이 제도들의 내용과 효과에 대해서는 나중에 자세히 살펴보기로 하자.

토지사유제와 토지 매매시장을 없애자고 하면 펄쩍 뛸 사람들이 적지 않을 것이다. 그러나 인류는 이와 유사한 일을 이미 한 적이 있다. 바로 인간사유제와 인간 매매시장을 없앤 일이다. 여기

[*]

같은 글, 300쪽.

서 인간사유제란 노예제도를 가리키고, 인간 매매시장이란 노예시장을 가리킨다. 인류는 불과 200여 년 전까지만 해도 사람이 다른 사람에 대해 절대적·배타적 소유권을 행사하는 것을 제도적으로 허용하고 있었다. 사유화해서는 안 되는 것을 사유화하여 시장에서 마음대로 거래할 수 있도록 허용한다는 점에서, 토지사유제는 노예제도와 성격이 유사하다. 재산으로 삼아서는 안 되는 것에 가격을 매기고 재산으로 취급한다는 점에서도 그렇다. 오늘날 인간은 사유의 대상이 아니라고 하면 아무도 이상하게 여기지 않지만, 토지가 사유의 대상이 아니라고 하면 좀체 수긍하려고 하지 않는다. 하지만 토지와 인간은 천부성을 갖고 있다는 점에서 동일하며, 둘 다 사유화되어서는 안 된다.

사실 자본주의는 인간이라는 천부자원을 다른 인간이 사유재산으로 삼지 않고도 효율적으로 이용할 수 있는 시스템을 만들어냈다. 바로 임금노동시장이 중심을 이루는 자본주의적 고용제도다. 임금노동시장에서는 인간 자체가 아니라 일정한 기간 동안 인간을 사용할 수 있는 권리가 거래된다. 고용주는 노동자를 사유재산으로 삼지 않고도, 얼마든지 인적 자원을 효율적으로 이용한다. 일종의 임대시장이다. 사용권을 거래하는 임대시장이 중심을 이룬다는 점에서 자본주의적 고용제도는 토지가치공유제와 성격이 유사하다. 인류가 노예제도를 철폐하는 대신 인간 임대제도, 즉 자본주의적 고용제도를 만들어냈듯이, 토지사유제를 철폐하는 대신 토지가치공유제를 도입하는 지혜와 용기를 발휘할 수는 없는 것일까?

2부

투기의 경제학

01

'투기의 경제학', 왜 필요할까?

토지가치의 변동은 사람들의 경제생활에 심대한 영향을 끼친다. 지대의 빠른 상승은 임금과 이자를 압박하여 진보 속의 빈곤을 야기하며, 지가의 빠른 상승은 토지 소유자에게 단기간에 막대한 자본이득을 안겨주어 분배 불평등을 심화시킨다. 게다가 토지가치 중 지가는 변동의 진폭이 크다(지가변동의 진폭이 크면 부동산값 변동의 진폭도 당연히 커진다)는 특징을 갖는데, 이는 금융과 거시경제의 불안정성을 유발하는 주요 요인이다.

　일반 재화의 경우 가격이 폭등하거나 폭락하는 일은 잘 일어나지 않는다. 하지만 토지와 부동산의 가격은 오를 때는 폭등하고 내릴 때는 폭락하는 경우가 많다. 왜 그럴까? 공급은 잘 변하지 않고 수요는 큰 폭으로 변하기 때문이다. 토지의 공급고정성에 대해서는 앞에서 상세히 설명했기 때문에 여기서 재론할 필요는 없을 것이다. 하지만 토지와 부동산에 대한 수요가 큰 폭으로 변하는 이유에 대해서는 자세한 설명이 필요하다. 결론부터 말하자면 토지와 부동산에 대한 수요가 큰 폭으로 변하는 것은 이용을 목적으로 하는 실수요 외에 매매 차익을 노리는 투기수요가 가세하기 때문이다. 투기수요는 실수요와 성질이 매우 다르다. 실수요는 큰 폭으로 변하지 않는 반면, 투기수요는 매우 큰 폭으로 변화한다. 그리고 실수요는 가격과 반대 방향으로 움직이는 반면, 투기수요는 가격과 같은 방향으로 움직인다.

실수요가 시장을 지배할 때 성립하는 가격을 경제학에서는 시장 근본 가치라고 부른다. 실수요에 투기수요가 더해져서 그것이 시장을 지배하게 되면 토지와 부동산의 가격은 시장 근본 가치로부터 이탈하게 된다. 이렇게 발생하는 실제 부동산 가격과 시장 근본 가치의 차이를 부동산 거품bubble이라고 부른다. 부동산 거품은 영구적으로 유지될 수는 없고, 언젠가는 붕괴한다. 부동산 거품이 꺼지기 시작하면 투기수요가 갑자기 소멸하며 부동산 가격은 큰 폭으로 떨어진다.

문제는 이런 가격변동의 특성이 토지시장과 부동산 시장만의 문제로 끝나지 않는다는 사실이다. 토지시장, 부동산 시장과 연결된 다른 부문이 영향을 받게 되는데, 부동산 거품의 형성과 붕괴에 기인하는 금융위기는 그 대표적인 사례다. 물론 거품의 형성과 붕괴는 주식시장 등의 다른 자산시장에서도 일어날 수 있지만 실제 그 빈도는 부동산 시장 쪽이 훨씬 높다. 2008년 이후 세계경제를 침체에 빠뜨린 미국의 서브프라임 사태, 1990년대 초 이후 지금까지도 계속되고 있는 일본의 장기 침체, IMF 경제위기의 진원

지였던 태국의 금융위기는 모두 부동산 거품의 형성과 붕괴가 빚어낸 경제적 재앙들이다. 그 외에도 이것들보다 규모는 작지만 부동산 거품의 형성과 붕괴가 금융위기를 유발한 사례는 전 세계 곳곳에서 찾아볼 수 있다. 여기서 잠깐 미국, 일본, 태국의 사례를 살펴보기로 하자.•

먼저 2008년에 발발한 미국의 서브프라임 사태에 대해 살펴보자. 서브프라임 사태의 기원은 2001년부터 시작된 미국 주택 가격의 폭등이다. 부시 정부는 '소유자 사회'ownership society를 목표로 내걸고 여러 가지 주택 구입 지원 정책을 시행했고, 연방준비은행은 금리인하 정책을 펼쳤다. 2000년 말 6.5퍼센트였던 연방 기준 금리는 2003년 6월에 1퍼센트까지 떨어졌다. 그에 따라 모기지 대출금리도 크게 하락하자, 사람들은 자신의 능력을 고려하지 않은 채 앞 다투어 대출을 받아서 주택 구입에 나섰다. 그 결과는 주택 가격의 폭등이었다. 2001~2005년에 미국 주택 가격의 연평균 상승률은 무려 15.9퍼센트에 달했다.

주택 가격이 폭등하자 모기지 회사들은 신용등급을 가리지 않고 마구잡이 대출에 나섰다. 서브프라임 모기지란 신용등급이 낮은 노동자, 빈민, 흑인들에게 제공하는 모기지 대출을 가리킨다. 대출의 위험도가 높기 때문에, 프라임이나 알트에이Alt-A와 같은 우량등급의 모기지에 비해 금리가 2~3퍼센트 정도 높다. 2001년

• 이하 사례에 관한 서술은 전강수, 「부동산 시장과 금융 위기」, 이정전 외, 『위기의 부동산』, 후마니타스, 2009, 87~91쪽과 95~99쪽의 내용을 정리한 것이다.

만 해도 서브프라임 모기지의 비중은 총 모기지 발행액의 8.6퍼센트에 불과했지만, 불과 4년 만에 그 비율은 무려 20퍼센트로 상승했다. 대출 금액이 주택 가격을 초과하는 일은 허다했으며, 다운페이먼트downpayment(주택 구입 시 대출받기 전에 목돈으로 내야 하는 구입 대금의 일부)가 없는 대출piggyback loans, 소득 증빙자료 없이 차입자가 말하는 대로 소득을 인정하여 제공하는 대출no-doc loans, 이자만 상환하다가 만기에 원금을 상환하는 대출interest-only loans 등의 비우량 대출이 급증했다. 모기지 회사들의 마구잡이 대출이 주택 가격의 상승을 한층 더 촉진했음은 말할 나위가 없다.

여기에 미국 월가의 첨단 금융기법인 증권화가 더해졌다. 증권화란 모기지 대출을 담보로 증권MBS(Mortgage Backed Securities: 주택담보대출증권)을 발행하고 그 증권들을 섞어서 그것을 담보로 다시 증권CDO(Collateralized Debt Obligations: 부채담보부증권)을 발행하는 것을 가리킨다. 모기지 회사들은 모기지 채권을 투자은행에 매각함으로써 서브프라임 모기지에 내재된 위험을 회피하면서 자금을 조기에 회수할 수 있었고, 월가의 투자은행들은 매집한 모기지 채권을 근거로 다양한 파생금융상품을 창출할 수 있었다. 이 파생금융상품들은 미국은 물론이고 전 세계 금융시장에서 팔려나갔다. 증권화의 진행과 더불어 미국의 가계부채 또한 급증했다. 1974년 6,800억 달러에 불과했던 미국의 가계부채는 2008년 현재 미국 GDP에 맞먹는 14조 달러로 늘어났다.

이렇게 부동산 거품이 팽창하고 파생금융상품들이 마구 창출되는 가운데 여기에 연루된 주택 구입자, 모기지 회사, 투자은행,

신용평가회사 모두가 막대한 이익을 누렸다. 탐심의 향연이 한판 벌어진 것이다. 하지만 이와 같은 향연이 언제까지나 지속될 수는 없었다.

금리가 올라가고 부동산 가격이 하락세를 보이는 순간, 그때까지와는 반대 방향의 메커니즘이 작동할 수밖에 없다. 실제로 2004년 3월 이후 금리는 가파르게 상승했고 마침내 주택 가격은 2006년 7월을 정점으로 하락하기 시작했다. 그러자 다수의 모기지 차입자들이 상환 불능 상태에 빠지고 주택 압류가 진행되면서 모기지 대출은 부실화하기 시작했다. 이는 다시 주택 가격의 하락을 촉진했다. 더 큰 문제는 모기지 채권을 담보로 발행된 증권과 또 그 증권을 담보로 발행된 증권들이 연쇄적으로 부실화했다는 사실이다. 결국 관련 금융상품 전체가 부실화하고, 그 상품들에 투자했던 국내외 금융기관들, 증권의 발행과 유통에 보증을 섰던 보증업체들, 그리고 보험을 제공한 보험회사들까지 부실화했다. 부풀려진 자산의 규모가 컸던 만큼 위기와 피해도 막대할 수밖에 없었다.

다음으로, 미국 서브프라임 사태 발발 전까지 부동산 거품 붕괴의 대표적 사례로 여겨진 일본에 대해 살펴보자. 일본의 금융위기와 장기 침체의 출발점이 되었던 지가 폭등은 1980년대 중반부터 시작되었다. 1980년대에 금융자유화가 진전되는 가운데 도쿄가 국제금융의 중심지로 주목받기 시작하고 기업들이 도쿄 도심으로 몰려들면서 사무실 수요가 급증하자, 도쿄 도심 상업지 가격이 폭등하기 시작했다. 이렇게 시작된 도쿄 도심지의 지가 폭등세는 도쿄권 전체로, 그다음에는 약간의 시차를 두고 오사카권, 나고야권으로, 마지막으로 다른 지방 도시로까지 확산되어갔다. 그 결과 1985년에 1,004조 엔이었던 지가 총액은 1990년에 2,389조 엔으로 급증했고, 일본의 지가 총액이 미국의 3~4배에 달한다는 평가가 나오기에 이르렀다.

도쿄 도심지의 지가 폭등세가 전국적인 지가 폭등으로 확대된 데는 일본의 중앙은행인 일본은행日本銀行의 팽창적 금융정책과 금융기관들의 급격한 부동산 대출 확대 등 금융 요인의 역할이 컸다. 일본 정부가 팽창적 금융정책을 실시하게 된 계기는 1985년의 플라자 합의the Plaza Agreement*였다. 플라자 합의 이후 일본은행은 엔화 가치의 상승으로 인한 불황을 우려하여, 금리를 인하하고 통화 공급을 증가시키는 팽창적 금융정책을 실시했다. 이것은 곧바로 국내 신용의 팽창으로 이어졌다.

여기에는 금융자유화도 한몫을 했다. 전통적으로 일본의 대기업들은 자금을 국내 은행들로부터 조달해왔다. 그러나 1980년대에 금융자유화가 진전되면서 외국계 금융기관들이 진입했고, 대기업들은 국내 은행이 아니라 국제 자본시장을 통해 자금을 조달하기 시작했다. 경쟁이 심화되고 전통적인 고객들이 떠나가는 가운데, 일본의 은행들은 소기업과 부동산 부문에 대한 대출을 증가

*

일본의 대미 무역 흑자로 일본과 미국 간의 무역 마찰이 심했던 1985년 9월, G5 재무장관들이 뉴욕의 플라자호텔에 모여 '미국의 무역수지 개선을 위해 일본 엔화와 독일 마르크화의 평가절상을 유도하며, 이것이 순조롭지 못할 때에는 정부의 협조 개입을 통해 목적을 달성한다'는 내용의 합의를 했는데, 이를 플라자 합의라 부른다.

시키는 것으로 대응했다. 은행 외에 소위 논뱅크(은행이 아니면서도 대출 기능을 수행하는 금융회사)와 생명보험회사 등의 금융기관들도 부동산 대출에 적극적이었다. 이 금융기관들을 통해 자금을 차입한 일본의 기업과 부동산 회사들은 대거 토지 구입에 나섰고, 이는 지가 폭등을 더욱 촉진했다.

1991년에 마침내 일본의 부동산 거품이 붕괴하기 시작했다. 거품 붕괴를 촉발한 것은 금리인상, 대출 증가세의 급격한 둔화, 대출 총량 규제의 실시 등 금융 요인들이었다. 특히 과열된 경기를 냉각시키고 부동산 거품을 시정한다는 목적하에 단행된 일본은행의 급격한 금리인상은 거품 붕괴에 결정적인 영향을 미쳤다. 일본은행은 1989년 5월 2.5퍼센트였던 금리를 1년 3개월 만에 6퍼센트로 끌어올렸던 것이다. 그것은 실로 과격한 정책이었다.

이렇게 거품 붕괴가 시작된 이후 2005년까지 일본의 지가는 한 번의 반등도 없이 계속 떨어졌다. 2002년의 지가를 1991년의 피크 때와 비교하면, 3대 도시권의 상업지는 4분의 1 수준으로, 주택지는 2분의 1 수준으로 폭락했으며, 전국의 상업지는 약 5분의 2 수준으로, 주택지는 약 5분의 3 수준으로 대폭 하락했다.

부동산 거품의 붕괴는 일본 경제에 엄청난 타격을 입혔다. 가장 직접적인, 그리고 가장 큰 타격을 받은 것은 금융 부문이었다. 지가가 폭락하면서, 대출을 받아서 부동산 투기를 했던 기업들의 재무구조는 급격히 악화되었다. 자금 차입 기업들의 도산과 경영 악화로 인해 대출금의 상당 부분이 부실채권으로 전락했다. 결국 은행, 신용금고, 신협 등 금융기관들의 도산이 줄을 잇는 금융위기가 발발했다. 1991~2001년에 도산한 금융기관의 수는 무려 180개에 달했다. 부동산 거품의 붕괴가 금융위기를 유발하고 그것이 다시 지가 하락을 촉진하는 과정이 반복되는 가운데 일본의 실물경제 또한 장기 침체에 빠져들었다.

마지막으로, 1990년대 아시아에 외환위기의 태풍을 불러온 태국에 대해 살펴보자. 태국 경제는 1980년대에 연평균 실질 경제 성장률이 8.4퍼센트에 달할 정도로 빠르게 성장했다. 그 과정에서 대출도 급격히 늘어났다. 고도성장을 계속 유지시키고자 했던 태국 정부의 정책적 지원 아래, 태국의 금융기관들은 투자 자금의 공급에 적극적인 역할을 수행했다. 국제 금융시장으로부터 과도한 차입이 이루어졌고 국내에서는 과도한 대출이 행해졌다. 이렇게 대출된 자금의 상당 부분은 부동산 시장과 주식시장에 흘러들어 자산 거품을 형성시켰다. 그 과정에서 주택과 사무실 등 건물의 공급이 급증했다.

그러나 1995년에 건물시장이 과잉 공급의 양상을 드러내고, 태국 중앙은행이 인플레이션 억제와 바트화 방어를 목적으로 금리인상을 단행하면서 부동산 거품이 붕괴 조짐을 보이기 시작했다. 추가 대출 시 기존의 부동산 담보를 사용하는 것을 제한하는 조치도 단행되어 부동산 거품의 붕괴를 촉진했다.

경제성장률이 둔화하면서 주식시장의 거품도 붕괴하기 시작했다. 1993년에 1,682를 기록하며 최고조에 달했던 태국의 주가지수는 1994년, 1995년에 각각 1,360, 1,280으로 하락하다 1996년에는 831, 1997년에는 372로 급락했다. 태국의 부동산 가격 통계가 없어서 부동산 거품의 붕괴를 직접 확인할 수는 없지만, 부동산 관련 주식의 가격 동향을 통해 간접적으로 확인할 수는 있다. 즉, 1993년에 367로서 1990년의 5배에 달했던 부동산 관련 주식의 주가지수는 1996년에는 92, 1997년에는 7로 급락하여 전체 주식의 주가지수보다 훨씬 더 심한 붕괴 양상을 드러냈다. 주식시장과 부동산 시장에서 일어난 거품의 붕괴는 부동산 관련 기업의 도산을 초래하면서 대량의 부실채권을 낳았다. 이는 심각한 금융위기로 이어져 1997년 8월에만 무려 56개의 금융회사들이 폐쇄되었다. 태국 내의 금융위기는 해외 투자자들로 하여금 자금 회수에 나서게 만들었고, 이는 나중에 아시아 전체로 파급되는 심각한 외환위기를 초래했다.

이상에서 살펴본 것처럼 부동산 거품의 형성과 붕괴는 엄청난 경제적 재앙을 초래함에도, 오늘날 주류 경제학은 이를 제대로 분석할 수 있는 이론을 갖추지 못하고 있다. 부동산 투기가 왜 일어나는지, 한정 없이 폭등하던 부동산 가격이 왜 꺾이기 시작하는지, 그리고 정부는 부동산 거품의 형성과 붕괴에 어떻게 대처해야 하는지와 같은 중요한 문제들에 대해 경제학은 이렇다 할 대답을 내놓지 못하고 있다. 아니, 그런 문제들에 대한 대답은커녕 아예 현실 자체를 부정하는 태도를 보이기 일쑤였다. 예컨대 미국의 주택 가격이 한창 폭등세를 보이고 있던 와중에, 연방준비위원회FRB의 앨런 그린스펀Alan Greenspan 의장과 도널드 콘Donald Kohn 이사 등 많은 전문가들은 주택 경기 과열이 국지적인 현상이며 추후 완만하게 진정될 것이라는 어처구니없는 진단을 내놓았다. 그리고 주택 가격 상승을 놓고는 투기적 요인에 의해 거품이 형성된다기보다 소득과 가구 수의 증가 등 시장 근본 요인의 개선에 의해 가격이 새로운 균형으로 수렴되는 과정에서 발생한 것으로 해석했다. 당시 부동산 거품의 붕괴 가능성을 경고한 전문가는 소수였다.[*]

주류 경제학이 고전학파와 헨리 조지의 '토지의 경제학'을 제거해버린 결과, '투기의 경제학'의 부재가 초래된 것이다. 그래서 지금부터 나는 '투기의 경제학'을 구축해보고자 한다. 왜 부동산 가격은 큰 폭으로 변동하는지, 부동산 투기는 왜 발생하는지, 그리고 폭등하던 부동산 가격이 왜 꺾이기 시작하는지에 대해 이론적으로 설명하는 것이 '투기의 경제학'의 과제다.

---

[*]

권오현 외,『부동산 가격 버블의 형성과 붕괴에 관한 해외 사례 분석』, 한국건설산업연구원, 2005, 18쪽.

02

변동이 심한 부동산 가격

앞에서 배운 지가 결정 공식을 적용해서 추론할 경우, 지가는 매우 규칙적이고 안정적으로 변화한다는 결론이 나온다. 하지만 현실 지가의 변동은 매우 불규칙적이고 진폭도 매우 크다. 왜 이런 괴리가 생기는 것일까?

앞에서 지가는 지대를 '이자율 - 지대상승률'로 나눈 값이라는 것을 배웠다. 이것은 부동산 시장 참가자들이 매년 그리고 영원히 발생하는 미래 지대의 흐름을 전부 예상한다고 가정하는 경우에 성립하는 공식이다. 이 경우에 만일 미래 지대에 대한 사람들의 예상이 정확하고 이자율이 변하지 않는다면, 지가도 매년 지대와 같은 비율로 상승하게 된다. 즉, 지가상승률이 지대상승률과 같아지는 것이다.

이제 지가 결정 공식의 도출과정을 염두에 두고 현재 지가, 1년 후 지가, 2년 후 지가, 3년 후 지가를 각각 계산해보기로 하자. 먼저 현재, 1년 후, 2년 후, 3년 후를 기준으로 하는 경우의 미래 지대의 흐름을 적어보면 다음과 같다. 단, 현재 지대는 1만 원, 미래 지대상승률은 5퍼센트라고 가정한다.

현 재: 1만 원, 1만 원$\times(1+0.05)$, 1만 원$\times(1+0.05)^2$, 1만 원$\times$ $(1+0.05)^3$, ……

1년 후: 1만 원$\times(1+0.05)$, 1만 원$\times(1+0.05)^2$, 1만 원$\times(1+0.05)^3$, 1만 원$\times(1+0.05)^4$, ……

2년 후: 1만 원$\times(1+0.05)^2$, 1만 원$\times(1+0.05)^3$, 1만 원$\times(1+0.05)^4$, 1만 원$\times(1+0.05)^5$, ……

3년 후: 1만 원$\times(1+0.05)^3$, 1만 원$\times(1+0.05)^4$, 1만 원$\times(1+0.05)^5$, 1만 원$\times(1+0.05)^6$, ……

각 시점을 기준으로 미래 지대의 현재 가치들을 구해서 합하면 그것이 그 시점의 지가가 된다. 그렇게 각 시점의 지가를 구하면 다음과 같다. 단, 이자율은 10퍼센트로서 변함없이 계속 유지된다고 가정하자.

$$\text{현재 지가} = \frac{\text{1만 원}}{1+0.1} + \frac{\text{1만 원}\times(1+0.05)}{(1+0.1)^2} + \frac{\text{1만 원}\times(1+0.05)^2}{(1+0.1)^3} + \cdots\cdots = \text{20만 원}$$

$$\text{1년 후 지가} = \frac{\text{1만 원} \times (1+0.05)}{1+0.1} + \frac{\text{1만 원} \times (1+0.05)^2}{(1+0.1)^2} +$$

$$\frac{\text{1만 원} \times (1+0.05)^3}{(1+0.1)^3} + \cdots\cdots = \text{20만 원} \times 1.05$$

$$\text{2년 후 지가} = \frac{\text{1만 원} \times (1+0.05)^2}{1+0.1} + \frac{\text{1만 원} \times (1+0.05)^3}{(1+0.1)^2} +$$

$$\frac{\text{1만 원} \times (1+0.05)^4}{(1+0.1)^3} + \cdots\cdots = \text{20만 원} \times 1.05^2$$

$$\text{3년 후 지가} = \frac{\text{1만 원} \times (1+0.05)^3}{1+0.1} + \frac{\text{1만 원} \times (1+0.05)^4}{(1+0.1)^2} +$$

$$\frac{\text{1만 원} \times (1+0.05)^5}{(1+0.1)^3} + \cdots\cdots = \text{20만 원} \times 1.05^3$$

　각 지가는 각 무한등비급수의 값을 계산해서 구한 것이다. 이 결과에 의하면, 1년 후의 지가는 현재 지가의 1.05배, 2년 후의 지가는 1년 후 지가의 1.05배, 3년 후 지가는 2년 후 지가의 1.05배가 된다. 위에서는 3년 후 지가까지만 적었지만 그 후의 지가도 같은 방식으로 구해보면 마찬가지로 전년도 지가의 1.05배가 된다. 매년 지가가 5퍼센트의 비율로 상승하는 것이다. 이 지가상승률은 지대상승률과 값이 같다.

　이 결과를 일반화해서 다시 표현하면 다음과 같다. 단, R은 현재 지대, i는 이자율, g는 미래 지대상승률, P_0, P_1, P_2, P_3는 각 시점의 지가를 가리킨다. 내용이 좀 복잡해서 알파벳을 사용하여 표현하는 것을 양해하기 바란다.

각 시점의 미래 지대의 흐름

현　재: $R, R(1+g), R(1+g)^2, R(1+g)^3, R(1+g)^4, \cdots\cdots$
1년 후: $R(1+g), R(1+g)^2, R(1+g)^3, R(1+g)^4, R(1+g)^5, \cdots\cdots$
2년 후: $R(1+g)^2, R(1+g)^3, R(1+g)^4, R(1+g)^5, R(1+g)^6, \cdots\cdots$
3년 후: $R(1+g)^3, R(1+g)^4, R(1+g)^5, R(1+g)^6, R(1+g)^7, \cdots\cdots$

각 시점의 지가

$$P_0 = \frac{R}{1+i} + \frac{R(1+g)}{(1+i)^2} + \frac{R(1+g)^2}{(1+i)^3} + \cdots\cdots = \frac{R}{i-g}$$

$$P_1 = \frac{R(1+g)}{1+i} + \frac{R(1+g)^2}{(1+i)^2} + \frac{R(1+g)^3}{(1+i)^3} + \cdots\cdots = (1+g)P_0$$

$$P_2 = \frac{R(1+g)^2}{1+i} + \frac{R(1+g)^3}{(1+i)^2} + \frac{R(1+g)^4}{(1+i)^3} + \cdots\cdots = (1+g)P_1$$

$$P_3 = \frac{R(1+g)^3}{1+i} + \frac{R(1+g)^4}{(1+i)^2} + \frac{R(1+g)^5}{(1+i)^3} + \cdots\cdots = (1+g)P_2$$

여기서도 지가는 미래 지대상승률과 같은 비율(g)로 상승하게 됨을 확인할 수 있다. 이처럼 지가가 매년 지대상승률과 같은 비율로 상승하는 것은 상당히 규칙적이고 안정적인 변화라고 할 수 있다. 물론 지대상승률 자체가 변할 수 있지만, 단기간에 급격하게 변화하는 일은 드물다. 따라서 위의 지가 계산 결과가 시사하는 바는 지가의 변화가 매우 규칙적이고 안정적이라는 것이다.

하지만 이 결과가 시사하는 것과는 달리, 현실의 토지시장에서는 지가의 변화가 매우 불규칙적이다. 일정한 비율로 상승하지 않고 등락을 거듭할 뿐만 아니라 오를 때는 폭등하고 내릴 때는 폭락하는 경우가 적지 않은 것이다. 왜 그럴까? 현실의 토지시장에서는 사람들이 미래 지대의 전체 흐름이 아니라 가까운 미래의 지가에 대한 예상을 기초로 현재의 토지가치를 평가하기 때문이다. 미래 지대의 흐름에 대한 예상과는 달리, 미래 지가에 대한 예상은 불규칙성과 변동성이 매우 크다.

설명을 간편하게 하기 위해, 사람들이 1년 후의 지가에 대한 예상을 기초로 현재의 토지가치를 평가한다고 가정해보자. 몇 년 후의 지가에 대한 예상을 기초로 현재의 토지가치를 평가하는가는 사람마다 다를 테지만, 만일 어느 토지시장에서 전체 시장의 분위기를 좌우할 정도로 많은 수의 사람들이 1년 후 지가에 대한 예상을 기초로 토지가치를 평가하고 있다면, 그들의 예상이 현재 지가의 결정을 좌우하게 될 것이다.

이 경우에 어떤 토지의 현재 가격은 1년 동안 그 토지를 활용(예를 들면 임대)하고 1년 후에 그 토지를 매각할 경우 얻을 수 있는 수입들을 현재 가치로 환산해서 합한 값과 같아질 것이다. 그 수입들은 1년 후에 받을 지대와 1년 후 지가다. 1년 후 지가는 물론 예상치다. 만일 현재 지가가 1년 후에 받을 지대와 1년 후 지가의 현재 가치의 합계보다 높게 형성된다면, 사람들은 그 토지를 구입하려고 하지 않을 것이기 때문에 현재 지가는 유지되지 못하고 떨어질 것이다. 반대로 만일 현재 지가가 1년 후에 받을 지대와 1년 후 지가의 현재 가치의 합계보다 낮게 형성된다면, 그 토지를 구입하려는 사람들이 늘어날 것이기 때문에 현재 지가는 올라갈 것이다. 결국 현재 지가는 1년 후에 받을 지대와 1년 후 지가의 현재 가치의 합계와 동일한 수준에서 결정될 수밖에 없다. 이를 수식으로 표현하면 다음과 같다.*

식 2-1

$$\text{현재 지가} = \frac{\text{지대}}{1+\text{이자율}} + \frac{\text{1년 후 지가 예상치}}{1+\text{이자율}}$$

만일 1년 후가 아니라 2년 후의 지가에 대한 예상을 기초로 현재 지가를 평가하는 사람들의 예상이 시장을 지배하고 있다면, 현재 지가는 다음과 같이 결정될 것이다.**

식 2-2

$$\text{현재 지가} = \frac{\text{지대}}{1+\text{이자율}} + \frac{\text{지대} \times (1+\text{지대상승률})}{(1+\text{이자율})^2} + \frac{\text{2년 후 지가 예상치}}{(1+\text{이자율})^2}$$

이를 일반화해서 미래의 어느 시점, 즉 n년 후의 지가에 대한 예상을 기초로 현재 지가를 평가하는 사람들의 예상이 시장을 지배하고 있다고 가정해보자. 그러면 현재 지가는 다음과 같이 결정

<hr>

*

알파벳을 사용하여 표현하면 다음과 같다. $P_0 = \dfrac{R}{1+i} + \dfrac{P_1^e}{1+i}$ 단, P_1^e는 1년 후 지가의 예상치다.

될 것이다. 여기서 P_n^e는 n년 후 지가의 예상치를 나타낸다.

식 2-3

$$P_0 = \frac{R}{1+i} + \frac{R(1+g)}{(1+i)^2} + \frac{R(1+g)^2}{(1+i)^3} + \cdots\cdots + \frac{R(1+g)^{n-1}}{(1+i)^n} +$$

$$\frac{P_n^e}{(1+i)^n} = \sum_{k=1}^{n} \frac{R(1+g)^{k-1}}{(1+i)^k} + \frac{P_n^e}{(1+i)^n}$$

여기서 첫 번째 항은 n년 후까지의 지대 수입의 현재 가치(정확히 말하면 예상 지대 수입의 현재 가치의 합계)를 나타내고, 두 번째 항은 n년 후 지가 예상치의 현재 가치를 나타낸다. n이 작아지면 현재 지가의 결정과정에서 전자의 영향은 작아지는 반면 후자의 영향이 커진다. 반대로 n이 커지면 전자의 영향이 커지는 반면 후자의 영향은 작아진다. n이 작다는 말은 시장 참가자들이 주로 단기 예상을 위주로 토지가치를 평가하고 있다는 뜻이고, n이 크다는 말은 그 반대를 뜻한다. n이 무한히 커지면 〈식 2-3〉은 앞의 〈식 1-2〉와 같아진다. 사람들이 미래 지대의 전체 흐름에 대한 예상을 기초로 토지가치를 평가하는 경우다.

그렇다면 부동산 시장에서 사람들은 주로 단기 예상에 기초하여 움직일까, 아니면 장기 예상에 기초하여 움직일까? 부동산 시

••
알파벳을 사용하여 표현하면 다음과 같다. $P_0 = \frac{R}{1+i} + \frac{R(1+g)}{(1+i)^2} + \frac{P_2^e}{(1+i)^2}$ 단, P_2^e는 2년 후 지가의 예상치다.

장처럼 불확실성이 높은 시장에서는 사람들이 단기 예상에 기초하여 움직이는 경향이 강하다. 당장 내년에 지대나 지가가 어떻게 변할지도 정확하게 예상하기 어려운데 5년, 10년, 20년 뒤의 지대나 지가를 예상해서 그것을 기초로 의사결정을 하려는 사람이 어디 있겠는가? 따라서 지가 결정 공식으로서 현실 설명력이 높은 공식은 〈식 2-1〉이나 〈식 2-2〉다.

물론 사람들이 가까운 미래의 지가를 예상할 때 미래 지대의 흐름에 대한 예상을 기초로 할 수도 있다. 예컨대 1년 후의 지가를 2년 후부터의 미래 지대의 전체 흐름에 대한 예상을 기초로, 또 2년 후의 지가를 3년 후부터의 미래 지대의 전체 흐름에 대한 예상을 기초로 예상하는 것이다. 이는 사람들이 미래 지가를 합리적으로 예상하는 경우인데, 이런 경우에는 〈식 2-1〉과 〈식 2-2〉 모두 앞에 나온 〈식 1-2〉와 같아진다. 하지만 이 또한 장기 예상을 전제로 하는 논리라서 현실의 지가 결정을 설명하기에는 부적절하다.

현실 부동산 시장에서는 사람들이 미래 지가에 대해 비합리적으로 예상하는 일, 즉 사람들의 미래 지가 예상이 지대 흐름에 대한 예상과 상관없이 이루어지는 일이 다반사로 일어난다. 미래 지가 예상이 미래 지대의 전체 흐름에 대한 예상과 따로 노는 것이다. 경제학에서는 미래 지대의 전체 흐름에 대한 예상에 의해 결정되는 지가를 시장 근본 가치라고 부른다. 미래 지가 예상이 미래 지대의 전체 흐름에 대한 예상과 괴리되는 경우가 많기 때문에, 현실 지가가 시장 근본 가치와 괴리되는 일도 종종 발생한다.

부동산 거품이란 바로 현실 지가와 시장 근본 가치와의 차이를 가리키는 말이다.

미래 지가에 대한 예상이 현재 지가의 결정에 큰 영향을 미치기 때문에 사람들의 예상은 자기실현력을 가지게 된다. 즉, 부동산 가격은 다수의 사람들이 올라갈 것이라고 예상하면 실제로 올라가고, 내려갈 것이라고 예상하면 실제로 내려가는 것이다. 현실 부동산 시장에서 벌어지는 부동산 투자 행태를 조사·분석한 연구에 의하면, 의외로 많은 투자가들, 심지어 투자 전문가라는 사람들도 주먹구구식으로 판단하고 투자한다. 주로 이용되는 판단 근거는 과거 수년간의 부동산 가격 변화에 대한 기억과 다른 투자가들의 움직임 두 가지다. 수년간 부동산 가격이 계속 올랐다면 사람들은 그런 추세가 미래에도 계속되리라 예상한다. 그리고 주위의 사람들이 부동산 매입에 나서면 그들을 따라 매입에 나서는 사람들이 속출한다.* 미래 지가에 대한 사람들의 예상은 객관적인 조건의 조그만 변화에도 민감하게 반응하며 심한 경우에는 허위 정보에 영향을 받기도 한다.

더욱이 부동산 시장은 불확실성이 높기 때문에, 가격이 상승할 때는 가격에 관해 과도하게 낙관적인 예상을 하는 사람들이 시장을 주도하고 반대로 가격이 하락할 때는 과도하게 비관적인 예상을 하는 사람들이 시장을 주도하는 경향이 있다. 다른 많은 시장

이정전, 「부동산 시장 만능주의를 넘어서」, 이정전 외, 『위기의 부동산』, 후마니타스, 2009, 35~36쪽.

참가자들은 아무 생각 없이 시장 주도자들의 뒤를 따라 떼를 지어 몰려다니는 경향을 보인다. 따라서 미래 지가에 대한 시장 전체의 예상은 큰 폭으로 변화하기 쉽다. 시장 근본 가치와는 달리 현실 지가의 변화가 불안정한 이유는 바로 이 미래 지가 예상이 커다란 불규칙성과 변동성을 갖기 때문이다.

정책이 실시되어 효과가 발휘되기까지는 시간이 걸리는데도 부동산 가격이 폭등하거나 폭락할 때 정부가 적극적으로 부동산 대책을 발표하는 것은 그것을 통해 미래 지가에 대한 사람들의 예상에 영향을 줄 수 있다고 믿기 때문이다. 실제로 부동산 대책은 법제화되어 실행되기 전이라도, 발표하는 순간부터 부동산 가격의 움직임에 영향을 미친다. 예를 들어 2005년에 발표된 '8·31대책'은 관련 법안들이 그해 연말이 되어서야 국회를 통과했지만, 발표되자마자 부동산 가격의 폭등세를 일거에 잠재웠다. 시장 참가자들이 '8·31대책' 같은 강력한 정책이 실행된다면 더 이상 부동산 가격이 오를 수 없다고 예상했기 때문이다.

물론 현실 지가가 시장 근본 가치와 괴리되어 그 차이가 확대되는 일은 영원히 지속될 수는 없다. 사람들이 그동안 비합리적으로 예상해왔다는 사실을 깨닫게 되는 날이 오기 때문이다. 물론 그때도 사람들은 반대 방향의 비합리적 예상을 하는 경향을 보이기도 하지만, 그렇게 오락가락하다가 결국은 합리적 예상을 하기에 이른다. 그러면 시장 근본 가치와 괴리되어 하염없이 상승 혹은 하락하던 현실 지가도 시장 근본 가치에 접근하게 된다. 하지만 이 이야기를 경제학의 수요공급 이론에서 시장 가격이 균형 가격을 회복하는 이야기와 혼동해서는 안 된다. 수요공급 이론에서 이 균형 가격을 회복하는 일은 즉각적으로 일어나지만, 부동산 시장에서 현실 지가가 시장 근본 가치로 회귀하는 데는 오랜 시간이 걸린다. 앞에서 설명했듯이 일반 생산물 시장에서 작동하는 시장의 자기조절 기능이 부동산 시장에서는 제대로 작동하지 않기 때문이다.

03

'거품의 형성과 붕괴'

투기의 원인

사람들이 미래 지가에 대해 과도하게 예상하는 일은 투기 열풍이
불 때나 아니면 투기 열풍이 갑자기 사라질 때 일어난다. 여기서는
투기의 발생과 소멸이 어떻게 현실 지가를 시장 근본 가치와 괴리
되어 폭등하거나 폭락하게 만드는지 구체적으로 살펴보기로 하자.

투기란 사용할 목적이 아니라 매매에서 나오는 시세 차액, 즉
자본이득을 얻을 목적으로 어떤 물건을 거래하는 행위를 가리킨
다. 투기수요는 흔히 가수요假需要라고 불리는데, 그 이유는 사용할
생각 없이 물건을 구입하려고 하는 수요이기 때문이다. 투기는 주
식, 외환, 부동산 같은 자산을 대상으로 종종 발생하는데, 가끔 일
반 생산물이 투기의 대상이 되는 경우도 있다. 투기를 발생시키는
요인은 다음 세 가지다.*

첫째, 사람들의 마음속에는 땀 흘려 소득을 얻지 않고 가만히 앉아서 불로소득을 얻고자 하는 탐심이 있다. 대단히 강력한 다른 동기가 작용하여 이 탐심을 억제하지 않는다면 그것을 거스를 수 있는 사람은 거의 없다. 그래서 불로소득 획득의 가능성이 생기면 전문 투기꾼뿐만 아니라 다수의 보통 사람들이 투기 대열에 합류하는 것이다.

둘째, 사람들로 하여금 투기에 나설 수 있도록 해주는 실탄인 유동성이 과잉 공급되는 경우가 종종 발생한다. 아무리 탐심을 갖고 있더라도 투기할 자금이 주어지지 않으면 사람들은 실제로 투기에 나설 수 없다. 정부가 경기부양책의 일환으로 통화 공급을 늘릴 때라든지, 금융기관들이 호황을 예상하여 과도하게 대출을 늘릴 때, 그리고 해외에서 자금이 유입될 때, 유동성은 과잉 공급될 수 있다.

셋째, 사람들의 마음속에 불로소득을 바라는 탐심이 있고 또 유동성이 과잉 공급되더라도, 시장에서 실제로 물건의 가격이 올라가지 않는다면 투기는 일어나지 않는다. 그런데 경제 내부의 사정, 즉 시장 근본 요인fundamental에 의해 현재 가격이 상승하는 일은 언제라도 일어날 수 있다. 시장 근본 요인에 의해 현재 가격이 상승하고 그 상승세가 일정 기간 지속되면, 사람들은 그것을 근거로 미래 가격도 상승할 것이라고 예상하게 된다. 마침내 미래 가격

•
김윤상, 「버블 비극과 지공주의」, 이정전 외, 『위기의 부동산』, 후마니타스, 2009, 106~107쪽.

상승에 대한 전망이 시장 전체 분위기를 지배하게 되면, 이때부터 투기가 시작된다. 사용할 생각이 없는 사람들이 그 물건을 구입하려고 대거 나서는 것이다. 이렇게 사용 목적의 실수요에 불로소득을 노리는 투기수요가 더해지면, 현재 가격은 전보다 더 빠른 속도로 상승한다. 현재 가격이 더 빠른 속도로 상승하는 것을 보고 사람들은 다시 미래 가격도 더 빠른 속도로 상승할 것이라고 예상한다. 그로 인해 투기는 더 심해진다. '현재 가격 상승→미래 가격에 대한 예상치 상승→투기→현재 가격의 더 빠른 상승→미래 가격에 대한 예상치 상승→더 심한 투기→……'의 악순환이 이어지는 것이다.

부동산, 특히 토지는 다른 어떤 물건보다도 투기의 대상이 되기 쉽다. 왜냐하면 가격이 상승할 때 공급을 증가시키는 것이 불가능하기 때문이다. 가격이 상승할 때 공급을 증가시킬 수 있는 물건의 경우, 가격 상승에 발맞추어 공급이 늘어나기 때문에 일시적으로 투기가 일어나더라도 시간이 지나면 가격 폭등은 진정되고 투기도 자연적으로 사라진다. 위에서 말한 악순환이 이어지지도 않는다. 사실 공급을 늘릴 수 있는 물건의 경우, 투기로 인해 가격이 급상승하는 것을 반드시 나쁘다고만 할 수는 없다. 왜냐하면 가격의 투기적 상승 덕분에 수요에 비해 공급이 부족한 초과수요 상태가 신속하게 해소될 수 있기 때문이다.

하지만 토지처럼 새롭게 생산하는 것이 불가능한 물건의 경우, 상황은 전혀 달라진다. 가격이 상승하더라도 공급이 늘어나지 않기 때문에, 투기가 가격 폭등을 부르고, 가격 폭등이 미래 가격 예상치를 폭등시키고, 미래 가격 예상치의 폭등이 다시 투기를 부르는 악순환이 상당 기간 반복되는 것이다. 이 경우 투기는 공급을 늘릴 수 있는 물건의 경우처럼 자연적으로 소진되지 않고, 가격을 계속 폭등시켜 경제의 다른 분야에 엄청난 타격을 가한 후에야 비로소 소멸한다. 역사적으로 보면 튤립이나 히아신스 등의 농작물이나 일반 생산물, 주식 등을 두고 투기가 발생한 경우도 있고, 토지나 부동산을 두고 투기가 발생한 경우도 있는데, 전자에 비해 공급을 늘릴 수 없거나 늘리기 힘든 후자의 경우가 경제에 훨씬 더 심각한 해악을 미쳤다.[*]

위에서 시장 근본 요인에 의해 현재 가격이 상승하는 일은 언제라도 일어날 수 있다고 했다. 부동산의 경우, 경제성장이나 인구증가와 같은 요인들이 현재 가격을 전반적으로 상승시키는 대표적인 시장 근본 요인들이다. 그리고 개발 계획의 발표, 도로·철도·지하철 등 사회간접자본의 건설, 새로운 자원의 발견 등은 특정 지역에서 국지적으로 부동산의 현재 가격을 상승시키는 시장 근본 요인들이다.

'승자의 저주'

그러나 앞서 언급했듯이, 가격 상승기에 나타나는 악순환은 영원히 지속될 수는 없다. 사람들이 그동안 비합리적으로 예상해왔음

[*]

전강수, 앞의 글, 77쪽.

을 깨닫게 되는 날이 도래하기 때문이다. 부동산 가격의 폭등이 계속되면 언젠가는 사람들이 가격 상승이 한계에 도달했다고 판단하는 때가 온다는 말이다. 왜 사람들이 이런 판단을 하게 되는가는 '승자의 저주'winner's curse라는 개념으로 설명할 수 있다.

승자의 저주란, 불확실한 가치를 가진 물건이 최고가로 입찰한 사람에게 팔릴 때 낙찰받은 사람이 그 물건 때문에 고통을 겪게 되는 현상을 가리킨다. 승자가 고통을 겪는 이유는 승리를 위해 과다한 비용을 치르기 때문이다. 앞서 말했듯이, 투기가 기승을 부릴 때는 부동산값의 상승에 관해 가장 어리석은 과대평가를 내리는 사람들이 비싼 값을 치르고 많은 부동산을 구입하면서 시장 분위기를 주도한다. 보통 사람들도 그들의 뒤를 따라 부동산 구입의 대열에 합류한다. 여기서 문제는 부동산 구입에 성공한 사람들이 오히려 승자의 저주에 빠지게 된다는 사실이다.

원래 정상적인 가격 상승기에 토지를 구입하면, 처음 얼마 동안은 토지 이용 수익(임대료, 즉 지대)이 매입지가의 이자보다 적다. 현금 흐름cash flow 면에서 적자 상태가 일정 기간 지속된다는 말이다. 그 이유는 앞에서 설명한 지가 결정 공식을 생각하면 금방 알 수 있다.

'지가=지대/(이자율-지대상승률)'이므로 '지가×이자율-지가×지대상승률=지대'이고, 따라서 '지가×이자율=지대+지가×지가상승률'*이 된다.

지금 토지를 매입한다고 하면, '지가×이자율'은 매입지가의 이자로, 지대는 매입 시점의 지대로 해석할 수 있다. 그런데 가격 상승기에는 '지가×지가상승률'이 0보다 크므로 매입지가의 이자가 매입 시점의 지대보다 크다. 즉, 토지 보유비용(매입지가의 이자)이 토지 이용 수익(지대)을 초과하여 현금 흐름상의 적자가 생긴다는 말이다. 이런 상태는 토지 매입 후 일정 기간 지속된다. 만일 토지 매입자가 대출을 받아서 토지를 샀다면, 처음 얼마 동안은 토지 이용 수익으로 대출이자를 충당할 수 없다.

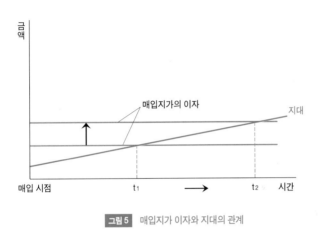

그림 5 매입지가 이자와 지대의 관계

〈그림 5〉는 매입지가의 이자와 시기별 지대의 관계를 보여주고 있다. 이자율이 일정하다면 모든 시점에 매입지가의 이자는 일정하다. 반면 지대는 시간이 지남에 따라 상승하기 때문에 언젠가는 현금 흐름상의 적자가 흑자로 반전하는 시점이 도래한다. 〈그

●
지대상승률 자리에 지가상승률을 대입한 것은 둘이 같아지기 때문이다. 지가상승률이 지대상승률과 같아지는 이유에 대해서는 앞에서 이미 설명했다.

림 5)의 t_1이 그런 시점에 해당한다. 이 시점이 되기 전까지는 토지 매입자들은 현금 흐름상의 적자를 감수해야만 한다. 그런데 투기 장세에는 토지 매입자들이 지불해야 하는 매입지가가 보통 때보다 훨씬 높기 때문에, 현금 흐름상의 적자폭이 보통 때보다 훨씬 커질 뿐만 아니라 흑자 전환 시점도 뒤로 늦추어진다($t_1 \rightarrow t_2$). 승자가 부동산 매입에 성공한 것으로 인해 '저주'에 빠지는 것이다.

그래도 부동산 가격이 올라갈 것이라는 전망이 시장을 지배하는 동안에는, 적당한 시기에 부동산을 매각하여 보유 기간의 적자를 메우고 거액의 자본이득을 챙길 수 있다. 하지만 민첩한 투기꾼들을 제외하고는 그렇게 타이밍을 잘 잡는 사람들은 많지 않다. 다수의 사람들이 부동산 가격이 더 올라갈 것이라고 기대하면서 매각을 늦춘다.

그러나 이런 상태가 언제까지나 지속될 수는 없다. 부동산 보유자들이 현금 흐름상의 적자가 누적되는 상황에서 버티는 데는 한계가 있기 때문이다. 승자의 저주를 견디며 버티던 사람들이 보유 부동산을 매각하기 시작하면, 부동산 가격의 상승세는 둔화된다. 일단 부동산 가격의 상승세가 둔화되면, 그것은 즉각 미래 가격에 대한 예상에 영향을 미친다. 그렇게 되면 투기적 가수요는 위축되기 시작하고 보유 부동산의 매각에 나서는 사람들의 숫자는 더 늘어난다. 결국 부동산의 현재 가격은 상승세를 멈추고 하락하기 시작한다. 그동안 시장 근본 가치와 괴리되어 폭등을 거듭해온 현실 가격이 시장 근본 가치로 회귀하기 시작하는 것이다.

이때 현실 가격이 시장 근본 가치로 얌전히 회귀하지 않고 더 아래로 내려가면서 폭락하는 일이 발생할 수 있다. 가격 폭등기와 정반대되는 메커니즘이 작동하여 마이너스 거품이 생기는 경우다. 이때는 현재 가격의 하락이 미래 가격이 하락할 것이라는 예상을 낳고, 그 예상은 수요의 감소를 낳고, 수요 감소는 다시 현재 가격의 하락을 가속화시킨다. '현재 가격 하락→미래 가격에 대한 예상치 하락→수요 위축→현재 가격의 더 빠른 하락→미래 가격에 대한 예상치 하락→더 심한 수요 위축→……'의 악순환이 이어지는 것이다. 마침 정부가 금리를 인상하든지, 대출규제를 강화하든지 하면 이런 침체과정은 더욱더 급격하게 진행된다.

전 세계 부동산 시장의 흐름을 조사해보면, 폭등했던 부동산 가격이 얌전히 시장 근본 가치로 회귀한 경우보다는 더 아래로 내려가면서 폭락했던 경우가 더 많다. 그래서 학자들은 부동산 가격의 변동을 '거품의 형성과 붕괴'boom and bust라는 말로 표현한다. 폭등 후에 폭락이 따라온다는 의미다. 실에 매달린 추를 오른쪽으로 한참 당겼다가 놓으면 중간에 가서 서는 것이 아니라 왼쪽 방향으로 한참 가는 것과 같은 이치다. 부동산 거품이 붕괴하면 가격 하락과 거래 위축이 동시에 진행되기 때문에, 투기 대열에 합류했다가 매각 시기를 제대로 못 잡은 사람들은 부동산을 매각하고 승자의 저주에서 빠져나오고 싶어도 나올 수가 없다. 요즈음 사람들에게 회자되고 있는 '하우스 푸어'(집을 보유하고 있지만 바로 그 집 때문에 경제적 고통을 겪는 사람)라는 신조어는 바로 이런 사람들을 가리키는 말이다.

04

'거품의 형성과 붕괴'
메커니즘에 영향을 미치는 요인들

금융의 역할

이상에서 살펴본 것처럼 거품의 형성과 붕괴는 부동산 시장 내부의 사정에 의해 일어난다. 그런데 부동산 시장 외부에 이 메커니즘을 촉발·증폭시키는 요인이 존재한다는 사실에 주목할 필요가 있다. 그것은 바로 금융 요인이다. 주지하듯이 부동산 시장은 금융시장과 밀접하게 연결되어 있다. 여기서는 금융 요인이 거품의 형성과 붕괴의 메커니즘에 어떤 영향을 미치는지 살펴보기로 하자.

첫째, 금융 요인은 현재 지가에 바로 영향을 미친다. 앞에서 살펴본 지가 결정 공식에서 바로 확인할 수 있다시피, 현재 지가는 이자율과 역의 관계에 있다. 이자율이 하락하면 현재 지가는 상승하고 이자율이 상승하면 현재 지가는 하락하는 것이다. 문제는 이자율은 부동산 시장이 아니라 금융시장에서 결정되며 특히 중앙은행의 금리정책에 직접적인 영향을 받는다는 사실이다. 이자율의 변화에 의해 일단 현재 지가가 변화하게 되면, 그것은 미래 지가의 예상치를 변화시키고 미래 지가 예상치의 변화가 다시 현재 지가의 변화를 초래하는 악순환으로 연결되기 쉽다. 이자율 변화 외에 직접 현재 지가에 영향을 미치는 금융 요인으로는 금융기관의 대출 패턴이나 해외자금의 유출입을 들 수 있다. 이처럼 금융 요인들이 직접 현재 지가를 변화시킬 수 있다는 것은 그것들이 거품의 형성과 붕괴를 촉발하는 역할을 할 수 있음을 의미한다. 실제로 많은 나라들에서 중앙은행이 금리를 인하하거나, 금융기관들이 부동산에 대해 과잉 대출을 행하거나, 해외자금이 급격히 유입될 때, 부동산 시장에서는 거품이 형성되었다. 이와는 반대되는 일이 일어나서 거품 붕괴가 시작되는 경우도 많았다. 특히 중앙은행의 금리인상은 거품 붕괴를 촉발하는 주범이다. 1991년 이후 일본의 거품 붕괴, 1990년대 후반 태국의 거품 붕괴, 2006년 이후 미국의 거품 붕괴는 모두 중앙은행의 금리인상에 의해 촉발되었다는 공통점을 갖는다.

둘째, 금융 요인은 부동산 가격과 대출의 상호 촉진 관계를 통해 거품의 형성과 붕괴를 증폭시키기도 한다. 토지사유제하에서는 담보대출 관행 때문에 부동산 가격과 대출은 상호 촉진하는 관계에 놓이기 쉽다. 즉, 가격 상승기에는 부동산 가격의 상승이 대출의 증가를 촉진하고 대출 증가가 다시 부동산 가격의 상승을 촉진하는 현상이 나타나며, 가격 하락기에는 반대로 부동산 가격의 하락이 대출의 축소를 촉진하고 대출 축소가 다시 부동산 가격의 하락을 촉진하는 현상이 나타나는 것이다. 이런 상호 촉진이 작용할 경우에 거품의 형성과 붕괴는 증폭되지 않을 수 없다.

담보대출 관행이 뿌리를 내린 곳에서는 어떤 요인에 의해 부동산 가격이 상승할 경우 금융기관들은 대출을 증가시킨다. 담보가치가 올라가고 대출의 위험도가 낮아지며 소유 부동산의 가치가 올라가기 때문이다. 금융기관들로부터 대출을 받은 사람들 중 다수가 그 돈으로 부동산 구입에 나서기 때문에 부동산 가격은 더 빠른 속도로 상승하게 된다. 이것이 또다시 대출을 자극한다는 것은 굳이 언급할 필요가 없을 것이다. 부동산 가격이 하락하는 경우에는 이와는 반대 방향의 메커니즘이 작동한다. 담보 가치가 하락하고 대출의 위험도가 높아지며 소유 부동산의 가치가 떨어지기 때문에, 금융기관들은 대출을 축소시키지 않을 수 없다. 신규 대출이 중단되고, 기존 대출을 회수하려는 움직임이 나타난다. 대출이 위축되면 부동산 수요가 줄어들고 그것은 부동산 가격의 하락세를 더욱 부추기게 된다. 여기에 부동산 가격 하락을 예상한 부동산 소유자들의 투매가 더해지면 부동산 가격은 폭락하게 된다.

부동산 가격과 대출의 상호 촉진 관계에 의해 심각한 거품의 형성과 붕괴를 경험한 나라들은 매우 많다. 1980년대 후반~1990년대 초의 스웨덴과 핀란드, 1980년대 말 이후의 일본, 1997년 외환 위기 전후의 태국, 1982~1984년과 1994~1996년 두 차례 금융 위기를 겪었던 멕시코 등이 대표적이고, 2008년 미국의 서브프라임 위기는 이 모든 사례의 결정판이다.

셋째, 금융 요인은 예외적으로 거품 붕괴를 억제하는 작용을 하기도 한다. 드물지만 부동산 거품이 붕괴하는 시기에 신용이 팽창하는 일이 일어날 수 있기 때문이다. 그럴 경우 금융은 거품 붕괴를 증폭시키는 것이 아니라 오히려 완화하는 작용을 한다. 1990년대 한국에서 실제로 이런 일이 일어났다. 1980년대 말 한국에서는 일본에 못지않게 거대한 부동산 거품이 발생했음에도 1990년대의 일본처럼 거품 붕괴의 과정을 겪지 않았다. 그 이유는 이 시기에 자본 자유화 조치에 의해 해외자금이 대거 한국으로 유입되었고 이것이 거품 형성기의 대출 붐^{boom}을 지속시켰기 때문이다. 한국의 부동산 가격은 외환위기에 의해 1998년에 일시적으로 급락하기는 했지만, 그 시기를 제외하면 1990년대 내내 횡보세를 보였다. 계속된 대출 붐이 부동산 거품의 붕괴를 막았던 것이다.*

정부 정책의 영향

거품의 형성과 붕괴의 메커니즘에 금융 못지않은 영향을 미치는 것이 정부의 정책이다. 중앙은행의 금리정책이 이 메커니즘에 큰 영향을 미친다는 것은 앞에서 이미 살펴보았다. 그 외에도 정부는 거래규제·대출규제·가격규제·개발규제 등 각종 규제정책과 조세정책을 통해 부동산 가격의 변동에 커다란 영향을 미칠 수 있

*

전강수, 앞의 글, 91~95쪽을 참조하라.

다. 정부가 거품 형성기에 유효적절한 정책을 잘 구사하면, 거품의 형성을 억제하여 별도의 정책 없이도 거품 형성 후에 따라올 붕괴과정을 피할 수 있다. 그렇지 않을 경우 정부는 거품 붕괴를 막기 위해 별도로 부동산 시장 부양정책을 실시해야 한다. 부동산 시장 부양정책은 지나칠 경우에는 거품 붕괴를 완화하는 정도를 넘어서 다시 투기 열풍을 불러올 수 있다.

한국은 정부가 적극적으로 부동산 시장에 개입해온 대표적인 나라다. 부동산 가격이 폭등할 때는 적극적으로 투기 억제 대책을 시행했고, 거꾸로 부동산 시장이 침체하는 기미가 보이면 바로 이전의 대책들을 후퇴시키고 부동산 시장 부양정책을 적극적으로 추진했다. 그래서 한국의 부동산 정책에는 냉온탕식 정책이라는 오명이 붙었다. 한국 부동산 정책에 대한 평가는 나중에 다시 하겠지만, 이런 정책 때문에 한국의 부동산 가격이 특이한 움직임을 보였다는 사실은 지적해둘 필요가 있다.

한국의 부동산 시장에서는 투기 열풍이 불어서 부동산 가격이 폭등하다가도 얼마 지나지 않아 그 추세가 꺾이는 경우가 많았고, 또 안정세를 회복한 뒤에는 얼마 지나지 않아서 폭등세가 재연되는 경우가 많았다. 폭등세가 오래가지 못했던 것은 역대 정부들의 강력한 투기 억제 정책이 효력을 발휘했기 때문이며, 안정세 회복 후 다시 폭등세가 재연되었던 것은 침체기에 실시한 적극적인 부동산 시장 부양정책의 여파였다. 사실 지금까지 한국에서는 다른 나라들과는 달리, 한 번도 부동산 거품의 붕괴가 본격적으로 진행되었던 적이 없다. 1990년대 초, IMF 경제위기 때, 그리고 2008년 세계 금융위기 때 부동산 가격이 일시적으로 하락한 적이 있지만, 거품 붕괴를 말할 정도는 아니었다. 투기가 빈발하면서도 거품 붕괴가 일어나지 않았던 데는 역대 정부의 적극적인 부동산 시장 부양정책이 일조한 바가 있다고 생각한다.

2009년 후반에 부동산 시장이 완연한 침체 양상을 보이자, 조만간 거품 붕괴 혹은 부동산 가격 대폭락이 불가피하다고 단언하는 사람들이 나타났다. 이들은 자신들의 주장에 반대하면 또다시 투기 열기를 조성하려는 의도로 거짓 시장정보를 흘리고 있는 보수 언론들의 주장에 동조하는 것이라고 단죄하면서, 적극적으로 거품 붕괴론을 유포했다. 이들의 예언이 적중할지는 두고 봐야 하겠으나, 그다지 신뢰하기 어려운 주장이라고 생각한다. 왜냐하면 부동산 가격의 변동은 부동산 시장 내부의 사정, 금융시장의 사정, 그리고 정부의 정책 등 수많은 요인들이 작용한 결과 그 양상이 정해지기 때문이다.

투기 때문에 거품이 생겼다가도 금융시장의 사정이나 정책적 요인 때문에 거품 붕괴가 일어나지 않을 가능성은 얼마든지 존재한다. 뿐만 아니라 거품의 성격도 다양하다. 전국적으로 거대하게 생성되는 거품이 있는가 하면, 국지적으로 또 소규모로 생성되는 거품도 있다. 전자의 경우 붕괴로 이어질 가능성이 크지만 후자의 경우에는 완만한 침체로 이어질 가능성이 크다. 즉, 거품의 형성과 붕괴는 투기가 발생한 모든 경제에서 필연적으로 전개되는 불가피한 과정이 아닌 것이다.

05

경제효율을 해치는 부동산 투기

부동산 투기가 소득분배와 거시경제에 어떤 영향을 미치는지에 대해서는 앞에서 간단하게 설명한 바 있다. 여기서는 경제적 효율성의 관점에서 부동산 투기의 영향을 평가해보기로 하자.

경제학에서 말하는 효율이란 최소의 희생으로 최대의 효과를 달성하는 것을 의미한다. 좀더 구체적으로 말하면, 효율이란 사회 구성원들의 복지가 최대가 될 수 있도록 한정된 자원을 효과적으로 이용하는 것이다. 한정된 자원을 잘 이용해야만 더 높은 경제성장을 실현할 수 있고 또 그래야 국민의 소득 수준이 높아질 수 있다. 그러므로 효율, 경제성장, 소득 수준 향상은 일맥상통하는 개념이다.*

한마디로 말해 부동산 투기는 경제적 효율성을 떨어뜨린다. 어

*

이정전, 『토지경제학』, 박영사, 2009, 44쪽.

째서 그런지 구체적으로 살펴보기로 하자.

첫째, 부동산 투기는 노동자들의 근로의욕을 떨어뜨리고 기업가들의 기업심을 저해한다. 부동산 소유자들이 투기를 통해 손쉽게 막대한 불로소득을 얻는 것을 보면, 누가 땀 흘려 노동하여 저축할 마음을 가질 것이며, 어떤 기업가들이 생산적 투자를 통해 이윤을 얻는 일에 몰두하겠는가? 부동산 소유자들도 토지와 부동산을 이용해서 수익을 올리려고 하기보다는 적기適期에 팔아치울 생각에 부동산을 최선의 용도로 이용하려 하지 않는다. 이처럼 생산요소의 소유자들이 생산활동에 관심을 갖지 않을 경우 경제의 효율성은 떨어질 수밖에 없다.*

둘째, 투기로 인해 지가가 상승하면 경쟁력을 갖춘 사람들이 토지를 획득하기 어려워지고, 따라서 그들에 의한 신규 기업의 창업도 곤란해진다. 경쟁력을 갖춘 사람들의 창업이 어려워지면 경제의 효율성은 떨어지기 마련이다.

셋째, 지가의 투기적 상승에 직면하면 토지 소유자들의 반응은 두 가지로 나타나는데, 두 경우 모두 과잉 투자를 초래한다. 과잉 투자란 자원의 낭비를 뜻하는바, 그것이 경제의 효율성을 떨어뜨리는 것은 당연한 일이다. 우선 지가 폭등기에 건설업자들은 건축활동을 통해 막대한 수익을 올리게 되는데, 그 상당 부분은 건축 이윤이 아니라 지가 상승분이다. 건설업자들은 높은 수익률에 고무되어 과도하게 부동산 개발을 추진한다. 기업은 생산활동에서

*

전강수, 『부동산 투기의 종말』, 시대의창, 2010, 68~69쪽.

나오는 이윤을 근거로 의사결정을 할 때 적정 규모의 투자를 할 수 있는데, 지가 폭등기의 건설업자들은 건설이윤과 지가 상승분을 합한 것을 가지고 의사결정을 하기 때문에 과잉 투자를 하게 된다는 말이다. 그것이 과잉 투자였다는 것은 부동산 가격의 상승세가 끝나면 바로 드러난다. 사업의 수익성 전망이 갑자기 악화되면서 곳곳에서 사업이 중단되는 사태가 벌어지고, 날개 돋친 듯 팔려나갔던 주택들이 팔리지 않은 채 애물단지로 전락한다. 이는 지금 우리나라에서 진행되고 있는 일이다. 몇 년 전부터 부동산 시장이 침체하면서 용산 역세권 개발 사업, 판교 알파돔 시티, 양재동 복합터미널 사업 등 수조 원이 들어가는 대형 프로젝트 사업들이 줄줄이 좌초하고 있다. 대한건설협회 자료에 의하면 2010년 8월 현재 진행 중인 대형 프로젝트 사업은 총 50건에 사업 규모는 120조 원에 이르는데, 이 중 몇 개를 제외하고는 제대로 진행되는 사업이 없다고 한다.* 모두가 과잉 개발의 쓴 열매들이다.

한편, 시세 차액을 노리는 토지 소유자들은 토지 매각을 손쉽게 하기 위해 철거가 어려운 토지개량물을 설치하는 대신 토지를 저이용 상태로 방치한다. 이들 때문에 토지 공급이 인위적으로 부족해지는 현상이 발생한다. 도심의 요지를 활용하지 못하는 사람들은 도시 외곽 지역으로 나가서 그곳을 개발하게 된다. 도시의 난개발과 무질서한 확장, 그리고 그로 인한 환경파괴는 토지 투기와 깊은 관련이 있다. 도시의 외연이 확대되면 도로나 지하철 등

•

송기균, 『주식과 부동산, 파티는 끝났다』, 21세기북스, 2010, 88쪽.

의 추가적인 건설이 불가피해지는 경우가 많은데 이를 위해서는 막대한 재정이 소요된다. 뿐만 아니라 환경보호를 위한 사회적 지출도 증가한다. 사회적 차원의 과잉 투자가 불가피해지는 것이다.

넷째, 부동산이 주요 자산으로 취급되는 사회에서는 금융기관들이 자금을 공급할 때, 사업의 수익성이 아니라 담보의 안정성을 더 중시한다. 부동산 담보대출 관행이 뿌리를 내리는 것이다. 이 관행이 뿌리를 내린 곳에서는 좋은 기술과 참신한 아이디어를 가지고 사업을 잘할 사람들은 자금을 얻기가 어려운 반면, 생산에는 관심이 없고 불로소득 취득에만 관심이 있는 사람들은 쉽게 자금을 얻는다. 이런 투기꾼들은 금융기관에서 대출받은 자금으로 다시 부동산을 구입할 가능성이 크다. 부동산 투기가 빈발하는 사회에서는 이와 같은 현상이 더 두드러지게 나타난다. 투자를 자극하고 생산을 활성화시키는 데 이용되어야 할 자금이 생산 방면으로는 가지 않고 부동산 시장으로 흘러가서 거기서 머문다면, 경제의 효율성은 당연히 떨어질 수밖에 없다.

한국의 부동산 시장이 침체에 빠진 이유

승자의 저주에 빠진 주택시장

....

하염없이 올라갈 것만 같았던 부동산 가격이 완연한 하락세를 보이고 있다. 몇 년 동안 부동산 가격 상승을 전제로 경제적 의사결정을 해온 경제주체들은 당황하는 모습이 역력하다. 건설업체들은 분양을 못해 난감한 상황에 빠졌고 부동산 개발에 돈을 댄 금융기관들은 프로젝트 파이낸싱Project Financing 대출(금융기관이 차입자의 자산이나 신용이 아니라 사업에서 발생할 수익을 담보로 자금을 대출해주고, 사업 진행 중에 유입되는 현금으로 원리금을 상환받는 금융기법)의 부실화 우려 때문에 전전긍긍하고 있다. 거래까지 급격히 위축되면서, 거액의 대출을 받아 주택을 구입한 가계들은 집을 팔지도 못하고 대출 이자를 계속 부담하기도 어려운 진퇴양난에 빠졌다.

2002년부터 2006년까지 급격한 상승세가 지속됐고, 2008년 금융위기를 거치면서도 떨어지기는커녕 오히려 올랐던 부동산 가격이 왜 갑자기 하락세를 보이기 시작했을까? 이명박 정부가 보금자리주택 정책으로 주택 공급 가격을 낮춘 것이 효력을 발휘한 것이라고 주장하는 사람이 있지만 터무니없는 진단이다. 가격의 변화는 전체 시장에서 수요와 공급에 변화가 생겨서 일어나는 일임에도 그에 대해서는 일언반구도 없이, 정부가 주택을 시세보다 낮은 가격에 공급하니까 주택 가격이 내려가는 것이라고 설명을 하니 말이다. 이는 마치 오염된 호수에 맑은 물 한 동이를 부으면 호수 전체가 맑아진다고 주장하는 것과 마찬가지다.

수요와 공급의 변화를 가지고 부동산 시장 침체를 한번 제대로 설명해보자. 우선 작금의 시장 침체는 공급이 증가해서 생긴 현상이 아니라는 점에

주의해야 한다. 왜냐하면 공급이 증가해서 가격이 하락할 때는 거래량이 늘어나기 마련인데, 지금은 가격 하락과 함께 거래가 위축되고 있기 때문이다. 그림의 ⓐ에서 보다시피 공급이 증가할 경우, 즉 공급곡선이 S1에서 S2로 이동할 경우, 가격은 P1에서 P2로 하락하지만 거래량은 Q1에서 Q2로 증가한다. 작금의 시장 침체의 원인을 설명하기에 적합한 것은 그림의 ⓑ이다. 이 그래프는 수요가 감소하는 경우를 보여주는데, 이때에는 가격 하락(P3→P4)과 거래량 감소(Q3→Q4)가 동시에 발생한다.

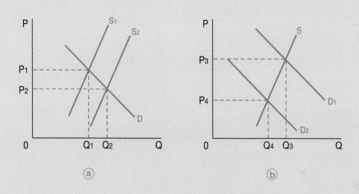

문제는 가격 하락과 거래량 감소를 동시에 일으키는 수요 감소가 최근에 실제로 일어났는가 하는 점이다. 결론부터 말하면 최근 부동산 수요는 실제로 급격히 감소했다. 부동산 수요, 특히 주택 수요는 인간의 근본 욕구를 충족시키려는 수요인데 어떻게 급격히 감소할 수 있는가 하는 의문을 가질 수 있다. 실제 주거를 목적으로 하는 부동산 수요, 즉 실수요가 급격히 감소하는 일은 있을 수 없다. 하지만 부동산 시장에는 실수요 외에 투기적 가수요가 존재한다. 투기적 가수요란 실제 사용이 아니라 자본이득 획득을 목적으로 부동산을 구입하려는 수요를 가리킨다. 이는 부동산이 자산으로 활용되면서부터 생겨난다.

·········

실수요와는 달리, 투기적 가수요는 단기간에 급격히 변화할 수 있다. 그것은 미래 가격에 대한 전망이 좋을 때는 갑자기 팽창하고 미래 가격에 대한 전망이 나빠지면 갑자기 사라져버린다. 시중의 유동성도 투기적 가수요에 영향을 미친다. 유동성이 풍부하고 대출이 용이할 때는 투기적 가수요는 팽창하지만, 반대로 유동성이 줄어들고 대출이 어려워지면 그것은 급격히 축소된다. 우리 사회에서 미래 부동산 가격에 대한 전망은 2007년 이후 서서히 나빠지다가 최근 들어 급격히 악화되고 있다. 그 이유는 금융위기를 거치면서 전 세계적으로 부동산 가격이 하락했기 때문이기도 하지만, 많은 사람들이 부동산 가격 상승은 한계에 도달했다고 판단했기 때문이기도 하다.

현금 흐름상의 적자를 감당해야만 하는 '승자의 저주'를 견디며 버티던 부동산 보유자들이 보유 부동산을 매각하면서 부동산 가격의 상승세가 둔화되고, 그것이 미래 가격에 대한 예상에 영향을 미쳐서 투기적 가수요를 위축시킨다는 것에 대해서는 앞에서 설명했다. 투기적 가수요가 축소되면 실수요자까지도 부동산 구입을 꺼리게 되고, 그 결과 거래가 급격히 축소되면서 부동산 가격은 하락하기 시작한다. 이것이 거품 붕괴의 시작이다.

정부가 금리를 인상한다든지, 대출규제를 강화한다든지 하면 이 과정은 더욱더 급격하게 진행된다. 부동산 거품의 형성과 붕괴를 경험한 많은 나라들에서는 금리인상이 거품 붕괴의 큰 원인이었다. 1990년대 부동산 거품이 붕괴하면서 극심한 금융위기와 경기 침체를 경험한 일본의 경우, 거품 붕괴를 촉발한 것은 중앙은행의 급격한 금리인상이었다. 1990년대 초 부동산 거품 붕괴를 경험한 스웨덴과 핀란드의 경우도 마찬가지다. 최근에 우리나라에서는 금리를 크게 인상하는 일은 없었지만, DTI(총부채상환비율) 규제를 통해 대출규제를 강화하는 일은 있었다.

금리인상은 거품 붕괴의 원인

....

가격 하락과 거래 위축이 동시에 진행되고 있다는 것, DTI 규제가 제법 강력하게 시행되었다는 것, 소위 하우스 푸어의 문제가 심각하게 부각되고 있는 것 등을 종합해보면, 최근 우리나라 부동산 시장의 침체는 바로 투기적 가수요의 소멸에 기인한다는 것을 알 수 있다.

부동산 시장 침체가 진행되고 있다고 해서 일본식의 거품 붕괴가 진행되고 있다고 단정하는 것은 지나치다. 최근 우리 사회 일각에 부동산 대폭락을 운운하는 사람들이 있는데 그들은 시장 침체 이전의 부동산 거품의 성격이 다르다는 사실을 간과하고 있는 듯하다. 1980년대 말 일본의 부동산 거품은 그 규모가 거대했을 뿐 아니라 전국적으로 또 부동산 종류를 가리지 않고 발생했지만, 2000년대 우리나라의 부동산 거품은 일본만큼 거대하지 않았을 뿐 아니라 수도권의 '버블 세븐' 지역을 중심으로 또 아파트를 중심으로 국지적·제한적으로 발생했다.

현재 부동산 시장의 침체는 주로 지난 몇 년 동안 가격이 폭등했던 버블 세븐 지역을 중심으로 또 아파트를 중심으로 심각한 양상을 보이고 있다. 투기가 국지적으로 진행되었듯이 시장 침체 또한 국지적으로 진행되고 있는 것이다. 수도권과는 대조적으로 지난 몇 년 동안 침체 양상을 보였던 대구와 부산의 부동산 시장은 최근에 오히려 거래량이 늘고 가격이 완만하게 상승하는 회복세를 보이고 있어서, 부동산 시장 침체가 국지적으로 진행되고 있음을 입증해준다.

보유세 강화 등 장기정책 복원해야

....

부동산 가격은 폭등해도 문제지만 폭락해도 문제다. 부동산 가격 폭등이 어떤 문제를 야기하는지 우리는 2002~2006년 사이에 확실히 경험했다. 하지만 부동산 가격 폭락 또한 그에 못지않은 문제를 야기한다. 투기 대열에 합류했던 사람들과 투기에 의한 활황에 기대어 마구잡이로 주택을 공급했던 건설업체의 파산이 이어지고, 그들에게 자금을 빌려줬던 금융기관이 부실화되어 금융위기가 발생하며, 이것이 다시 경제 전체의 불황으로 이어지는 일이 발생할 수 있다. 그러므로 정부로서는 이런 일이 일어나지 않도록 시장을 관리해야 한다는 생각을 할 수밖에 없다.

부동산 시장 침체기에 경착륙이 발생하지 않도록 시장을 관리할 필요가 있다는 데 대해 반대할 사람은 아무도 없을 것이다. 문제는 시장을 어떻게 관리하는가 하는 것이다. 최선의 정책은 문제의 근본 원인을 파악하여 제거하는 것이다. 앞에서 보았듯이 부동산 가격의 폭등과 폭락을 야기하는 근본 원인은 투기적 가수요의 발생과 소멸이므로, 정책의 초점은 투기적 가수요를 근원적으로 차단하는 데 맞춰져야 한다. 투기적 가수요는 부동산 불로소득을 노린 수요이다. 따라서 부동산 불로소득을 근원적으로 차단하는 효과를 갖는 보유세(특히 토지보유세) 강화 정책이나 개발이익 환수 정책 등을 제대로 시행하는 것이 매우 중요하다. 단, 보유세는 단기간에 대폭 강화하기가 어렵고 또 시장 상황에 따라 강화와 완화를 반복하기 어려운 세금이기 때문에, 단기 시장조절용 정책 수단으로는 부적절하다. 그것은 시장 상황이나 정권의 소재에 상관없이 시행되어야 하는 장기정책의 수단으로 활용되어야 한다. 보유세를 충분히 강화하고 개발이익 환수 정책을 제대로 시행할 경우, 부동산 불로소득과 투기적 가수요의 발생 여지는 대폭 줄어든다. 그래도 부동산 가격은 변동하겠지만 변동의 진폭은 크게 축소될 것이다. 상황에 따라서는 정부가 가격 변동 자체를 조절해야 할 경우가 있을 텐데, 그 경우 대출 규제를 강화하거나 완화하는 정도로 대처하면 된다.

이명박 정부는 집권 1년 사이에 참여정부가 어렵사리 구축해놓은 보유세 강화 정책을 무력화시켰고, 재건축 개발이익 환수 제도를 크게 완화했다. 중요한 장기정책들이 결정적으로 후퇴한 것이다. 이명박 정부는 거기에 머물지 않고 부동산 투기를 억제할 수 있는 규제장치들까지 무차별적·급진적으로 완화해버렸다. 그러고는 대출규제 하나를 가지고 가격을 조절하는 단기정책에 몰두하고 있다. 장기정책 없이 단기 시장조절 정책에 몰두하는 모습은 참여정부 이전의 역대 정부들을 닮았다. 참여정부 이전의 역대 정부들은 투기가 기승을 부릴 때는 온갖 규제책을 쏟아내며 투기 억제에 몰두하고, 시장이 침체할 때는 규제를 전면 완화하며 부동산 경기를 적극 부양하는 냉온탕식 정책 운용을 반복했다. 시장 침체기에 실시한 부동산 경기부양 정책은 늘 효과를 발휘했다. 시장 침체가 조기에 해소되고 얼마 후 투기가 재발했던 것이다.

일시적 대출규제에만 올인한 MB 정부

....

이명박 정부가 역대 정부들과 다른 점은 아직까지는 강화된 대출규제를 가지고 가격 상승을 억제하는 정책을 유지하고 있다는 점이다. 그래서 건설업체와 부동산 소유자들은 DTI 규제를 완화하여 부동산 시장을 적극 부양하라고 아우성이다. 건설업에 매우 친화적인 이명박 정부가 언제까지 강화된 대출규제를 유지할 수 있을지 의문이다. 물론 DTI 규제를 완화하더라도 당장 시장 침체가 끝나고 투기가 재발하는 일은 일어나지 않을지 모른다. 그러나 머지않은 장래에 시장 상황이 역전되어 다시 투기 광풍이 불고 부동산 가격이 폭등하는 일은 얼마든지 일어날 수 있다. 이명박 정부가 참여정부의 장기정책을 유지해왔더라면 지금 경착륙을 방지하기 위해 DTI 규제 정도는 완화하더라도 상관이 없을 것이다. 그러나 중요한 장기정책을 무력화시키고 투기 억제를 위한 규제장치들을 모조리 폐지한 상태에서 하나 남은 DTI 규제마저 완화한다면, 그것은 지금은 숨을 죽이고 있지만 언젠가는 되살아날 투기적 가수요에 강력한 인공호흡기를 달아주는 것과 다를 바 없다. 현재 부동산 정책을 둘러싼 논쟁은 DTI 규제 완화 여부에 집중되고 있지만, 사실은 장기정책의 복원이 더 중요한 과제다.

『이코노미 인사이트』, 2010년 9월호

3부

『진보와 빈곤』 다시 읽기

참여정부가 보유세 강화 정책을 적극적으로 추진하면서 우리 사회에서는 한때 헨리 조지가 크게 부각되었던 적이 있다. 노무현 대통령이 조지스트로 묘사되기도 했고, 참여정부 초대 청와대 정책실장을 지낸 이정우 교수(경북대)를 헨리 조지와의 연관 속에서 집중 탐구하는 기사가 시사 잡지에 보도되기도 했으며, 전경련 산하 연구소인 한국경제연구원에서 헨리 조지 이론을 본격적으로 검토한 보고서가 발간되기도 했다. 어떤 경제학자는 이런 상황을 두고 "헨리 조지가 사후 100년 만에 대한민국에서 화려하게 환생했다"고 말했다고 한다.

정권이 바뀌면서 헨리 조지에 대한 관심은 많이 줄었지만, 그래도 부동산 문제의 해법을 말할 때면 토지공개념이 언급되는 경우가 적지 않고, 토지공개념 이야기가 나올 때면 늘 헨리 조지가 화제로 떠오른다.

헨리 조지가 토지공개념의 시조始祖로 불리게 된 것은 그가 불후의 명저 『진보와 빈곤』을 집필했기 때문일 것이다. 1879년에 출간된 이 책은, 물질적 진보가 진행되어 생산량이 늘어나는데도 빈곤이 사라지지 않고 오히려 심화되는 현상에 대한 진단과 처방을 제시하려는 목적으로 쓰였다. 토지가치의 급격한 상승이 근본 원인이라는 것을 감지한 헨리 조지는 1871년에 펴낸 『우리 토지와 토지정책』Our Land and Land Policy이라는 소책자를 통해 처음 자신의 진단과 처방을 간략하게 밝혔지만, 이내 그것만으로는 불충분하다고 느끼고는 본격적인 경제학 연구서인 『진보와 빈곤』 집필에 착수했다. 이 책은 발간 후 19세기 말까지 논픽션 분야에서 성경 다음으로 많이 팔린 책으로 기록될 정도로 큰 성공을 거두었다. 경제학 분야에 한정해서 보면, 지금까지 『진보와 빈곤』만큼 많이 팔린 책은 찾아보기 어렵다.

『진보와 빈곤』의 성공 덕분에, 헨리 조지는 자신이 연사였던 공개 강연회에 마셜이 찾아와 청중석에서 질문을 하고 마르크스와는 글을 통해 서로 조롱조의 비판을 주고받을 정도로 유력한 경제학자의 반열에 올랐다. 그의 사상은 영국의 극작가 버나드 쇼 George Bernard Shaw(나중에 노벨문학상 수상), 영국 페이비언 협회Fabian Society의 시드니 웹Sidney Webb, 러시아의 대문호 톨스토이, 중국의 국부 쑨원 등 전 세계의 위대한 사상가들에게 큰 영향을 주었다. 그는 사회운동에도 큰 영향을 미쳐서 19세기 말~20세기 초에는 전 세계적으로 헨리 조지를 따르는 조지스트의 세력이 마르크스주의자들의 세력보다 더 컸다고 한다.

영국 수상을 지낸 D. 로이드 조지Lloyd George와 W. 처칠Churchill, 미국 대통령을 지낸 W. 윌슨Wilson, 호주 수상을 지낸 빌리 휴즈Billy Hughs, 러시아 수상을 지낸 A. 케렌스키Kerensky 등 20세기 전반의 유력 정치인들도 헨리 조지로부터 영향을 받았다.* 헨리 조지의 정책 대안 또한 전 세계에서 다양한 형태로 실행에 옮겨졌다. 성과는 놀라웠다. 쑨원의 민생주의 위에 세워진 대만, 1950년대 말의 덴마크, 미국의 펜실베이니아 주 도시들과 단일세 마을들, 19세기 말~20세기 초의 호주와 뉴질랜드 등이 대표적인 사례다. 반면 미국의 캘리포니아 주는 거꾸로 이런 정신을 후퇴시킴으로써 심각한 경제적 후퇴를 경험했다.**

19세기 말~20세기 초의 상황과 비교하면 현재 헨리 조지의 영향력은 매우 미미하다. 20세기를 지나면서 그의 사상이 점점 퇴조한 결과다. 미국 신고전학파의 선구자들이 헨리 조지 한 사람을 제압하기 위해 토지를 경제학으로부터 제거하는 작전을 벌였고 그것이 성공을 거뒀다는 것은 앞에서 밝힌 바 있다. 다른 중요한 사정을 하나 더 꼽자면, 1917년 러시아에서 볼셰비키 혁명이 성공한 이후 세계의 체제와 이념이 좌우 두 가지로 굳어졌다는 사실을 이야기할 수 있다. 학계도 좌파와 우파가 주도권을 양분하면

•

Mason Gaffney, "Neo-classical Economics as a Strategem against Henry George", Mason Gaffney and Fred Harrison eds., *The Corruption of Economics*, Shepheard Walwyn, 1994, 39쪽.

••

전강수, 『부동산 투기의 종말』, 시대의창, 2010, 25쪽.

서 헨리 조지의 사상은 철저히 무시당했고 점차 설 자리를 잃었다.

하지만 나는 헨리 조지의 경제학을 낡은 이론으로 치부하여 그대로 묻어두어서는 안 된다고 생각한다. 그 이유는 다음과 같다.

첫째, 헨리 조지의 사상은 사회주의가 붕괴하고 자본주의는 유례없는 경제위기를 겪고 있는 현 상황에서 유력한 체제 대안을 제공한다. 현대 조지스트들에 의하면, 자본주의는 토지사유제를 허용함으로써 소득분배의 불평등, 주기적 불황, 실업, 환경파괴 등의 심각한 문제를 겪어왔고, 사회주의는 토지를 비롯한 모든 생산요소의 이용을 국가의 계획과 통제에 맡김으로써 극도의 비효율을 경험했다. 그들은 헨리 조지의 진정한 자유거래(자유시장이 실현되고 토지가치세제가 시행되는 상태)의 사상을 현실에 적용한다면, 자본주의의 장점인 효율과 사회주의의 장점인 평등을 조화롭게 결합시킬 수 있다고 생각한다. 효율과 형평을 조화롭게 결합시킬 수 있다면 그런 경제체제야말로 진정한 제3의 경제체제라 할 수 있을 것이다.*

둘째, 좌파와 우파를 막론하고 오늘날 대부분의 경제학자들이 토지를 철저하게 외면하는 것과는 대조적으로, 헨리 조지는 토지 문제를 경제 분석의 중심에 놓았다. 토지에서 비롯되는 부동산 문제를 제대로 인식하지 않고서는 오늘날의 경제위기, 양극화, 환경 문제를 해결하기란 요원한 일이다. 그런데 지금까지 나온 경제이

---

*

전강수, 「헨리 조지 경제사상의 배경과 의의」, 이정우 외, 『헨리 조지 100년만에 다시 보다』, 경북대학교출판부, 2002, 189쪽.

론 가운데 이런 문제들과 토지문제의 관련성에 주목하여 이론과 해법을 제시한 것은 헨리 조지의 이론 말고는 없다. 초기 신고전학파 학자들의 어리석은 '토지 추방 작전'으로 인해 불구가 되어버린 현대 경제학을 정상화시킨다는 차원에서도 헨리 조지 경제이론에 대한 재조명은 필요하다.

셋째, 헨리 조지는 토지를 중시했을 뿐만 아니라 그것의 특수성을 충분히 감안한 해법을 제시했다. 앞에서도 설명했지만, 토지는 일반 재화나 재산처럼 사유재산의 대상으로 삼아서는 안 된다. 그것은 사회구성원 모두의 공동재산으로 취급해야 한다. 즉, 토지는 공개념에 의거하여 취급해야 하는데, 그렇다고 시장원리를 침해해서는 안 된다. 그런데 헨리 조지의 이론은 시장친화적인 방법으로 토지공개념을 실현할 수 있는 방법을 제시했다.

지금부터 『진보와 빈곤』의 내용을 중심으로 헨리 조지의 경제이론을 재조명해보기로 하자. 헨리 조지가 가장 역점을 둔 경제분석은 분배이론이었다. 진보 속에서 빈곤이 발생하는 이유를 밝히고자 했던 만큼 그것은 당연한 일이었다. 분배문제에 비해 비중이 훨씬 작았지만 경기변동문제도 중요하게 취급되었다. 헨리 조지에게는 진보 속의 빈곤도, 불황도, 모두 토지가치의 급격한 상승 때문에 생기는 현상이었다. 그래서 그는 토지문제를 근본적으로 해결하지 않는 한 진보 속의 빈곤과 주기적 불황을 해소할 수 없다고 믿었다. 그가 토지문제를 해결하기 위해 제시한 방법은 조세제도를 활용하여 지대를 환수하는 것이었다. 지대를 조세로 환수하면 기존 토지제도의 틀을 건드리지 않고도 토지의 공공성을 완벽하게 실현할 수 있다는 것이 헨리 조지의 생각이었다.

지난 몇 년 사이에 우리 사회에서 헨리 조지에 대한 관심이 고조되면서 『진보와 빈곤』의 내용을 소개하는 글들이 여러 편 나왔다. 헨리 조지를 따르는 국내 조지스트들이 쓴 것도 있고, 그를 반대하는 시장 만능주의자들이 비판을 위해 쓴 것도 있다. 한쪽은 옹호하고 다른 한쪽은 비판한다는 차이가 있지만, 양쪽 모두 『진보와 빈곤』의 내용을 단순 요약하고 있다는 점에서 공통점이 있다. 조지스트들은 대개 『진보와 빈곤』에 허술한 부분이나 오류가 있다는 사실을 인정하기 싫어한다. 반면 시장 만능주의자들은 현대 사회의 경제문제를 해결할 수 있는 뛰어난 통찰이 『진보와 빈곤』에 담겨 있다는 사실을 인정하기 싫어한다.

나는 현대 사회의 경제문제를 해결할 수 있는 뛰어난 통찰이 『진보와 빈곤』에 담겨 있다고 생각한다. 하지만 그 책에는 오늘날의 관점에서 볼 때 허술한 부분이나 오류가 들어 있는 것도 사실이다. 그래서 여기서 나는 단순히 『진보와 빈곤』의 주요 내용을 소개하는 데 머물지 않고, 그 책의 허술한 부분이나 오류를 보완·수정하는 데까지 나아가고자 한다.

레오 톨스토이와 헨리 조지

....

1885년 초 톨스토이는 우연히 한 위대한 미국인의 책을 접하게 되었다. 그는 헨리 조지의 저서 『사회 문제』와 『진보와 빈곤』을 읽으면서 그 뛰어난 설명에 완전히 매료되었다. 그때부터 톨스토이의 삶은 새로운 국면을 맞이하게 된다.

톨스토이는 어느 날 아내에게 쓴 편지에서 이렇게 고백했다.

"오늘 아침에는 글을 쓰는 대신 헨리 조지의 책을 읽었소."

이틀 후에 쓴 편지에서는 이렇게 덧붙였다.

"나의 헨리 조지가 쓴 책을 읽었소." (톨스토이가 "나의"라는 말을 사용한 것에 유의하기 바란다. 그는 다른 어떤 작가에게도 이런 표현을 쓰지 않았다.) "이 책은 참으로 중요하오. 이 책은 우리 러시아의 농노해방에 필적할 만큼 중요한 진보적인 내용을 담고 있소. 바로 토지를 사적 소유권으로부터 해방하는 것이라오." "나 개인적으로는 헨리 조지가 원하는 것보다 훨씬 더 많은 것을 원하오. 하지만 그가 주장하는 프로젝트는 내가 그토록 오르기 소망하던 사다리의 첫 번째 칸이라오."

톨스토이는 헨리 조지의 책을 접하고 나서 세상을 떠날 때까지 흔들림 없이 헨리 조지 편에 섰으며, 그의 사상을 전파하기 위해 온갖 노력을 다했다. 톨스토이는 자신이 설립한 '포스레드니크'Posrednik(중개인이라는 뜻)라는 출판사를 통해 헨리 조지의 논설과 연설문들을 담은 소책자들을 저렴한 가격으로 배포했다. 수백만 부가 러시아 제국의 곳곳으로 팔려나갔다. 그는 헨리 조지 책의 러시아어 번역판에 서문을 쓰기도 했고, 정치가든 작가든 가리지 않고 모든 사람들에게 헨리 조지의 이론을 전파했다. 톨스토이는 인생의 마지막 25년을 확고부동한 조지스트로 살았던 셈이다.

조지스트로서 톨스토이의 면모는 그의 명작 『부활』에서 가장 눈부시게 드러났다. 톨스토이의 『부활』은 3부로 구성되어 있는데, 제2부에서 헨리 조지의 토지가치세제가 자세하게 설명된다. 주인공 네휼류토프는 러시아 사회의 총체적 부패, 즉 불의한 토지제도를 목도하고는 헨리 조지를 택한다. 그는 당차게 농민들에게 헨리 조지의 토지가치세제를 설명한다.

"땅은 사람의 소유가 아닙니다. 하나님의 것입니다"라고 그는 말하기 시작했다.

"맞습니다. 맞는 말이오!" 여기저기서 소리가 터져 나왔다.

"땅은 모두의 것입니다. 모든 사람은 똑같이 땅을 가질 권리를 가지고 있습니다. 그런데 땅에는 좋은 땅이 있고 나쁜 땅이 있어요. 모든 사람들은 다들 좋은 땅을 가지고 싶어하지요. 땅을 공평하게 나누기 위해서 어떻게 하면 될까요? 이런 식으로 하면 어떨까요? 좋은 땅을 사용하게 되는 사람은 땅이 없는 사람들에게 자기가 사용하는 땅의 가치만큼 지불하는 것입니다. (……) 사실 누가 누구에게 지불해야 하는 것인지를 따지는 것은 어려운 이야기이고 돈은 공동의 목적을 위해 필요하므로 이렇게 해보는 것이 괜찮을 듯합니다. 이를테면 좋은 땅을 사용하는 사람은 공동체에게 그 공동체가 필요로 할 때 그 땅이 가진 가치만큼의 액수를 지불하는 겁니다. 그러면 모든 사람이 그것을 공평하게 나누게 되는 것이지요. 만약에 당신이 땅을 사용하고자 한다면 땅값을 지불해야 합니다. 좋은 땅에 대해서는 많이 내고 나쁜 땅에 대해서는 조금만 내면 됩니다. 만약에 당신이 땅을 사용하기를 원치 않는다면 전혀 돈을 내지 않아도 됩니다. 땅을 사용하는 사람들이 당신을 위해서 세금과 공동체 비용을 지불할 것이기 때문입니다."

톨스토이와 헨리 조지는 서신 왕래는 했지만 직접 만난 적은 없었다. 1894년 초 어느 날 헨리 조지는 러시아로 가는 어느 미국인 기자에게 톨스토이의 손에 직접 전달해달라고 하면서 자기 책 몇 권을 맡겼다. 그리고 그는 그 기자에게 자신이 톨스토이의 작품을 읽은 이후 그에게 깊이 빠져들게 되었다는 말도 함께 전해달라고 부탁했다. 톨스토이는 헨리 조지에게 감사를 표하면서, 그 기자에게 자신은 "헨리 조지의 분명하고도 숙달된 설명방식 그리고 그 결론에 넋을 잃을 정도며, 헨리 조지는 미래의 경제를 위해 굳건한 기초를 놓은 최초의 인물이라는 것과 그의 이름은 언제나 인류의 마음속에 감사와 함께 기억될 것"이라고 전해달라고 부탁했다.

1896년 3월 헨리 조지는 자신에게 칭찬을 아끼지 않은 톨스토이에게 감사하면서 곧 하게 될 유럽 여행 중에 그를 방문해도 좋을지 허락을 구하는 편지를 보냈다. 톨스토이는 헨리 조지의 글을 읽을 때마다 눈앞에 새로운 지평이 열리는 듯했으며, 기꺼이 만남에 응하겠다고 화답했다.

하지만 두 사상가의 만남은 끝내 이루어지지 못했다. 헨리 조지가 뉴욕 시장에 출마하여 선거운동을 하던 중에 사망했기 때문이었다. 헨리 조지의 사망 소식을 접한 톨스토이는 아내에게 이렇게 썼다.

"헨리 조지가 죽었소. 이렇게 말하는 것이 이상하긴 하지만, 아주 친한 친구의 사망 소식을 접했을 때처럼 놀랐소. 신문들이 그의 죽음에 대해 떠들어대기는 하지만, 그의 책에 대해서는 일절 언급하지 않는구려. 그의 책이야말로 참으로 뛰어나고 중요한 내용을 담고 있는데 말이오."

헨리 조지는 사후에 자기 이름을 딴 단체가 여러 나라에서 조직되어 지금까지 활동하고 있을 정도로 세상에 깊은 영향을 끼친 경제학자이다. 이런 명예를 누린 경제학자는 거의 찾아보기 어렵다.* 더욱이 톨스토이 같은 세계

•

이정우, 『불평등의 경제학』, 후마니타스, 2010, 299~300쪽.

적인 대문호가 한 번의 만남도 없이 그의 사상에 매료되어 적극적인 추종자로 헌신했으니 헨리 조지만큼 영광을 누린 경제학자를 또 찾아볼 수 있겠는가?

김응교, 「톨스토이 『부활』의 쥬이상스(2)」, 『복음과 상황』 249호, 2011 및 Victor Lebrun, "Leo Tolstoy and Henry George", *Progress*, 1966에서 인용(레브런은 톨스토이의 친구이자 비서였다).

01

분배이론

헨리 조지는 자신의 경험을 이론으로 승화시킨 경제학자. 성공
회 기도문을 취급하는 소규모 출판업자였던 부친의 사업이 기울면
서 가난의 나락으로 떨어진 그는, 20대 후반 뛰어난 글 솜씨를 인
정받아 기자로 발탁되기까지 온갖 직업을 전전하며 어렵게 살았
다. 정규교육이라고는 중학교 2학년 때까지 받은 것이 전부였다.

빈곤의 기억이 뼛속 깊이까지 새겨져 있던 그였지만, 빈곤문제
에 대해 지적인 관심을 가지고 본격적으로 연구하기까지는 별도
의 체험이 필요했다. 그는 어느 아일랜드 성직자에게 보낸 편지에
서 당시 자신의 체험을 다음과 같이 회고한 적이 있다.

어느 날 오후, 대로상에서 어떤 사상, 어떤 비전, 어떤 소명이 (달리
무엇이라고 표현할지) 제게 다가왔습니다. 저의 모든 신경이 전율하였
습니다. 저는 그때 그 자리에서 맹세를 했습니다. 그 후 지금까지

저는 잘했건 못했건, 성취했건 못했건, 그 맹세에 충실하였습니다.*

헨리 조지가 이런 경험을 한 곳은 1868년에 자신이 특파원으로 파견되어 일하고 있던 뉴욕이었다. 당시 뉴욕은 이미 서구에서 첫째가는 도시가 되어 있었다. 헨리 조지는 뉴욕에서 극도의 사치와 비참한 가난이 공존하고 있음을 발견했고, 그 대도시의 대로상에서 모든 신경이 전율하는 가운데 소명을 받았다. 그것은 바로 진보에 빈곤이 수반하는 현상을 해명하고 그 원인을 제거하는 것이었다. 그는 그 후 경제학 서적들을 여러 권 집필하고, 토지개혁 운동에 참여하고, 뉴욕 시장 선거에 두 차례나 출마하는 등 다양한 활동을 펼쳤는데, 그 모든 활동은 자신이 뉴욕의 대로상에서 받은 소명을 이루기 위한 것이었다.

진보 속의 빈곤을 설명하면서 헨리 조지가 주목한 근본 원인은 토지가치의 상승이었다. 즉, 아무리 물질적 진보가 이루어진다고 하더라도 그 과정에서 지대가 그보다 더 빠른 속도로 상승한다면, 지대를 차지하는 토지 소유자들은 부유해지지만 대중은 상대적으로(혹은 심한 경우 절대적으로) 빈곤해진다는 것이 그의 생각이었다. 이제 그의 논리를 좀더 자세히 살펴보기로 하자.

생산물은 생산과정에 생산요소를 제공한 사람들에게 임금, 지대, 이자로 분배되기 때문에 다음과 같은 항등식이 성립한다.

•
로버트 안델슨·제임스 도오시 지음, 전강수 옮김, 『희년의 경제학』, 대한기독교서회, 2009, 248쪽.

$$생산량 \equiv 임금 + 이자 + 지대$$

$$생산량 - 지대 \equiv 임금 + 이자$$

많은 사람들이 물질적 진보에 의해 생산량이 증가하면 모든 소득이 증가해서 모든 사람이 더 잘살게 될 것으로 생각하지만, 그것은 착각이다. 위의 두 번째 항등식에서 알 수 있듯이, 생산량이 증가하더라도 지대가 그보다 더 빠른 속도로 증가한다면, 임금과 이자의 합계는 생산량보다 느린 속도로 증가하거나 아니면 감소하게 된다. 임금과 이자의 합계가 이런 양상을 보인다는 것은 대중이 상대적으로 혹은 심한 경우 절대적으로까지 빈곤해진다는 이야기다.

관건은 물질적 진보에 의해 생산량이 증가할 때 과연 지대가 그보다 더 빠른 속도로 증가하는가이다. 『진보와 빈곤』의 백미白眉로 평가되는 제4권(『진보와 빈곤』에서 권은 오늘날의 부 혹은 장에 해당한다)은 이를 논증할 목적으로 집필되었다. 여기서 헨리 조지는 물질적 진보를 특징짓는 경제 현상으로서 인구증가, 기술개선, 토지가치 상승에 대한 기대를 들고, 이 세 현상이 지대의 크기와 소득분배에 각각 어떤 영향을 미치는지 상세하게 분석했다. 이때 그가 활용한 이론은 앞에서 소개한 바 있는 차액지대론이었다.

헨리 조지는 리카도가 농지지대 결정이론으로만 활용했던 차액지대론의 적용범위를 광공업용지와 상업용지를 포함하는 모든 토지로 확대했다. 그리고 그것이 지대의 결정원리뿐 아니라 임금과 이자를 합한 것의 결정원리를 담고 있다는 사실도 분명히 했다. 이로써 차액지대론은 단순한 지대이론이 아니라 경제 전체의 소득분배를 설명하는 이론으로 발전하게 된 셈이다.

앞에서도 살펴보았지만, 모든 토지에서 노동과 자본을 동일하게 투입한다고 가정할 때 어떤 토지의 지대는 그 토지의 생산액과 한계지 생산액의 차이에 의해 결정된다. 한계지란 사용 토지 가운데 가장 열등한 토지로서 수요보다 공급이 많기 때문에, 거기서는 지대가 발생하지 않는다. 따라서 한계지의 생산액은 이자와 임금으로만 분배된다. 한계지 이상의 토지에서는 생산액 가운데 한계지 생산액을 초과하는 부분은 지대로 분배되고, 나머지(한계지 생산액과 같다)는 이자와 임금으로 분배된다.

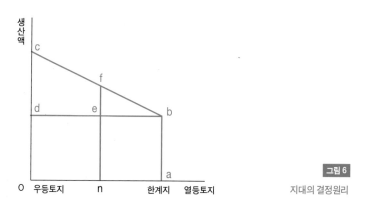

그림 6
지대의 결정원리

이를 그림으로 나타내면 위의 〈그림 6〉과 같다. 이 그림은 지대의 결정원리를 보여주는 것이지만, 생산액이 지대와 '임금+이자'로 분배되는 원리를 보여주는 것이기도 하다. n번째 토지를 예로 들어 말하자면, 이 그림은 우선 그 토지의 지대가 ef로 결정된다는 것을 보여준다(n번째 토지의 생산액 nf에서 한계지 생산액 ab, 즉 ne를 빼면 ef가 된다). 하지만 그게 전부가 아니다. n번째 토지의 생산액 nf가 지대 ef와 '임금+이자' ne로 분배된다는 사실과 경제 전체의 총생산액 Oabc가 총지대 bcd와 '임금+이자'의 총액 Oabd로 분배된다는 사실도 이 그림을 통해 알 수 있다. 각 토지에서 분배가 어떻게 이루어지는지 확인한 후에, 지대는 지대끼리 합하고 '임금+이자'는 '임금+이자'끼리 합하면 경제 전체의 총생산액이 그와 같이 분배된다는 사실이 금방 드러난다.

인구증가가 분배에 미치는 영향

헨리 조지에 의하면 물질적 진보와 함께 진행되는 인구증가는 생산액 선을 위로 이동시키는 동시에 한계지를 밖으로 밀어내는 작용을 한다. 인구가 증가할 때 한계지가 밖으로 밀려나는 것은 사용 토지의 범위가 확대되기 때문이고, 생산액 선이 위로 이동하는 것은 앞에서 설명한 집적의 이익 때문이다. 한 번 더 설명하면, 집적의 이익이란 어느 지역에 사람들이 모여듦에 따라 분업이 용이해지고 기술개선의 성과가 쉽게 파급되며 거래비용이 감소해서 그 지역의 토지생산성이 올라간 것과 유사한 효과가 발생하는 것을 가리켜 하는 말이다.

이런 일이 일어날 때 생산액의 분배는 어떻게 변화할까? 지대의 절대적 크기가 증가하는 것은 분명하다. 하지만 지대의 상대적 크기(생산액에서 지대가 차지하는 비중, 즉 지대 분배율)가 어떻게 변화할지는 단정적으로 말하기 어렵다. 생산액 선이 얼마나, 어떤 모습으로 이동하느냐와 한계지가 어디까지 밀려나느냐에 따라서, 지대의 상대적 크기는 증가할 수도 있고 감소할 수도 있다.

헨리 조지는 한계지가 밀려나는 정도에 대해서는 단정적으로 말하지 않지만, 생산액 선이 이동하는 모습에 대해서는 분명하게 이야기한다. 즉, 원점에 가까울수록 이동 폭이 크고 원점에서 멀수록 이동 폭이 작다는 것이다. 그 이유는 원점에 가까운 토지, 즉 위치가 좋고 생산성이 높은 우등토지에서는 집적의 이익이 크게 나타나고, 원점에서 먼 토지, 즉 한계지에 가까운 열등토지에서는 집적의 이익이 작게 나타나기 때문이다.

헨리 조지가 주장한 대로 집적의 이익이 위치가 좋고 생산성이 높은 우등토지를 중심으로 발생한다면, 지대의 상대적 크기는 증가할 것이다. 〈그림 7〉은 이런 경우에 분배가 어떻게 변화하는지를 보여주고 있다. 여기서는 한 토지의 분배를 보건 경제 전체의 분배를 보건, 인구가 증가할 때 생산액에서 지대가 차지하는 비중은 증가하는 반면 '임금+이자'의 상대적 크기는 감소한다는 것을 알 수 있다. 이는 생산액보다 지대가 더 빠른 속도로 증가하기 때문에 생기는 결과다. 이 경우 대중은 지주에 비해 상대적으로 빈곤해진다. 더욱이 한계지가 밖으로 많이 밀려나기라도 한다면, '임금+이자'의 절대적 크기까지 감소할 수 있다. 이럴 때는 대중은 절대적으로도 빈곤해진다.

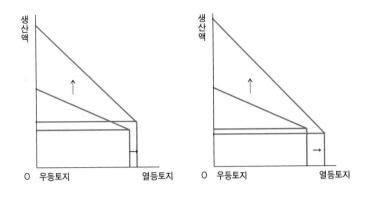

그림 7 인구증가가 분배에 미치는 영향

　물론 헨리 조지는 그 가능성을 인정하지 않았지만, 집적의 이익이 특정 토지에 국한해서 발생하지 않고 모든 토지에 걸쳐서 광범위하게 발생한다면, 지대의 상대적 크기가 감소할 수도 있다. 생산액 선이 모든 토지에서 비슷한 폭으로 크게 상방 이동하고, 한계지가 조금밖에 밀려나지 않는 경우에 이런 일이 일어난다. 이때는 지대의 상대적 크기는 감소하고 '임금+이자'는 절대적·상대적으로 증가하기 때문에, 대중은 빈곤해지는 것이 아니라 오히려 부유해진다. 하지만 도시화가 진행될 때 도심지가 생기고 그곳이 경제활동을 비롯한 모든 인간생활의 중심이 된다는 사실을 생각할 때, 집적의 이익이 모든 토지에 걸쳐서 비슷한 정도로 발생한다는 것은 현실성이 떨어지는 이야기다.

　결론적으로 말해, 물질적 진보와 함께 인구가 증가하면 헨리 조지가 주장한 대로 지대는 생산액보다 더 빠른 속도로 증가하며 그 결과 빈곤은 심화된다.

기술개선이 분배에 미치는 영향

물질적 진보를 특징짓는 두 번째 경제 현상은 기술개선이다. 헨리 조지는 각종 사회적 개선(지식, 교육, 정부, 치안, 예절, 도덕 등의 발달)도 물질적 진보를 특징짓는 현상이라고 이야기하지만, 그것이 분배에 미치는 효과는 기술개선과 동일하다고 보고 그에 대해서는 더 이상 언급하지 않는다.

집적의 이익과는 달리, 기술개선은 모든 토지에서 생산성을 상승시킨다. 개선된 생산방법이나 도구는 어느 토지에서나 활용 가능하기 때문이다. 따라서 생산성 상승을 표현하는 생산액 선의 상방 이동이 평행 이동과 유사한 모습을 띠게 된다. 〈그림 8〉에 나타나 있듯이, 이때 한계지의 위치가 변하지 않는다면 지대의 상대적 크기는 감소하고 '임금+이자'의 상대적·절대적 크기는 증가하게 된다. 소득분배가 개선되는 것이다.

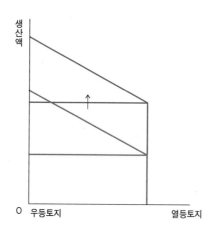

그림 8

기술개선이 분배에 미치는 영향
(한계지에 변화가 없는 경우)

문제는 한계지의 위치다. 농업 부문만을 대상으로 분석하기는 했지만, 리카도는 단기적으로 한계지가 안쪽으로 들어갈 것이라고 예측했다. 인구가 변하지 않는다면 식량 소비도 변하지 않을 텐데, 농업생산성이 올라간 상태에서 토지를 예전처럼 사용할 경우 식량이 초과 공급될 것이기 때문에, 결국은 기존 경작지 중 일부를 경작하지 않게 될 것이라는 점이 논거였다. 리카도의 논리를 경제 전체에 확대 적용하여, 기술개선이 이루어질 때 사회 전체의 한계지가 안쪽으로 이동한다고 가정하면, 지대의 크기는 상대적으로뿐만 아니라 절대적으로도 감소하게 된다. 한계지가 그대로 유지되는 경우보다 소득분배의 개선 정도가 더 현저해지는 것이다.[*]

반면 헨리 조지는 리카도와 달리 기술개선이 이루어질 때 한계지가 밖으로 밀려난다고 주장했다. 기술개선에 의해 생산이 늘어나면, 인구가 증가하지 않더라도 토지와 토지의 직접 생산물(식량을 의미하는 듯하다)에 대한 수요가 증가하기 때문에 한계지는 안쪽으로 들어가기는커녕 밖으로 밀려난다는 것이다. 그 결과 앞에서 살펴본 인구증가의 경우와 마찬가지로, 지대의 상대적 크기는 증가하고 '임금＋이자'의 상대적 크기는 감소하게 된다는 것이 헨리 조지의 결론이었다. 이것은 기술개선을 비롯한 어떤 사회적 개선이 일어나더라도 그 혜택은 일반 대중에게 돌아가는 것이 아니라 토지 소유자에 의해 독점되고 만다는 뜻이다.

[*]
리카도는 기술개선이 지대의 절대적 크기를 감소시키는 효과가 일시적이라고 보았다. 장기적으로는 임금 상승이 인구증가를 초래하고 인구증가가 한계지를 다시 밖으로 밀어내기 때문에, 일시적으로 감소한 지대가 이전 수준으로 회복된다는 것이다.

기술개선에 의해 사회 전체의 생산과 소득이 증가할 때 토지와 토지의 직접 생산물에 대한 새로운 수요가 생겨난다는 사실을 간파한 것은 헨리 조지의 공헌이었다. 하지만 그렇다고 해서 반드시 한계지가 밖으로 밀려난다고 하기는 어려울 뿐만 아니라 한계지가 밖으로 밀려난다고 하더라도 지대의 상대적 크기가 반드시 증가한다고 단정할 수는 없다. 그 경우에도 생산액 선의 상승폭이 크면 지대의 상대적 크기는 감소할 수 있기 때문이다. 〈그림 9〉는 기술개선이 일어나고 한계지가 밖으로 밀려날 때 지대의 상대적 크기가 감소하는 경우를 보여주고 있다.

　　기술개선이 소득분배를 악화시켜 빈곤을 유발한다는 헨리 조지의 주장은 그대로 받아들이기에는 논리적 허점이 너무 커 보인다. 토지 소유자들이 가만히 앉아서 기술개선의 혜택을 일부 차지한다고 주장하는 정도로 그쳤다면 적절하지 않았을까? 헨리 조지

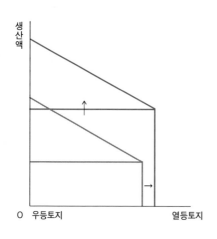

그림 9
기술개선이 분배에 미치는 영향
(한계지가 밖으로 밀려나는 경우)

사후 자본주의 경제에서는 눈부신 기술개선이 이루어졌으나 그것이 지대의 상대적 크기를 증가시키고 빈곤을 유발했다는 증거는 찾아보기 어렵다. 헨리 조지는 논리적 근거가 빈약함에도 과도하게 밀고 나간 이 결론에 스스로 매여서, 굳이 반대할 필요가 없는 빈곤 해소책들(정부의 절약, 교육의 확산, 근면·절약의 습관, 노동자의 단결, 협동조합, 정부의 지시와 간섭, 토지분배의 확산 등)의 긍정적인 효과를 모조리 부정해버리는 오류를 범하고 말았다. 그의 사상이 환원주의적 경향을 보인다는 비판을 받게 된 것도 바로 그 결론 때문이었다.

기대가 분배에 미치는 영향

헨리 조지는 물질적 진보가 소득분배에 미치는 영향을 분석하면서 한 가지 경제 현상을 더 다룬다. 그것은 물질적 진보에 의해 생기는 기대期待의 효과다. 여기서 기대란 미래의 토지가치에 관한 것이다. 모든 진보하는 지역에서는 지대가 꾸준히 상승하기 마련이고, 사람들은 이런 현상을 지켜보면서 미래의 토지가치가 확실히 상승할 것으로 기대하게 된다는 것이다. 이런 기대를 가진 사람들은 토지를 이용 목적이 아니라 더 높은 가격을 받을 목적, 다시 말해 투기 목적으로 보유하려고 한다. 투기 목적으로 토지를 보유하는 사람들은 그것을 최선의 용도에 투입하는 일에는 무관심한 경향이 있다. 그들에게는 오로지 적당한 시기에 팔아서 높은 가격을 실현하는 것만이 중요하다. 이렇게 토지를 투기 목적으로 보유하는 사람들이 생기면 곳곳에서 토지가 유휴화되고, 그 결과 한계지는 생산의 필요에 의해 결정되는 위치보다 밖으로 밀려나게 된다.

미래의 토지가치에 대한 기대가 투기를 유발하고, 그것이 다시 토지 이용의 유휴화를 초래하여 한계지를 밖으로 밀어낸다는 주장은 실로 탁견이다. 헨리 조지 자신의 설명을 들어보자.

이와 같은 현상은 급성장하는 어느 도시에서나 볼 수 있다. 만일 좋은 위치의 토지가 그보다 못한 토지보다 언제나 먼저 활용된다고 하면 성장하는 도시의 내부에 유휴지가 남아 있다거나 고급 건물 가운데 판잣집이 그대로 있을 까닭이 없다. 이러한 토지가― 그중에는 굉장히 비싼 토지도 있다― 전혀 사용되지 않거나 또는 충분히 사용되지 않는 것은, 개발할 능력이 없거나 개발을 원하지 않는 토지 소유자가 토지가치의 상승에 대한 기대에서 현재 토지를 개발하려고 하는 사람에게서 받을 수 있는 대가보다 더 높은 대가를 받기 위해 토지개발을 보류하는 데 원인이 있다. 이러한 토지가 제대로 사용되지 않으면 도시의 한계는 그만큼 중심으로부터 더 멀리 밀려나게 된다.*

생산액 선이 그대로 있는 상태에서 한계지가 밖으로 밀려나는 경우, 지대는 절대적·상대적으로 증가하고 '임금＋이자'는 절대적·상대적으로 감소하게 된다. 상대적 빈곤뿐만 아니라 절대적 빈곤이 발생하는 것이다.

*
헨리 조지 지음, 김윤상 옮김, 『진보와 빈곤』, 비봉출판사, 1997, 245쪽.

헨리 조지 분배이론의 한계와 의의

이상에서 헨리 조지의 분석을 비판적으로 검토하여 얻은 결론을
요약해보자.

① 물질적 진보와 함께 인구가 증가하면, 지대의 상대적 크기는 증
   가하고 '임금+이자'의 상대적 크기는 감소할 가능성이 크다.
② 기술개선이 일어날 때 소득분배가 어떻게 달라질지 단정하기
   는 어렵지만, 지대의 상대적 크기가 감소하고 '임금+이자'의
   상대적 크기는 증가하여 분배가 개선될 가능성도 다분히 존재
   한다.
③ 미래의 토지가치가 상승할 것으로 예상하는 기대가 광범위하
   게 형성될 경우, 지대의 절대적·상대적 크기는 증가하고 '임금
   +이자'의 절대적·상대적 크기는 감소한다.

   헨리 조지는 인구증가, 기술개선, 토지가치 상승에 대한 기대
세 가지 모두 소득분배를 악화시키는 작용을 한다고 주장했지만,
나는 그것이 지나친 주장이라고 생각한다. 특히 기술개선이 지대
의 상대적 크기를 증가시킨다고 단정한 데 대해서는 동의할 수 없
다. 하지만 세 가지 요인이 각각 별개로 나타나는 것이 아니라 함
께 나타난다면, 소득분배는 어떻게 될까? 유감스럽게도 위의 세
가지 작용이 결합하여 어떤 결과를 만들어낼지 짐작하기란 매우
어렵다. 세 가지가 어떤 강도로 진행되느냐에 따라 결과가 달라질

것이기 때문이다. 따라서 나는 "생산력이 증가한다고 해서 임금이 증가하는 것이 아니며 그 이유는 토지가치(지대: 인용자)가 증가한다는 사실에 있다. 지대는 모든 이득을 흡수하며 빈곤이 진보에 동반한다"*고 단언했던 헨리 조지의 주장을 그대로 받아들이기는 곤란하다고 판단한다.

헨리 조지의 주장에 과도한 내용이 들어 있다는 것을 지적한다고 해서 내가 그의 분배이론을 부정하려 한다고 생각해서는 곤란하다. 지대, 임금, 이자가 서로 어떤 관계를 가지며 변화하는지에 초점을 맞추어 소득분배를 분석하는 이론은 '상대적 분배율 이론'이라고 불리는데, 헨리 조지의 분배이론은 상대적 분배율 이론 가운데 최고라고 평가할 만하다. 차액지대론을 농지뿐만 아니라 모든 토지에 확대 적용했을 뿐만 아니라 물질적 진보가 소득분배에 미치는 영향에 대해 본격적으로 분석했기 때문이다. 신고전학파 경제학의 등장을 계기로 분배이론의 중심은 상대적 분배율 이론에서 '요소가격 결정이론'으로 바뀌었다. 지대, 임금, 이자가 서로 어떤 영향을 미치는가 하는 문제는 뒷전으로 밀려나고, 각 생산요소의 가격과 각 소득이 어떻게 결정되는가 하는 문제가 주요 관심사로 떠오른 것이다.

신고전학파의 분배이론은 한계생산력설이라고도 불리는데, 생산요소의 가격이 그 생산요소의 한계생산물 가치에 의해 결정된다고 보는 이론이다. 한계생산물이란 생산요소의 마지막 단위가

•

같은 책, 214쪽.

증가시키는 생산량, 좀더 쉽게 표현하면 생산요소를 한 단위 더 투입할 때 증가되는 생산량을 의미한다. 그리고 한계생산물 가치란 한계생산물에 생산물의 가격을 곱한 것이다. 생산요소의 가격이 한계생산물 가치와 같아지는 이유는 생산요소를 고용하는 기업이 이윤 극대화를 목표로 행동하기 때문이다. 만일 생산요소의 가격이 한계생산물 가치보다 크다면, 생산요소 마지막 1단위를 고용하는 데 드는 비용이 그 생산요소가 가져다주는 수입보다 크다는 이야기이므로 기업은 이윤 극대화에 성공하지 못하고 있다고 해야 한다. 왜냐하면 생산요소의 고용을 줄이면 이윤을 증가시킬 수 있기 때문이다. 반대로 만일 생산요소의 가격이 한계생산물 가치보다 작다면, 생산요소 마지막 1단위를 고용하는 데 드는 비용이 그 생산요소가 가져다주는 수입보다 작다는 이야기이므로 이 경우에도 기업은 이윤 극대화에 성공하지 못하고 있다고 해야 한다. 왜냐하면 생산요소의 고용을 늘리면 이윤을 증가시킬 수 있기 때문이다. 이윤을 극대화하고자 하는 기업은 전자의 경우 생산요소의 고용량을 줄일 것이고, 후자의 경우 생산요소의 고용량을 늘릴 것이다. 결국 기업이 이윤 극대화를 달성할 경우 생산요소의 가격과 한계생산물 가치는 같을 것이고, 그 생산요소는 생산에 한계적으로 기여한 만큼(즉, 마지막 한 단위가 생산에 기여한 만큼) 대가를 받게 될 것이다.

몇 가지 가정을 전제로 해서 나오는 결론이기는 하지만, 생산요소가 생산에 한계적으로 기여한 만큼 대가를 받는다는 한계생산력설의 주장은 틀리지 않았다. 문제는 이 결론에 기대어 자본주의하의 소득분배가 공정하다는 결론을 도출했다는 데 있다. 한계적으로 기여한 만큼 대가를 받는다는 것을 제 몫을 다 받는다는 의미로 과잉 해석한 것이다. 실제로 한계생산력설을 최초로 고안했던 클라크부터 그런 주장을 서슴지 않았고, 그 뒤로도 보수적 성향의 경제학자들은 이 학설을 근거로 자본주의하 소득분배의 공정성을 자신 있게 주장해왔다. 이를 두고 급진적 학자들은 한계생산력설이 자본주의 시장경제와 거기에 존재하는 소득 불평등을 옹호하는 체제 옹호적 이데올로기 역할을 하고 있다고 비판한다.[*]

여기서 한계생산력설의 문제점에 대해 상술할 여유는 없다.[**] 다만, 한계적으로 기여한 만큼 대가를 받는다는 것과 제 몫을 다 받는다는 것은 전혀 다른 이야기라는 점과, 이 이론이 주류 이론으로 자리잡는 바람에 생산물이 어떻게 지대, 임금, 이자로 분배되는지, 한 소득의 변화가 다른 소득에 어떤 영향을 미치는지 그리고 그런 분배가 어떻게 변화하는지와 같은 소득분배상의 근본적인 문제들이 경제학의 분석대상에서 배제되어버렸다는 점은 기억해둘 필요가 있다. 헨리 조지 식 상대적 분배율 이론의 부활이 절실히 요청되는 상황이다.

[*] 이정우, 앞의 책, 302쪽.

[**] 한계생산력설의 문제점에 대해서는 같은 책, 304~305쪽을 참조하라.

02

불황이론

헨리 조지의 불황이론

앞에서 헨리 조지가, 물질적 진보가 소득분배에 미치는 영향을 분석하면서 미래 토지가치 상승에 대한 기대에 주목했다는 이야기를 했다. 헨리 조지는 『진보와 빈곤』을 써내려가는 과정에서 미래 토지가치에 대한 기대가 소득분배뿐 아니라 경기변동에도 영향을 미친다는 사실을 깨달은 듯하다. 그래서 그는 제4권의 내용을 요약해야 하는 단계에 와서 갑자기 '반복적으로 발작하는 산업불황의 근본 원인'이라는 제목의 장을 삽입하고는, 그것과 제4권의 내용을 요약하는 장을 묶어서 제5권으로 편성했다.

　『진보와 빈곤』 제5권 제1장은 분량이 겨우 18페이지밖에 되지 않는다. 하지만 거기에 담긴 헨리 조지의 불황이론은 기대를 불황의 기본 원인으로 파악했다는 점에서 획기적이다. 케인스 이전에 기대를 불황의 기본 원인으로 파악한 경제학자는 헨리 조지 외에는 없었다. 토지가치 상승에 대한 기대가 토지 투기를 유발하고 그것이 생산을 압박하여 불황이 야기된다고 설명하는 헨리 조지의 불황이론은 그의 계승자들에 의해 계속 발전하여 최근에는 조지스트들이 가장 자신 있게 주장하는 이론이 되었다.[*] 이제 그의 불황이론을 잠깐 살펴보자.

인구가 증가하고 개선이 계속되는 사회에서는 토지가치가 지속적으로 상승한다(여기서 헨리 조지가 말하는 토지가치는 지가가 아니라 지대다). 토지가치가 꾸준히 상승하는 경우 사람들은 그 추세가 미래에도 계속될 것이라고 기대하게 되고, 그런 기대가 사회에 확산되면 토지 투기가 발생한다. 그러면 토지가치는 정상적인 상승 속도를 초과하여 상승하기 시작한다. 헨리 조지는 이를 토지가치의 투기적 상승이라고 묘사했다. 토지가치의 투기적 상승이 심해져서 노동과 자본이 통상의 대가를 얻지 못할 정도가 되면 토지와의 관련성이 높은 부문에서부터 생산 중단이 일어난다. 생산 중단은 다른 부문의 생산물에 대한 수요 중단을 유발하고 그것이 심각할 경우 또 다른 생산 중단이 일어난다. 생산 중단이 수요 중단을 초래하고 그것이 다시 생산 중단을 초래하는 연쇄작용이 일어나서 중지되지 않고 계속되면 전체 경제가 불황에 빠져들게 된다. 헨리 조지는 복잡한 생산 장치, 화폐의 결함, 변동이 심한 상업신용, 보호

•

전강수, 「헨리 조지 경제사상의 배경과 의의」, 이정우 외, 『헨리 조지 100년만에 다시 보다』, 경북대학교출판부, 2002, 186쪽.

관세 등 다수의 요인들이 불황을 야기할 수 있다고 말했지만, 가장 중요한 요인은 토지가치의 투기적 상승이라고 보았다.[*]

헨리 조지 불황이론의 정정訂正: 지대가 아니라 지가가 문제다

부동산 거품의 발생과 붕괴에 기인하는 금융위기와 경제불황이 세계 곳곳에서 빈발하고 있는 요즈음, 토지 투기를 불황의 주요 원인으로 보는 헨리 조지의 불황이론은 새삼 빛을 발하고 있다. 현재 토지가치의 상승이 미래 토지가치 상승의 예상을 만들어내고 그것이 다시 현재 토지가치를 더 빠른 속도로 상승시킨다는 사실을 간파한 것은 정말 탁견이다.

하지만 그의 이론에 결함이 없는 것은 아니다. 가장 결정적인 것은 토지 투기로 인해 투기적으로 상승하는 것이 지대라고 보는 점이다. 그는 현재 토지가치의 상승이 미래 토지가치 상승에 대한 기대를 만들어내고 그것이 다시 현재 토지가치를 더 빠른 속도로 상승시킨다는 사실을 간파하는 뛰어난 통찰력을 보여주었지만, 그런 일은 지대의 변동이 아니라 지가의 변동에서 일어난다는 간단한 사실을 이해하지 못했다. 이는 아마도 토지가치 상승과 생산중단을 바로 연결시키려다가 저지른 실수가 아닌가 생각된다.

그러나 투기를 유발하는 것도, 투기의 영향을 받는 것도, 지가

[*]
전강수·한동근, 「한국의 토지문제와 경제위기」, 이정우 외, 『헨리 조지 100년만에 다시 보다』, 경북대학교출판부, 2002, 217쪽.

이지 지대는 아니다. 실제로 토지 사용권 혹은 토지 서비스의 가격인 지대의 변동은 매우 안정적인 양상을 보인다. 미래 지대에 대한 기대가 현재 지대에 직접 영향을 미치는 일도 없고, 투기 열풍이 불 때 지대가 급격히 상승하는 일도 없다. 하지만 지가는 지대와는 대조적으로 변동성이 매우 크다. 미래 지가에 대한 기대가 현재 지가에 큰 영향을 미치며, 투기 열풍이 불 때 지가는 폭등한다. 헨리 조지는 지가에 적용했어야 할 기대, 투기, 토지가치의 투기적 상승 사이의 연관을 엉뚱하게 지대에 적용함으로써 잘못된 결론을 도출하고 말았다. 뛰어난 통찰에서 시작된 이론이 오류로 귀결된 대표적인 사례라고나 할까?

그렇다면 헨리 조지의 오류를 어떻게 바로잡을 수 있을까? 위에서 소개한 내용 중에서 토지가치를 지가로 해석하기만 한다면, 토지 투기가 토지가치의 투기적 상승을 유발한다는 데까지는 전혀 문제가 없다. 그러나 그다음부터는 수정이 필요하다. 토지 투기가 일어나더라도 지가가 폭등할 뿐 지대는 크게 변하지 않으므로, 폭등하는 지대로 인해 노동과 자본이 통상의 대가를 얻지 못하는 일은 일어나지 않기 때문이다.

지대가 아니라 지가가 투기적으로 상승할 때 경기는 어떤 영향을 받을까? 부동산 투기가 경제 내에 각종 비효율 요인을 강화시킨다는 사실은 앞에서 지적한 바 있다. 즉, 투기로 인해 부동산 가격이 폭등할 때는, 노동자들의 근로의욕과 기업가들의 투자의욕이 떨어지고, 경쟁력을 갖춘 사람들의 창업이 어려워진다. 주거비용이 올라가서 임금 상승 압력으로 작용하는 일이 일어나기도 하고, 자금 수요의 폭증으로 인해 금리가 올라가서 기업의 투자를 저해하기도 한다. 금융기관이 제공하는 자금이 생산 방면으로 가지 않고 부동산 시장으로 흘러가서 거기서 머물고, 자원이 부동산 개발이나 사회간접자본 건설 쪽으로 과잉 배분되는 등 자금과 자원의 배분이 왜곡되기도 한다. 한마디로 말해, 투기가 일어나면 우리 몸의 면역력이 떨어지듯이 경제의 기초 체력이 약해지는 것이다.

그러나 사람이 감기에 걸리는 이유를 면역력 약화로 다 설명할 수 없듯이, 불황이 일어나는 이유를 투기로 인한 비효율의 강화로 다 설명할 수는 없다. 불황의 발발과정에서 감기 바이러스의 역할을 하는 요인이 밝혀져야 한다. 지가의 투기적 상승은 그 요인의 발생과도 관련이 깊다.

지가가 투기적으로 상승할 때 토지와 관련이 깊은 부문을 중심으로 경기과열이 발생한다. 건설 부문과 금융 부문이 대표적인 사례다. 건설업자들은 급격히 팽창하는 부동산 수요와, 높은 수익률 (건축이윤에 지가 상승분이 더해지기 때문이다)에 고무되어 과도하게 부동산 개발을 추진한다. 지가 상승이 없었다면 개발가치가 없었을 지역까지 마구 개발하는 것이다. 그리고 지가가 투기적으로 상승할 때 금융기관들은 부동산 담보대출을 경쟁적으로 증가시킨다. 그 것이 부동산 가격과 대출의 상호 촉진 관계를 만들어낸다는 사실에 대해서는 앞에서 설명한 바 있다. 금융기관들은 프로젝트 파이낸싱 등을 통해 건설업자들의 과도한 부동산 개발을 직접 지원하기도 한다. 지가 상승이 없었다면 이루어지지 않았을 대출결정이 이루어지고 대출은 과도하게 팽창한다(그 과정에서 기업과 가계의 부채가 눈덩이처럼 불어나는 것은 물론이다).

이런 형태의 과열은 관련 부문에 연쇄적으로 영향을 미쳐서 거시경제 전체의 활성화로 이어질 수 있다. 하지만 오해하지 마시라. 이는 환자에게 모르핀을 주사할 때 환자가 잠깐 힘을 내다가 약효가 떨어지면 바로 무력해지는 것처럼, 반짝경기로 끝나버리기 십상이다. 더욱이 경제의 비효율이 증가하는 가운데 진행되는 경기활성화이기 때문에, 반짝경기가 사라지고 나면 그 경제는 반짝경기가 없었을 때보다 훨씬 못한 상태로 전락할 가능성이 높다.

지가가 투기적으로 상승하는 동안에는 이런 과열이 지속될 수 있다. 그러나 지가가 무한정 상승할 수는 없다. '승자의 저주'가 작용하여 지가 상승세가 둔화되고 마침내 지가가 하락하기 시작하면, 그동안 건설업자들과 금융기관들이 잘못된 의사결정을 내렸다는 사실이 바로 드러난다. 지가 상승기에 시작된 부동산 개발 사업들의 수익성 전망이 갑자기 악화되고 곳곳에서 사업이 중단된다. 지가 상승으로 인한 경기가 과열되었던 부문의 기업들이 속속 도산하고 그 기업들에 자금을 과다하게 대출했던 금융기관들도 위기에 빠진다. 지가 상승기에는 아무 문제가 없었던 대출들이 갑자기 부실대출로 전락한다. 건설 부문과 금융 부문의 위기는 관련 부문으로 파급되고 그것이 연쇄작용을 일으키면 경제 전체가 불황에 빠져든다. 이때 발생하는 불황은 보통 불황보다 훨씬 심각한 양상을 보인다. 지가 상승기부터 누적되어온 문제점들이 한꺼번에 드러나기 때문이다.

토지가치의 투기적 상승은 분명 불황 발발과정에서 감기 바이러스의 역할을 한다. 하지만 그것은 헨리 조지가 말한, 지대의 상승이 임금과 이자를 압박하는 경로가 아니라 지가의 투기적 상승과 그에 이은 하락이 특정 부문의 일시적 과열과 그에 이은 기업·금융기관 부실화를 초래하는 경로를 통해서 이루어진다. 이 경로는 앞에서 살펴본 '거품의 형성과 붕괴', 바로 그것이다.

03

정책 처방

토지가치세

평등지권을 보장하는 방법

헨리 조지는 진보 속의 빈곤과 주기적 불황을 야기하는 근본 원인으로서 토지 독점을 지목했다. 그가 말하는 토지 독점은 한 사람이 모든 토지를 다 차지하고 있는 상태를 가리키는 것이 아니라 어떤 토지로부터 나오는 혜택을 소유자만이 누릴 수 있는 상태, 즉 배타적 소유를 의미한다. 그러니까 그것은 토지의 사적 소유와 같은 말이다. 토지사유제하에서는 모든 부의 근원이자 모든 노동의 터전인 토지가 독점되어 소유자 외에는 토지 그 자체와 그 혜택에 접근하는 것이 금지되기 때문에, 부가 증가하는데도 빈곤이 심화되고, 토지가치의 투기적 상승이 발생하며, 그로 인해 주기적으로 불황이 일어난다는 것이 헨리 조지의 진단이었다.

그러므로 헨리 조지가 토지 독점, 즉 토지의 사적 소유를 철폐하여 지주가 토지의 혜택을 독차지하지 못하도록 하는 데 관심을 집중한 것은 당연한 일이었다. 그는 "그 밖의 어떤 방법도 악의 원인에 도움을 줄 뿐이며 다른 어떤 방법에도 희망이 없다"는 다소 과장된 말과 함께, "부의 불평등한 분배에 대한 유일한 해결책은 토지를 공동소유로 하는 데 있다"고 주장했다.*

토지를 공동소유로 하자는 헨리 조지의 주장을 사회주의적 토지공유제를 도입하자는 것으로 해석해서는 안 된다. 많은 비판자들이 토지를 공동소유로 하자는 말을 가지고 헨리 조지를 사회주의자로 몰아붙였지만, 그건 완전히 과녁을 빗나간 비판이었다. 토지를 공동소유로 하자는 헨리 조지의 말은 토지 소유권을 국가와 공공이 차지하여 사용·처분·수익을 전적으로 관할하게 하자는 뜻이 아니라 모든 사람에게 토지에 대한 평등한 권리(평등지권平等地權)를 보장함으로써 토지로부터의 혜택을 균등하게 향유하도록 하자는 뜻이었다.

이를 위해 헨리 조지가 제시한 방법은 조세를 활용하는 것이었다. 이는 토지가치세제Land Value Taxation라고 불리는데, 형식상 토지 소유권은 기존 소유자의 수중에 그대로 둔 상태에서 지대의 대부분을 조세로 징수하고 그 수입을 모든 사람에게 균등하게 분배하는 방법이다. 그러나 이 방법 외에도 모든 사람에게 평등지권을 보장할 수 있는 방법이 두 가지 더 있다. 하나는 토지 그 자체를 모든 사람에게 균등하게 분배하는 방법이고, 다른 하나는 토지를

*

헨리 조지 지음, 김윤상 옮김, 『진보와 빈곤』, 비봉출판사, 1997, 313~314쪽.

공유로 한 상태에서 사용권을 민간에 넘기는 대신 사용료를 제대로 징수해서 그 수입을 모든 사람에게 균등하게 분배하는 방법이다. 후자는 토지공공임대제라고 불린다.

헨리 조지는 뒤의 두 가지 방법에 대해서는 별 관심을 기울이지 않았다. 토지 그 자체를 모든 국민에게 균등하게 분배하는 것은 불가능하다고 보았고, 설사 가능하다고 하더라도 토지 거래를 통해 토지가 다시 소수의 수중에 집중되는 것을 막을 수 없을 뿐 아니라 인구가 증가하면 다시 토지를 갖지 못한 사람이 생기기 때문에, 토지 소유의 평등성을 계속 유지할 수가 없다고 생각했다. 토지의 소규모 분할을 강제하는 조치가 대규모 생산을 불가능하게 하여 생산을 억제한다는 점도 그가 이 방법에 관심을 기울이지 않은 이유다.

한편 토지공공임대제에 대해서는, 헨리 조지는 그 정당성을 인정하면서도 토지사유제가 확립되어 있는 곳에서 도입을 시도할 경우 필요 이상의 충격을 야기하고 정부기구를 쓸데없이 확대시킬 우려가 있는 지나친 방법이라고 생각했다. 이 제도의 도입이 필요 이상의 충격을 야기할 것이라고 생각한 이유는, 그가 "일거에 토지사유권을 철폐하고 공유를 선언"하는 혁명적인 방법을 염두에 두고 있었기 때문이다. 국가가 사유지를 매입해서 공유로 만드는 방법도 생각해볼 수 있는데, 헨리 조지는 그것을 정의롭지 못한 방법으로 간주하여 일축해버렸다. 국가의 사유지 매입이 현재 토지 소유자가 누리고 있는 부당한 권리를 인정해주는 것이라고 여겼기 때문이다. 헨리 조지에게는 토지 소유자에 대한 지가 보상이 도둑에게 도둑질할 기득권을 인정해주는 것과 마찬가지였다.

토지가치세제의 내용과 성격

헨리 조지가 토지를 공동소유로 하는 방법 중 최선이라고 생각한 토지가치세제의 내용과 성격에 대해 살펴보기로 하자. 토지가치세는 지대를 과세 대상으로 한다는 점 때문에 지대세라고 불리기도 한다. 우선 헨리 조지의 말을 직접 들어보자.

현재 토지를 보유하고 있는 사람은 그대로 토지를 가지게 한다. 각자 보유하는 토지를 지금처럼 자기 땅이라고 불러도 좋다. 토지 매매도 허용하고 유증, 상속도 하도록 한다. 속알만 얻으면 껍질은 지주에게 주어도 좋다. **토지를 환수할 필요는 없고 단지 지대만 환수하면 된다.**

이 제도는 지대를 징수하여 공공경비에 충당하면 그만이므로 정부가 토지임대 문제에 신경 쓸 필요가 없다. 이와 관련된 특혜, 결탁, 부패의 위험성도 없다. 또 이 제도를 위해 새로운 정부기구를 만들 필요가 없으며 기존의 기구만으로도 충분하다. 기존의 기구를 확장할 필요도 없으며 오히려 이를 단순화하고 감축해야 할 것이다. 토지 소유자에게 지대의 적은 부분만 남겨 두고 ― 이 금액은 정부기관이 토지를 임대하는 데 드는 비용과 손실보다 훨씬 적을 것이다 ― 기존의 기구를 활용해서 지대를 징수하여 공공경비에 충당한다면 잡음이나 충격도 없이 토지에 관한 공동의 권리를 확립할 수 있다.

이미 우리는 지대의 일부를 조세로 걷고 있다. 그러므로 단지 조세의 방법만 약간 바꾸어 지대 전체를 걷으면 된다. 그러므로 저자는 **지대를 모두 조세로 징수하자**고 제안한다. (……) 이 방법을 통해 국가는 스스로 지주라고 부르지도 않고 일이 늘어나지도 않는 가운데 국토의 지주가 된다. 형식상 토지 소유권은 지금처럼 개인의 수중에 그대로 있다. 아무도 토지 소유권을 박탈당하지 않으며 토지 소유량에 대한 제한도 없다. 그러나 국가가 지대를 조세로 걷기 때문에 토지 소유가 누구의 명의로 되어 있건 토지 소유량이 얼마가 되건 간에 토지는 실질적으로 공동재산이 되며 사회의 모든 구성원이 토지 소유의 이익을 공유할 수 있다.*

헨리 조지는 중요한 개혁은 기존의 제도와 형식을 활용할 때 가장 큰 효과를 거둘 수 있다고 믿었다. 그에게는 토지가치세가 기존의 토지 소유제도와 조세제도를 활용하면서 실질적으로 평등지권을 확립할 수 있다는 점에서 최선의 방안이었다. 위의 인용문에서 헨리 조지는 토지 소유자에게 지대의 적은 부분을 남겨둔다고 해놓고는 그 바로 뒤에서 지대를 모두 조세로 징수하자고 말하고 있는데, 토지 소유자에게 임대기능을 기대하고 있다는 점을 감안하면 그가 말한 '모두'란 '대부분'의 의미라고 보아야 한다.

*
같은 책, 391~392쪽.

헨리 조지의 주장은 지대를 조세로 환수하자는 데서 그치지 않는다. 그는 모든 국가의 토지가치(지대) 총액은 정부의 공공경비를 감당하기에 충분하다는 '세입 충분성 명제'를 내세워 "토지가치 이외의 대상에 부과하는 모든 조세를 철폐하자"는 토지단일세single tax 주장을 펼쳤다. 헨리 조지에 앞서 프랑스 중농주의자들이 토지 단일세를 주장한 적이 있지만, 그들의 단일세는 농업에서 생산되는 순생산물(중농주의자들은 농업만이 잉여를 생산할 수 있다고 보고 그 잉여를 순생산물이라고 불렀다)의 약 1/3을 징수하고자 한 것이었기 때문에, 지대의 대부분을 징수하는 헨리 조지의 토지단일세가 훨씬 더 급진적이라고 할 수 있다. 헨리 조지가 주도했던 사회운동이 단일세운동Single Tax Movement으로, 당시에 그를 추종했던 사람들이 단일세주의자Single Taxer라고 불리게 된 것은 그의 토지단일세 주장에서 유래한다.

헨리 조지는 세입 충분성 명제에 대한 이론적 근거를 구체적으로 제시하지는 않았다. 대신에 그는 사회가 성장할 때 그 사회 전체의 필요를 충족시킬 수 있는 기금 또한 증가하는 것이 자연적 질서이며 창조주의 법칙이라고 선언했다(여기서 기금이란 지대를 가리킨다). 헨리 조지의 말을 직접 들어보자.

공공 지출의 필요성이 존재하지 않는 야만 상태의 사회에서는 토지에 아무런 가치도 따라 붙지 않습니다. (……) 그러나 문명이 발전하고 분업이 발생하고 사람들이 중심부로 모여들면서부터는, 공공 욕구가 증가하고 공공 수입의 필요성이 생겨납니다. 그리고 개인이 행한 일 때문이 아니라 사회의 성장 때문에 발생하는 토지가치 속에 그러한 공공 욕구를 충족시킬 수 있는 대비책이 마련되어(마련되어intended 있다고 이야기해도 상관이 없습니다) 있습니다. 사회가 성장함에 따라, 공공 욕구는 증가하고 토지에 따라 붙는 가치—공공 욕구를 충족시킬 수 있는 기금—도 증가합니다.[*]

지대는 사회의 성장에 따라 증가하는 사회비용을 충당하기 위해 자연법이 마련해주는 기금이다. (……) 지대는 사회 전체에 속하는 기금으로서, 개인이나 단체가 주는 구호 금품에 의존하지 않고도 약자, 무의탁자, 노령자를 이 기금으로 도울 수 있으며, 국민 각자의 공동의 권리로서 사회 전체의 필요를 이 기금에서 충당할 수 있다.[**]

이론적 근거를 제시해야 하는 문제에 대해 자연법과 창조주에 대한 신앙고백으로 대답하고 있으니 문제가 없지 않다. 하지만 그렇다고 해서 그의 세입 충분성 명제를 무시할 수는 없다. 저 유명한 애덤 스미스의 '보이지 않는 손' 명제도 이와 비슷하니 말이다. 때로는 치밀한 논증보다 번뜩이는 직관이 더 현실에 부합할 수 있다.
　헨리 조지의 후계자들과 지방재정의 적정 규모를 연구한 경제학자들은 헨리 조지의 명제가 타당성이 있다는 것을 보여주었다.

[*]

Henry George, "Thy Kingdom Come". 1889년에 글래스고에서 행한 연설(헨리 조지 지음, 김윤상·전강수 옮김, 『헨리 조지의 세계관』, 진리와자유, 2003, 67쪽).

[**]

Henry George, *Social Problems*, Robert Schalkenbach Foundation, 1939. 김윤상 외, 『진보와 빈곤』, 살림, 2007, 188쪽에서 재인용.

개프니를 비롯한 조지스트 경제학자들은 토지단일세를 도입할 경우 공공 수입이 국민소득의 30퍼센트를 초과할 것으로 추정한 바 있다. 또 아노트와 스티글리츠Arnott & Stiglitz(이들은 조지스트가 아니다)는 어떤 지역사회가 적정 규모를 실현한 상태에서 다른 모든 조세를 철폐하고 그 지역의 지대를 100퍼센트 조세로 징수하면 세수는 그 지역사회가 필요로 하는 공공경비와 같아진다는 사실을 증명했다.* 그들은 조지스트가 아니면서도 자신들의 결론에 '헨리 조지 정리'Henry George Theorem라는 이름을 붙였다.

헨리 조지는 토지가치세가 토지 이용자에게 배타적 이용을 허용하면서 동시에 모든 사람에게 평등지권을 보장할 수 있는 절묘한 대안이라고 생각했다. 토지 이용자가 공공의 자산인 토지로부터 얻는 특별 이익을 정부가 공적으로 환수하여 모든 사람에게 똑같이 혜택이 돌아가도록 사용한다면, 배타적 이용과 평등지권을 동시에 보장할 수 있다는 것이다. 토지 이용자에게 배타적 이용을 보장하는 것은 매우 중요하다. 그렇게 하지 않을 경우, 앞서 말한 바 있는 '공유지의 비극'이 불가피하기 때문이다. 문제는 토지가치세가 토지에서 생기는 특별한 이익을 환수하는 방법으로서 적절한가 하는 점이다.

헨리 조지는 토지가치세의 적절성을 입증하기 위해 조세원칙을 활용한다. 조세원칙이란 바람직한 조세의 기준을 말하는데, 애

---

*

R. J. Arnott & J. E. Stiglitz, "Aggregate Land Rents, Expenditure on Public Goods, and Optimal City Size", *Quarterly Journal of Economics* 93, 1979 참조.

덤 스미스 이래 많은 경제학자들이 각자 나름대로 조세원칙을 제시해왔다. 헨리 조지는 애덤 스미스의 조세원칙을 약간 수정하여 자기 나름의 조세원칙을 네 가지로 정리했다.* 그것은 ① 조세가 생산에 주는 부담이 가능한 한 적을 것, ② 조세의 징수가 쉽고, 징수비용이 저렴하며, 조세가 가능한 한 궁극적인 납세자에게 직접적으로 부과될 것, ③ 조세가 확실성을 가질 것,** ④ 조세부담이 공평할 것 등이다.

헨리 조지는 이렇게 4대 조세원칙을 제시한 후에, 무려 12쪽에 달하는 분량을 할애하여 토지가치세가 네 가지 기준 모두에서 최상의 평가를 받는다는 것을 논증했다. 여기서 그 내용을 세세하게 소개하는 일은 피하지만, 헨리 조지의 평가가 자화자찬이 아니라는 점은 지적해둔다. 적지 않은 유명 경제학자들이 토지가치세의 우수성을 인정해왔기 때문이다.

토지가치세의 우수성을 인정한 경제학자들

예를 들어 경제학의 시조 애덤 스미스는 지대가 과세에 특히 적합

---

*

헨리 조지 지음, 김윤상 옮김, 『진보와 빈곤』, 비봉출판사, 1997, 395쪽.

**

헨리 조지는 확실성의 개념을 분명하게 제시하지 않은 채, 조세가 확실성을 결여할 경우에 "세무 당국은 횡포와 부패의 가능성이 있고 납세자는 탈세와 사기의 가능성이 있"다고 말하고 있다(같은 책, 403쪽). 그가 말하는 확실성이란 투명성의 개념에 가까운 것 같다.

하다고 생각했다. 지대세는 조세부담이 전가되지 않으며(즉, 토지 소유자가 전적으로 부담을 지며), 생산활동을 위축시키지도 않는다는 이유에서였다. 그가 이 말을 하면서 토지 소유자는 언제나 독점자로서 지대를 최대한 뽑아낸다고 주장한 점도 주목할 만하다.[*] 리카도와 제임스 밀 James Mill은 지주 계급에게만 세금을 부담시키는 것은 부당하다는 주장을 덧붙이기는 했지만, 지대세의 성격에 관한 애덤 스미스의 견해를 거의 그대로 받아들였다. 제임스 밀의 아들 존 스튜어트 밀은 미래의 지대 상승분을 조세로 환수하자는 새로운 주장을 펼치면서도, 지대에 부과하는 조세가 능률성과 정의성을 갖춘 조세라고 분명히 선언했다. 그는 지주가 아무런 노력도 모험도 절약도 하지 않으면서 무슨 권리로 일반적인 사회진보에서 생기는 부를 차지하는가 하고 묻기도 했다.[**]

이들 고전학파 경제학자들의 토지가치세 평가는 신고전학파 경제학의 창시자인 마셜에게 그대로 수용되었다. 마셜 역시 토지가치세는 토지 이용과 토지 생산물의 생산에 영향을 주지 않으며, 조세부담은 전적으로 지주에게 귀착된다고 보았다. 그는 조세부담이 모두 지주에게 귀착된다고 해서 지주들이 큰 손해를 입는 것은 아니라고도 말했다.[***] 한계효용 이론을 주장하여 신고전학파

[*]
메이슨 개프니 지음, 김윤상 옮김, 「토지세에 관한 경제사상 2세기」, 김윤상, 『토지정책론』, 법문사, 1991, 265쪽.

[**]
헨리 조지 지음, 김윤상 옮김, 『진보와 빈곤』, 비봉출판사, 1997, 409쪽.

경제학 성립의 계기를 마련한 세 사람 가운데 한 사람인 레옹 발라는 토지가치세의 우수성을 인정하는 것을 넘어서 열렬히 지지했다. 그는 "개인의 능력에 의한 생산물을 모두 개인에게 귀속시키기 위해서는 국가가 토지를 소유하고 그 임대료로써 국가를 유지하고 자본을 형성해야 한다. 토지를 국유로 하면 조세가 없어지고 따라서 조세의 문제도 해결된다"는 생각을 갖고 있었으며, 토지세는 조세라기보다는 국가를 통한 토지의 공동소유의 표현이자 완벽한 정부 수입원이라고 주장했다.****

이 외에도 마셜의 수제자로서 후생경제학 분야를 개척한 피구, 제도학파 경제학의 시조 J. R. 커먼스Commons, 산업을 1·2·3차로 분류한 것으로 유명한 콜린 클라크Colin Clark, 1996년 노벨경제학상을 수상한 윌리엄 비크리William Vickrey 등 저명 경제학자들이 토지가치세의 우수성을 인정하거나 적극 지지했다.***** 세금 자체를 혐오하는 시카고학파의 거두 밀턴 프리드먼Milton Friedman조차 모든 세금 가운데 가장 덜 나쁜 세금은 헨리 조지가 주창한 토지가치세라고 말했다고 하니, 토지가치세 자체에 대한 경제학자들의 지지는 꽤 광범하다고 보아도 좋다.

한 가지 주의할 점은 적지 않은 경제학자들이 토지가치세의 우

•••
이정전, 『토지경제학』, 박영사, 1999, 547~548쪽.
••••
메이슨 개프니, 앞의 글, 255~257쪽.
•••••
같은 글, 255쪽.

수성을 인정했다고 해서 모두가 그것의 도입에 찬성한 것은 아니
라는 사실이다. 이들 가운데 토지가치세의 도입을 적극 옹호했던
사람은 소수다. 커먼스, 클라크, 비크리 정도가 적극적인 지지자
였고, 나머지 사람들은 토지가치세의 우수성을 인정하면서도 그
도입을 통해 토지 독점을 타파하는 것에 대해서는 유보적인 입장
을 취하거나 이런저런 이유를 들어서 부정적인 견해를 피력했다.

토지단일세의 사회경제적 효과

『진보와 빈곤』에서 헨리 조지는 토지가치세의 조세로서의 우수성
을 입증하는 데 그치지 않고, 토지가치세를 단일세 방식으로 도입
할 경우 어떤 사회경제적 효과가 있는지 한 권(제9권 개혁의 효과)을
할애하면서까지 상세히 설명했다. 사실 토지가치세는 지대의 일
정 부분만 환수하는 형태로(또는 환수 비율을 점진적으로 높여가는 형태로),
그리고 다른 조세를 모두 철폐하지 않고도 도입할 수 있기 때문
에, 헨리 조지의 설명은 효과의 최대치를 보여주고 있다고 보아야
한다. 이 점을 염두에 두고 그가 말한 토지단일세 도입의 사회경
제적 효과에 대해 간단히 살펴보기로 하자.•

첫째, 토지단일세는 한편으로는 마치 근면과 성실에 대한 벌금
처럼 부과되던 노동과 자본에 대한 각종 조세를 철폐함으로써 소
비와 투자를 자극하고, 다른 한편으로는 토지 독점과 토지 투기를

•

전강수 · 한동근, 『토지를 중심으로 본 경제이야기』, CUP, 2002, 86~88쪽.

억제함으로써 토지의 생산적 이용 기회를 증가시킨다. 즉, 이중으로 생산을 증대시키는 효과를 발휘하는 것이다. 게다가 토지단일세는 토지 투기를 억제함으로써 자본주의를 괴롭혀온 주기적 불황을 방지하기까지 한다.

둘째, 토지단일세는 소득분배의 불평등의 근본 원인인 지대의 사적 전유와 토지 투기를 봉쇄함으로써 임금과 이자의 절대적 저하를 막고 소득분배의 평등화를 촉진한다. 게다가 토지가치세 수입이 국민들에게 공평하게 분배되기 때문에, 토지가치(지대)는 지금처럼 불평등을 야기하는 것이 아니라 오히려 평등을 촉진하는 역할을 하게 된다. 이렇게 형평성이 제고되면 사회 도처에서 낭비와 손실이 줄어들고 노동 능률은 향상되는데, 이는 다시 생산의 증가로 이어진다.

셋째, 토지단일세는 한편으로는 정부의 각종 조세 관련 기능을 불필요하게 함으로써, 다른 한편으로는 빈곤으로 인한 각종 사회악을 감소시켜 이와 관련한 정부의 기능을 축소함으로써 정부를 간소화한다. 이렇게 이루어지는 정부의 간소화는 경제 전체의 효율을 높인다. 반면 정부 재정은 물질적 진보에 따른 지대의 증가에 힘입어 자동적으로 풍부해진다. 정부 재정의 여유분은 사회보장을 위한 재원으로 활용할 수 있으며 그럴 경우 빈곤은 그만큼 감소한다. 나아가 토지단일세는 사람들을 빈곤으로부터 해방함으로써 인간의 선한 본성을 발휘하게 하고, 이를 기초로 하는 사회의 조화로운 발전을 가능하게 한다.

이상은 헨리 조지가 말한 토지가치세의 효과를 요약한 것인데,

이렇게 지대의 대부분을 환수하는 동시에 다른 조세를 모두 철폐하는 완전한 단일세 방식으로 토지가치세가 도입되는 경우는 거의 없을 것이기 때문에, 현실에서의 도입 효과는 이처럼 극적이지는 않을 것이다.

헨리 조지의 처방도 정정되어야 한다

지금까지 헨리 조지의 처방에 대해 소개했는데, 이제 그 문제점에 대해 생각해볼 차례가 되었다. 우선, 헨리 조지는 토지 그 자체를 평등하게 분배하는 방법과 토지공공임대제의 의미를 과소평가했다는 점을 지적할 수 있다. 그는 토지 그 자체를 평등하게 분배하는 것이 불가능할 것이라고 생각했지만, 세계 역사상 그것에 가까운 토지개혁은 여러 차례 실시되었고 그 효과는 대단했다. 현대의 사례만 들어보더라도, 제2차 세계대전 후 한국, 일본, 대만이 지주들에게서 농지를 유상몰수해서 소작농에게 유상분배하는 개혁을 실시했다. 농지개혁에 의해 경제발전에 유리한 법과 제도의 도입을 방해할 기득권 세력이 소멸했으며, 농촌에는 자발적 근로의욕과 창의력, 말릴 수 없는 교육열을 과시하는 수많은 소농들이 출현했다. 이는 다른 구식민지 국가들에서는 찾아보기 어려운, 경제성장에 유리한 조건이었다. 세 나라 모두 농지개혁 이후 역사상 유례없는 고도성장을 달성했다는 것은 익히 잘 알려진 사실이다. 물론 헨리 조지가 우려한 대로, 이 나라들에서 토지사유제의 틀을 유지하는 바람에 토지가 다시 소수의 수중에 집중되어갔지만(강력한 토지세제를 도입한 대만은 상대적으로 덜했다), 농지를 평등하게 분배한 개혁의 효과는 결코 무시할 수 없는 정도였다.

헨리 조지는 토지공공임대제에 대해서는 정당성을 인정하면서도 "일거에 토지사유권을 철폐하고 공유를 선언"하는 혁명적인 방법을 통해 도입하는 경우만 생각하여 그 의미를 폄하했다. 그러나 구 사회주의 국가들처럼 이미 전체 토지가 국공유로 되어 있어 체제전환 과정에서 이 제도를 도입하면 큰 효과를 발휘할 수 있는 상황이 존재하고, 스웨덴을 비롯한 북유럽 국가들과 아시아의 싱가포르처럼 정부가 토지 매입을 통해 국공유지를 확보하고 그것을 공공임대 방식으로 관리하여 좋은 성과를 거둔 나라들도 있다. 헨리 조지는 정부가 사유지를 제값 주고 매입하는 것에 대해 정의롭지 않다는 이유로 반대했지만, 토지사유제 시정의 책임과 비용을 사회가 함께 부담한다는 의미가 있음을 생각할 때 긍정적으로 받아들일 필요가 있다. 정부의 토지 매입을 통한 토지공공임대제 도입은 토지가치세 도입에 수반하기 마련인 강한 조세저항을 피할 수 있다는 점에서도 장점이 있다. 따라서 토지공공임대제는 평등지권 확립의 유력한 대안으로 복권시킬 필요가 있다.

다음으로, 토지가치세가 평등지권을 확립하는 결과를 낳기 위해서는 조세징수 못지않게 지출 방법도 중요한데, 헨리 조지는 혜택이 국민 개개인에게 평등하게 돌아갈 수 있도록 세수를 사용할 수 있는 방법을 구체적으로 제시하지 못했다. 국민들이 토지가치세 수입 사용의 혜택을 평등하게 누리지 못한다면, 평등지권 확립이라는 목표는 절반밖에 달성되지 않는 셈이다. 사실 그가 제시한 방법은 다른 세금들을 감면하는 데 토지가치세 수입을 사용하는 것이었다. 그는 토지세 이외의 모든 세금을 철폐하는 것이 정의성과 효율성에 부합한다는 점을 역설했을 뿐, 그것이 세수 사용의 혜택을 국민 개개인에게 골고루 돌아가게 만들 수 있는 방법인지에 대해서는 관심을 기울이지 않았다. 세금 감면의 혜택을 국민 개개인에게 평등하게 돌아가게 만드는 것은 사실상 불가능할 뿐 아니라, 대개 감세정책은 대기업과 고소득층에게 더 큰 혜택을 가져다주는 것으로 알려져 있다. 감세가 형평성을 저해하기 쉽다는 사실은 단일세 방식(혹은 조세대체 방식)의 토지가치세 도입이 갖는 커다란 약점이다.

모든 국민이 토지가치세 수입 사용의 혜택을 똑같이 누리게 하려면, 그 세수 총액을 인구수로 나누어 모든 사람에게 똑같이 나누어주는 것이 가장 확실한 방법이다. 헨리 조지는 이 방법에 대해 말하지 않았지만, 그의 후계자들은 거기에 사회적 배당금social dividend이라는 이름을 붙이고 평등지권 보장의 유력한 수단으로 취급하고 있다. 최근 우리나라 진보 진영 일각에서 모든 국민에게 기본소득을 지급하자는 운동을 적극적으로 전개하고 있는데, 이는 재원을 토지로 한정하지 않는다는 점만 다를 뿐, 조지스트들이 주장하는 사회적 배당금과 개념이 거의 동일하다. 단일세 방식이 갖는 문제점과 복지가 시대정신으로 떠오르고 있는 상황을 감안할 때, 우리나라에서는 다른 세금 감면보다는 사회적 배당금 지급을 중심으로 토지가치세 수입을 사용하는 것이 더 바람직할 것으로 보인다.

마지막으로, 헨리 조지는 토지가치세를 가장 이상적인 형태로 도입할 때 무슨 효과가 발생할지에 대해서는 매우 자세히 설명했지만, 어떻게 그것을 도입할지에 대해서는 거의 아무런 말도 하지 않았다. 토지 소유자의 보상 요구를 어떻게 다룰지를 이야기하면서 "단숨에 해 치우자"*는 말을 했지만, 그것은 현실적인 도입 방안에 대해 깊이 생각하고 한 말은 아닌 것 같다. 사실 어느 날 갑자기 지대의 대부분을 조세로 환수하는 대신 다른 세금을 모두 철폐한다면, 경제는 엄청난 혼란에 빠질 것이다. 지가는 폭락하고, 금융시장은 혼돈에 빠질 것이며, 조세저항은 폭동과 유사한 형태를 띨 것이다. 내전이 일어날지도 모른다. 경제와 사회가 이런 혼란을 극복하고 안정을 되찾기까지는 많은 시간이 걸릴 것이며 그 과정에서 엄청난 사회적 비용을 지불하게 될 것이다.

어떤 세금이든 조세저항을 야기하기 마련이지만 토지세와 같은 재산세는 특히 조세저항이 크다고 알려져 있다. 거기에는 몇 가지 이유가 있다. 첫째, 세원의 크기가 납세자 본인이 아니라 다른 사람의 평가에 의해 좌우되고, 둘째, 납세자가 상응하는 소득이 없어도 세금을 내야 하며, 셋째, 원천징수되는 소득세나 가격 속에 숨어 있는 소비세와는 달리 1년에 한두 번씩 그것도 목돈이 들어간다는 점에서 가시성이 높기 때문이다.**

1970년대에 미국 캘리포니아 주에서 강력한 재산세 반대운동

*

헨리 조지 지음, 김윤상 옮김, 『진보와 빈곤』, 비봉출판사, 1997, 351쪽.

**

이정우, 「한국 부동산 문제의 진단-토지공개념 접근 방법」, 『응용경제』 제9권 제2호, 2007, 34쪽.

이 전개되어 카운티county, 시, 특별구, 학교구* 등에서 각각 자율적으로 부과해오던 재산세의 세율을 모두 합해서 1퍼센트를 넘지 못하도록 제한하는 주 헌법 수정안('주민발안 13호' Proposition 13)이 통과된 것은 유명한 이야기다. 우리나라에서도 참여정부가 보유세 강화 정책을 추진하여 0.1퍼센트대에 머물러 있던 부동산보유세 실효세율(부동산 가액 대비 세액의 비율)을 고작 0.2퍼센트대로 끌어올리는 과정에서, 지주 세력은 조·중·동 등의 보수 언론을 통해 쉴 새 없이 세금폭탄론을 유포하며 강력하게 저항했다. 노무현 전 대통령이 그렇게 참담한 처지로 내몰린 것은 종부세 때문이라고 생각하는 정치인들이 적지 않다고 한다.

조세저항 때문에 꼭 필요한 개혁을 추진하지 않는다는 것은 어불성설이지만, 그것을 중요한 변수로 여겨서 대책을 마련하는 것은 현실적 도입 방안을 만드는 데 필수적이다. 조세저항을 극복하고 토지가치세를 성공적으로 도입하여 유지하기 위해서는 어떤 조치가 필요할까? 이와 관련하여 이재율 교수의 견해는 주목할 만하다.

첫째, 밀J. S. Mill이 주장한 바대로 현재 수준의 지대는 지주에게 보장하되, 앞으로 증가하는 지대는 조세로 흡수하는 방법이 있다. 이것은 지대의 인상분만을 조세로 흡수하는 것이다. 둘째, 점진적으로 토지가치세를 실시하는 방법이 있다. 그것은 예컨대 1년에

*
미국의 주 아래에는 광역단체격인 카운티와 기초단체격인 시, 특별구, 학교구가 있다.

2~3퍼센트씩 세율을 인상하여 30~40년에 걸쳐서 완전히 실현하는 방법이다. 이 방법은 점진적이어서 저항이 적다는 점에서 좋은 점도 있으나 수십 년 동안 일관성 있게 추진될 수 있을지가 문제이다. 셋째, 토지가치세를 부분적으로 실시하는 방법이 있다. 지대세율(세액/지대: 인용자)을 20~40퍼센트 정도로 하여 즉시 실시하는 방법이다.*

지주에게 현재 누리는 수익을 보장하거나, 도입기간을 길게 잡거나, 지대 환수 비율을 낮추거나 하면 조세저항을 통제 가능한 수준으로 완화할 수 있을 것이다. 또한 제도 도입을 둘러싼 법률적 시비도 많이 줄어들 것이다.

한국의 대표적인 조지스트인 김윤상 교수는 지대와 매입지가에 대한 이자의 차액을 세금으로 환수하는 지대이자차액세를 제안한 바 있는데, 이 또한 조세저항과 법률적 시비를 최소화하고자 하는 취지에서 나온 방안이다. 지주에게 매입지가에 대한 이자만큼의 수익을 보장하면 지가는 매입지가 수준에서 고정된다(물론 이자율이 변하지 않는다는 가정이 있어야 한다). 그 이유는 다음과 같다. 매년 일정 금액의 수익을 낳는 자산의 가격은 그 고정 수익을 이자율로 나눈 값과 같아진다(지대가 변하지 않을 때 지가가 $\frac{지대}{이자율}$ 로 결정된다는 사실을 기억하라). 지대이자차액세가 부과되는 상황에서는 지주의 수중

*

이재율, 「헨리 조지의 분배이론」, 이정우 외, 『헨리 조지 100년만에 다시 보다』, 경북대학교출판부, 2002, 163쪽.

에 매년 '매입지가×이자율'만큼의 금액이 고정 수익으로 남기 때문에, 그것을 이자율로 나누면 다름 아닌 매입지가가 된다. 현재의 지가가 매입지가와 같아지는 것이다. 그러니까 지대이자차액세는 지주를 선의의 취득자라고 간주하여 그가 토지 매입을 위해 지불한 금액만큼은 그의 것으로 인정해주는 방안이라고 할 수 있다.

나는 헨리 조지의 토지단일세 주장을 현실에 그대로 적용하기에는 무리가 따른다고 생각한다. 토지세 이외의 모든 조세를 철폐하는 것이 평등지권을 확립하기에 적절한 방법이 아니라는 논리적인 문제는 차치하고라도, 지대의 대부분을 조세로 환수하는 것도(노무현 정부의 보유세 강화 정책에 대한 저항을 상기해보라), 토지세 이외의 모든 조세를 철폐하는 것도(이명박 정부의 감세정책이 야기한 문제점을 생각해보라) 현실적으로는 모두 불가능한 일이다. 노무현 정부의 보유세 강화 정책과 이명박 정부의 감세정책은 헨리 조지의 주장에 비하면 개혁이라고 부르기도 어려운 정책들임에도(행여나 내가 이명박 정부 감세정책의 개혁성을 인정한다고 생각하지는 마시라) 엄청난 사회적 파장과 반발을 불러일으켰는데, 하물며 토지단일세를 바로 도입하려고 한다면 어떤 일이 벌어지겠는가? 헨리 조지의 주장을 개혁의 방향을 정하는 푯대로 삼고 우리 사회를 그쪽 방향으로 나아가게 만들 수 있는 현실적인 방안을 마련하지 않으면 안 된다. 이에 대해서는 뒤에서 이야기하기로 하자.

경제학자들이 토지가치세의 우수성을 인정하는 두 가지 근거

....

경제학자들이 토지가치세를 우수한 세금으로 보는 근거는 대체로 두 가지다. 하나는 생산과 소비에 아무런 영향을 주지 않는다는 점이고, 다른 하나는 조세부담이 전가되지 않는다는 점이다. 두 가지 모두 토지의 공급이 고정되어 있다는 사실 때문에 생기는 결과다.

첫 번째 성질은 흔히 조세의 중립성neutrality이라고 불리는데, 우선 토지가치세의 중립성에 대해 살펴보기로 하자.

세금은 대부분 생산과 소비 등 경제활동을 위축시키는 작용을 한다. 경제활동이 위축되기 때문에 사회가 누리는 경제적 후생(사회가 누리는 효용과 그 효용을 누리게 만드는 데 드는 비용의 차액을 의미한다)도 감소할 수밖에 없다. 경제학자들은 세금이 부과될 때 사회가 입게 되는 이런 손실을 초과부담excess burden 혹은 자중손실自重損失(deadweight loss)이라고 부른다. 세금을 부과하면 왜 이런 손실이 생기는지, 라면 시장을 예로 들어보자. 정부가 라면 생산업체에 1개당 100원씩 판매세를 부과한다면 어떤 일이 일어날까? 〈그림 10〉 ⓐ를 보면서 설명하기로 하자.

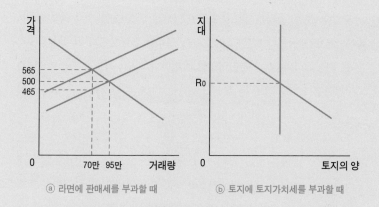

ⓐ 라면에 판매세를 부과할 때   ⓑ 토지에 토지가치세를 부과할 때

그림 10   조세부과의 효과

이제 라면 생산업체는 라면 1개를 팔면 100원의 세금을 납부해야 하므로 모든 생산량 수준에서 가격을 100원 올려 받으려 할 것이다. 라면 생산업체들의 이런 반응은 그림에서 공급곡선이 전보다 100원 높은 위치로 이동하는 것으로 표현되고 있다. 잘 알다시피 이렇게 공급곡선이 이동하면 시장 균형도 변화한다. 그 결과 균형 가격은 500원에서 565원으로 상승하고 균형 거래량은 95만 개에서 70만 개로 감소한다. 정부가 라면 생산업체에 판매세를 부과하는 바람에 생산과 소비가 모두 줄어든 것이다.

소비가 감소하는 이유는, 라면 가격이 500원일 때는 그 가격을 지불하고 라면 1개를 소비하면 남는 것이 있다고 생각했던 소비자들 가운데, 라면 가격이 565원으로 올라간 다음에는 그 가격을 지불하고 라면 1개를 소비하면 얻는 것보다 잃는 것이 더 많다고 느껴서 소비를 중단하는 사람들이 생기기 때문이다. 이렇게 되면 사회 전체의 경제적 후생이 감소하게 된다. 라면 1개를 더 생산하는 데 드는 비용이 500원이라고 하자. 만일 라면 1개에 대해 540원을 기꺼이 지불하고 소비하려는 사람들이 있다면, 경제적 후생의 관점에서 볼 때 그 라면은 생산되어 소비되어야 한다. 그러나 세금 때문에 그렇게 되지 못하고, 따라서 사회 전체의 경제적 후생은 감소하는 것이다.

경제학자들이 세금을 필요악으로 간주하는 이유는 대부분의 세금들이 초과부담을 발생시키기 때문이다. 원하는 세수를 확보하면서 경제적 후생에는 손해를 입히지 않는 세금이 있다면 얼마나 좋겠는가? 지대에 과세하는 토지가치세가 바로 그런 세금이다. 토지가치세가 중립성을 가지게 되는 이유는 토지의 공급이 고정되어 있기 때문이다.

토지의 투기적 보유가 존재하는 경우에는 이야기가 달라지지만, 모든 토지가 이용(직접 이용 혹은 임대) 목적으로 보유되고 있다면, 정부가 토지 소유자들에게 토지가치세를 부과하더라도 토지의 공급은 전혀 영향을 받지 않는다. 왜냐하면 토지 소유자들은 토지를 생산에서 이탈시켜 아무 수입 없이 조세를 부담하기보다는 생산에 투입해서 나오는 지대로 조세를 부담하려고 할 것이기 때문이다. 물론 토지가치세가 지대를 초과하는 경우에는 토지가 시장에서 이탈할 수 있기 때문에 토지 공급이 줄어들 수 있다. 그러나 토지가치세는 지대를 초과하여 부과하지 않는 것이 원칙이기 때문에 이런 일은 이론적으로는 일어날 수 없다.˙

〈그림 10〉ⓑ에 나타나 있듯이, 토지처럼 공급이 고정되면 공급곡선은 수직선의 형태를 취한다. 이 경우에 공급자에게 세금을 부과하면 공급곡선이 세금 부과액만큼 위로 이동하겠지만, 수직선 형태와 위치는 그대로일 것이다. 따라서 균형 가격(즉 균형 지대)과 균형 거래량에도 아무 변화가 생기지 않을 것이다. 라면에 대한 판매세가 라면의 생산과 소비를 감소시키는 것과는 달리, 토지가치세는 토지의 공급과 수요에 아무런 변화도 야기하지 않는다. 토지 사용량에 변화가 없으므로 토지를 사용하여 생산하는 일반 생산물의 생산이 토지가치세 때문에 위축되는 일도 없다. 공급이 가변적인 노동과 자본에 과세하면 그 사용량이 감소하고 따라서 그것들을 생산요소로 사

˙
전강수 · 한동근, 앞의 책, 82~83쪽.

용하여 생산하는 일반 생산물의 생산도 감소하는 것과는 대조적이다. 단, 토지세가 토지 용도별로 과세 방식을 달리할 경우에는 중립적이지 않다. 그런 토지세는 용도별 토지 사용량에 변화를 초래하기 때문이다.

이제 토지가치세의 부담이 전가되지 않는다는 점에 대해 살펴보기로 하자. 중립성과 마찬가지로, 이 성질 또한 토지의 공급이 고정되어 있기 때문에 생긴다. 〈그림 10〉을 다시 보자. 라면 1개당 100원을 부과하는 판매세는 라면 생산업체들이 납부하기 때문에, 그들이 세금을 모두 부담한다고 생각하기 쉽다. 하지만 그렇지 않다. 세금 부담의 일부는 소비자들이 지게 된다. 라면 생산업자들이 져야 할 조세부담이 소비자들에게 넘어간다는 뜻에서 경제학자들은 이런 경우 조세가 전가shift된다고 말한다.

조세가 소비자들에게 전가되는 이유는 조세부과 이후에 라면 가격이 올라가기 때문이다. 소비자들은 조세부과 이전에는 라면 1개에 500원을 지불했지만 조세부과 이후에는 라면 1개에 65원을 더 지불하게 되었다. 라면 생산업자들은 조세부과 이전에는 라면 1개 팔아 500원을 손에 넣었지만, 조세부과 이후에는 565원을 소비자로부터 받아서 세금 100원을 납부하고 465원을 손에 넣게 된다. 라면 생산업자 손에 들어가는 돈은 조세부과 이전보다 줄기는 했지만, 100원이 준 것은 아니다. 판매세 부담이 전부 생산업자들에게 돌아간다면 그들에게 들어가는 돈이 100원 줄어야 함에도 그보다 적게 주는 것은, 세금 부담의 일부가 다른 사람들에게 전가되었음을 의미한다. 누가 그것을 부담할까? 바로 조세부과 이후에 더 높은 가격을 지불해야 하는 소비자들이다. 그들이 부담하는 금액은 라면 1개당 65원이다. 라면 생산업자들이 부담하는 35원과 소비자들이 부담하는 65원을 합하면 정확하게 100원이 된다.

위의 사례에서 알 수 있듯이, 조세부담의 일부가 다른 사람에게 전가되는 것은 조세부과로 인해 상품의 거래량이 줄고 가격이 올라가는 경우에 일어난다. 조세가 부과되어도 거래량과 가격에 변화가 없다면 조세전가는 일어날 수 없다. 앞에서 보았듯이 토지가치세는 토지의 거래량과 가격(지대)에 아무런 변화도 초래하지 않는다. 토지가치세 부과 이후에 달라지는 것은 토지 소유자의 수입뿐이다. 토지 소유자는 조세부과 이전에 임차인에게서 받던 동일한 금액의 지대를 받아서 토지가치세를 납부하고 나머지를 손에 넣는다. 임차인의 부담에는 아무런 변화가 없다. 조세는 전가되지 못하고, 납세자인 토지 소유자가 전액 부담하게 된다. 토지가치세가 토지의 거래량과 지대에 변화를 일으키지 못하는 것은 토지의 공급이 고정되어 있기 때문이다.

토지 소유자가 토지가치세만큼 지대를 올려 받으면 토지가치세가 임차인에게 전가되는 것 아닌가 하고 생각하는 독자들이 있을지 모르겠다. 그러나 토지 소유자들이 그런 시도를 하더라도 성공할 수는 없다. 왜냐하면 지대를 높이면 수요량이 줄어서 토지시장에 초과공급이 발생하고 결국은 지대가 다시 원래 수준으로 떨어질 수밖에 없기 때문이다.

전통적으로 경제학자들은 조세부담이 전가되지 않는다는 점을 근거로 토지가치세의 우수성을 인정해왔다. 빈둥거리면서도 고소득을 누리는 토지 소유자가 꼼짝없이 조세를 부담해야 하기 때문에, 불로소득을 차단하고 소득분배의 형평성을 높이는 효과가 크다는 이유에서다.

토지가치세는 지가를 떨어뜨리기도 하는데, 이 또한 세금 부담이 전가되지 않기 때문에 생기는 효과다. 주지하다시피 지가는 토지 소유자가 미래에 토지로부터 얻을 수 있으리라 예상하는 수익의 현재 가치들을 모두 합한 값으로 결정된다. 토지가치세가 부과되고 그것이 미래에도 계속 유지될 것이라는 전망이 지배적이라면, 토지 소유자가 미래에 토지로부터 얻을 것으로 예상하는 수익은 매기每期에 토지가치세액만큼 줄어들 것이다. 따라서 지가는 미래 토지가치세액의 현재 가치들을 합한 금액만큼 하락하게 된다. 만일 토지가치세가 지대의 100퍼센트로 결정된다면 지가는 제로(0)가 된다.

앞에서 사용한 식을 활용하여 설명해보자. 지대(R)가 고정되어 있고 토지가치세의 세율을 t퍼센트라고 한다면, 미래의 매기에 토지 소유자가 얻을 수익은 조세부과 이전에는 R이었지만, 조세부과 이후에는 R−tR이 된다. 그러면 지가는 다음과 같이 결정될 것이다.

$$P = \frac{R-tR}{1+i} + \frac{R-tR}{(1+i)^2} + \frac{R-tR}{(1+i)^3} + \cdots\cdots = \frac{R}{i} - \frac{tR}{i}$$

토지가치세 부과로 인해 지가가 $\frac{tR}{i}$ 만큼 하락하는데, 이것이 바로 미래 토지가치세액의 현재 가치들을 합한 금액이다. 이처럼 토지가치세가 지가를 하락시키는 효과를 발휘한다는 사실에 매력을 느끼는 경제학자들과 정책 입안자들도 있다. 이 세금을 통해 자산 분배의 형평성을 높이고 토지시장을 안정시키기를 원하기 때문이다.

04

헨리 조지가 말하는 '진보의 법칙'

『진보와 빈곤』이 토지경제학 이론뿐 아니라 뛰어난 역사이론을 담고 있다고 하면 놀랄 사람이 있을 것이다. 헨리 조지를 연구하는 학자들은 대부분 경제학자들이며, 그들이 관심을 기울이고 있는 것도 주로 그의 경제이론과 토지공개념 사상이다. 그러나 헨리 조지는 자신의 경제이론을 뒷받침하는 논거로서 많은 역사적 사례들을 동원하고 있고, 『진보와 빈곤』의 마지막 부분인 제10권에서는 본격적으로 역사이론을 개진하고 있다. 그에게는 경제 분석의 결론은 역사의 법칙과 부합되어야 했던 모양이다.

『진보와 빈곤』 제10권은 역사에 관한 탁월한 통찰을 풍부하게 담고 있음에도 다른 부분에 비해 별로 관심을 끌지 못했다. 그러나 『진보와 빈곤』 제10권은 뛰어난 경제 분석이 뛰어난 역사이론과 조화를 이룰 수 있음을 보여주는 좋은 사례다. 그 내용을 알리는 것 자체가 의미 있는 일이지만 역사를 무시하는 '고질병'에 걸

려 있는 주류 경제학에 경종을 울린다는 의미도 있고 해서, 여기
서 그 내용을 간략하게 소개해보고자 한다.

『진보와 빈곤』 제10권은 5개의 장으로 구성되어 있지만, 아래
에서는 (1) 사회진화론 비판, (2) 진정한 진보의 법칙, (3) 현대문
명 비판으로 나누어 살펴보기로 하자.

사회진화론 비판

헨리 조지는 당시 학계를 지배하고 있던 사회진화론을 비판하면
서 자신의 역사이론을 시작한다. 사회진화론에서는 진보란 인간
의 수준을 높이기 위해 서서히, 꾸준히, 냉정하게 작용하는 힘의
결과라고 본다. 인간은 전쟁, 노예제도, 전제정치, 미신, 기근 등
의 강력한 원인에 의해 열등한 유형이 배제되고 우등한 유형이 확
대됨으로써 전진한다. 그리고 이 전진의 결과를 정착시키고 지난
세대의 전진을 새로운 세대의 전진을 위한 바탕으로 삼는 힘은 유
전이다. 이 이론에서는 각 개인은 과거의 수많은 개인들을 거쳐
오면서 형성되고 영속화된 변화의 결과로 간주된다. 문명인과 야
만인의 차이는 장기에 걸친 종족 교육의 결과인데, 이 결과는 정
신의 구조에 영구적으로 각인된다. 인간의 능력이 증가하고 자질
이 개선됨에 따라 문명은 계속 더 높은 수준으로 전진하게 된다.
사회진화론에서는 진보는 매우 자연스러운 것이고 미래의 인류
는 더 큰 결과를 성취할 것이라고 확신한다.

헨리 조지는 이와 같은 사회진화론은 당시 대중 사이에 퍼져

있던 견해가 과학의 외양을 갖춘 것으로서, 찰스 다윈^{Charles Darwin}의 『종의 기원』^{The Origin of Species}에 의해 확산된 잘못된 이론이라고 주장한다. 그가 사회진화론을 비판하는 근거를 좀더 구체적으로 살펴보면 다음과 같다.

첫째, 사회진화론은 문명이 고도로 진보한 후에 정지해버리는 현상을 설명할 수 없다. 이런 정체해버린 문명은 야만 상태와는 비교할 수 없을 정도로 앞섰던 때가 있다. 이들 문명은 진보가 정지한 시점에서 15, 16세기의 유럽문명에 비해 조금도 열등하지 않았고 많은 점에서 오히려 우월하기도 했다.

둘째, 사회진화론은 진보가 중단된 정도가 아니라 오히려 퇴보해버린 현상에 대해서는 더욱 설명할 수 없다. 사실 지구상의 모든 문명에는 성장기, 정체기, 퇴보기가 있었다. 사회진화론이 맞다면 진보는 계속되고 발전은 또 다른 발전을 낳아 문명이 계속 높은 수준으로 상승해야 할 것이다. 그러나 진보가 인간을 개조하여 더 큰 진보를 낳은 것이 아니라 한때는 현재의 서구문명처럼 활기차고 번성했던 모든 문명이 저절로 종말을 고하고 말았다.

셋째, 사회진화론에서 말하는바, 진보가 인간의 본성에 변화를 일으킴으로써 계속된다는 것도 사실에 맞지 않다. 새로운 문명을 일으키는 민족은 과거에 문명을 일으킨 후에 교육을 통해 이를 전수받거나 유전적으로 물려받은 민족이 아니라 그보다 저급한 단계에 있던 다른 민족이었다. 한 시대의 미개인이 다음 시대에 문명인이 되었다가 새로운 미개인의 등장에 의해 대체되는 것이 일반적이었다. 위대한 발전의 계통이 유전적 계통과 일치한 시기는 한 번도 없었다.

 이상과 같은 사회진화론에 대한 비판적 인식을 기초로 헨리 조지는 각 문명의 차이를 낳는 원인에 관한 논의로 나아간다. 그는 문명의 차이는 각 사회를 구성하는 개인의 내재적 차이(유전에 의해 결정된다)가 아니라 사회 그 자체에 내재하는 차이에 기인한다고 말한다. 일정한 한도 내에서 유전이 자질을 발전시킬 수 있다는 것은 사실이지만, 그것은 출생 후 받는 영향에 비하면 별것 아니다.

 헨리 조지는 인간의 본성은 언제, 어디서나 동일하다고 본다. 집단 간에 생기는 모든 차이는 집단 속에서의 어울림association에서 비롯된다. 어느 사회에서나 전통, 신념, 관습, 법률, 제도 등의 그물이 생겨 개인을 둘러싼다. 개인은 날 때부터 이 그물에 편입되어 죽을 때까지 머문다. 이 그물은 인간의 정신이 싹트고 발전하는 바탕이 된다. 그것을 통하여 기술과 지식이 전수되며, 한 세대의 발견이 다음 세대의 출발점으로 이용될 수 있다. 이 그물은 때로는 진보에 심각한 장애요인이 되기도 하지만, 때로는 그 기초가 되기도 한다. 기술, 과학, 발명이 굉장한 정도로 이루어지는 것도 이 그물을 통해서다. 문명의 차이를 낳는 것은 개인의 차이가 아니라 바로 이 그물의 차이다. 이것을 헨리 조지는 다음과 같은 매우 적절한 비유를 통해 잘 설명하고 있다.

 현대의 서구인은 문명의 발달 면에서 과거에 비해 그리고 현대의 다른 종족에 비해, 더 높은 위치에 있다. 그러나 이것은 서구인이 높은 단상에 올라서 있기 때문이지 키가 커서 그런 것은 아니다.

수 세기에 걸쳐 서구인은 키를 키운 것이 아니라 올라설 수 있는 구조물을 축조해 온 것이다.*

진정한 진보의 법칙

사회진화론을 비판한 후, 헨리 조지는 사회발전의 차이, 문명의 정체 혹은 쇠퇴와 파괴, 문명의 발흥, 모든 문명을 화석화 또는 무력화시켰던 힘, 제 문명의 성격 차이, 진보 속도의 차이, 진보의 분출·시작·정지 등을 설명할 수 있는 인간 진보의 법칙을 찾아 나선다.

헨리 조지는 진보의 동력을 정신력에서 찾는다. 인류는 진보에 투입하는 정신력(지식의 확대, 방법의 개량, 사회 상태의 개선에 투입하는 정신력 등)에 비례하여 전진한다. 그런데 정신력의 총량은 일정하다. 따라서 진보에 기여할 수 있는 정신력은 다른 비진보적인 목적에 소비되는 부분이 증가하면 감소하고, 그것이 감소하면 증가한다. 여기서의 비진보적인 목적이란 유지와 갈등 두 가지다. 이 중 유지는 생존의 확보, 사회의 지속, 기존의 발전성과의 보존을 포함하고, 갈등은 전쟁, 전쟁 준비, 타인을 희생하여 만족을 얻거나 이를 저지하는 데 드는 모든 정신력 소모를 포함한다.

헨리 조지는 비진보적인 목적에 소비되는 정신력을 감소시킬 수 있는 요인으로서 평등과 어울림을 든다. 어울림은 정신력을 자

•
헨리 조지 지음, 김윤상 옮김, 『진보와 빈곤』, 비봉출판사, 1997, 488쪽.

유롭게 하여 개선에 바칠 수 있게 해주며, 평등·정의·자유는 정신력이 쓸데없는 싸움에 소모되는 것을 막아준다. 한마디로 말해 '평등 속의 어울림'이 진보의 법칙이다. 인간은 같이 모임으로써 진보하며, 서로 협조함으로써 개선에 바칠 수 있는 정신력을 증대시키는 경향이 있다. 그러나 갈등이 발생하거나 어울림이 조건과 힘의 불평등을 낳을 경우, 진보 경향은 약화되고 결국에는 반전된다.

헨리 조지는 진보의 경향이 약화되고 마침내 반전되는 과정을 매우 상세하게, 그리고 다양한 사례를 들어 설명한다. 초기 문명의 경우 자연조건이나 전쟁 등의 외부적 요인이 사회발전에 영향을 미치는 정도가 크지만, 사회가 진보하고 복잡해지면서 개인 간의 상호의존성이 증가함에 따라 권력과 부의 불평등이라는 내부적 요인이 결정적 영향을 미치게 된다. 진보에 의해 조성되는 새로운 상황에서 평등을 구현할 수 있도록 사회제도의 변화가 병행되지 않을 경우, 인간 본성의 심층법칙(습관의 힘과 정신적·도덕적 타락의 가능성)으로 인해 불평등이 발생한다. 사회가 발전하면 기존의 법률, 관습, 정치제도라는 옷이 몸에 맞지 않게 되는 것이다. 이렇게 되면 진보의 힘은 억제된다.

한편에서는 대중이 단순한 생존을 위해 정신력을 소비하고, 다른 한편에서는 지배계층이 불평등한 체제를 유지하고 강화하기 위해, 혹은 과시, 사치, 전쟁 등을 위해 정신력을 소비한다. 불평등이 존재하면 사람이 개선을 기피하는 경향이 생긴다. 단순히 생존하기 위해 온 힘을 바치는 무지에 빠져 있는 계층의 보수주의와 기존의 사회제도에서 특수한 이익을 얻는 계층의 보수주의가 동시에 나타난다. 혁신이 개선이 되는 경우에도 이에 저항하는 경향은 법률, 의술, 학문, 길드 등 모든 특수 조직에서 나타나며 결합력이 강한 조직일수록 저항의 강도도 높다. 진보 후에 화석화가 나타나는 것은 바로 이 때문이다. 불평등이 심해지면 개선은 필연적으로 중단된다. 불평등이 해소되지 않거나 쓸데없는 반작용을 촉발하면 현상 유지에 필요한 정신력마저 유출됨으로써 드디어 퇴보가 시작된다.

현대문명 비판

헨리 조지는 현대문명이 과거 어느 문명보다도 평등과 자유를 더 존중함으로써 유례없는 진보를 이룩할 수 있었음을 인정한다. 노예제도의 철폐, 신분제도의 폐지, 세습적 특권의 일소, 자의적 정부를 대신한 의회제도의 도입, 종교문제에 있어서의 개인적 선택권 보장, 신체와 재산의 평등한 보장, 거주이전·직업선택·언론출판의 자유 확대 등의 형태로 정치적·법적 평등이 확대되었고, 이것은 처음에는 부와 권력의 평등한 분배를 낳았다.

그러나 헨리 조지는 현대문명이 토지 소유에 있어서는 평등권을 부정하는 토지사유제를 채택함으로써 쇠퇴의 요인을 내포하게 되었다는 사실도 지적한다. 토지사유제가 어떻게 현대문명의 쇠퇴로 이어지는지 헨리 조지의 설명을 조금 상세하게 소개해보기로 하자.

현대문명이 자랑하는 정치적 평등은 그 자체로는 토지사유에서 생기는 불평등을 막을 수 없다. 과거 모든 문명을 파괴한 최대 원인이었던 부와 권력의 불평등한 분배 경향은 현대문명에서는 더욱 강하게 나타나고 있다. 즉, 임금과 이자는 계속 하락하고 지대는 상승하고 있으며, 부자는 더욱 부유하게 되고 가난한 자는 힘과 희망을 잃고 있다.

이와 같이 부의 불평등한 분배 경향이 심해지는 상황에서는 정치적 평등은 궁극적으로 조직화된 독재에 의한 전제체제나 그보다 못한 무질서 속의 전제체제를 낳는다. 보통선거에 의한 정부와 이론상의 평등은 일정한 조건만 있으면 간단히 전제체제로 변할 수 있다. 정부의 업무에 직접적인 관심을 두지 않는 계층의 손에 권력이 더 많이 부여되기 때문이다. 이들은 궁핍으로 고통받고 빈곤으로 잔인해져서 돈을 많이 주는 자에게 투표권을 팔거나 난잡한 선동가에게 휩쓸리기 쉽다. 부의 분배가 불평등한 사회에서는 정부가 민주화될수록 사회는 오히려 악화된다. 부패한 민주정치는 부패한 독재정치보다 국민성에 더 나쁜 영향을 미치기 때문이다.

헨리 조지의 표현에 따르면, 가난으로 고통받고 타락한 계층의 손에 정치권력을 부여하는 것은 마치 여우 꼬리에 불을 붙여 옥수수 밭에 풀어놓는 것과 같다. 부패한 민주정에서는 언제나 최악의 인물에게 권력이 돌아간다. 여기서는 국민성도 권력을 장악하는 자의 특성을 닮아서 타락하게 된다. 가장 미천한 지위의 인간이 부패를 통해 부와 권력을 차지하는 모습을 늘 보게 되는 곳에서는 부패를 묵인하다가 급기야 부패를 부러워하게 되는 것이다. 국민이 부패한 나라는 되살아날 길이 없다. 국민에 의한 정부가 최악, 최저질의 전제정부로 변화하는 현상은 부의 불평등 분배의 필연적 결과다. 사람들에게 개혁의 필요성을 이해시키기 곤란해지며 개혁을 실천하는 것은 더욱 어려워진다. 정치적인 견해차는 더 이상 근본 원리의 차이가 아니며, 추상적인 관념은 힘을 잃고 만다. 정당도 과두정이나 독재정과 같은 방식으로 운영된다.

헨리 조지는 현대문명이 와해되고 있다는 징후가 여기저기서 나타나고 있다고 하면서 몇 가지 사례를 들고 있다. 19세기 후반을 대상으로 한 것이라는 점을 염두에 두고 헨리 조지의 논의를 좀더 살펴보기로 하자. 신체와 재산에 관한 권리의 존중도가 낮다는 것은 야만성의 한 특징인데, 현대문명에서는 실질적으로 이런 경향이 점점 뚜렷하게 나타나고 있다. 이러한 경향은 부의 분배가 불평등한 곳일수록 더 강하게 나타나고 있다. 그리고 모든 문명국에서 빈곤, 범죄, 정신병, 자살이 증가하고 있다. 이것은 생존경쟁의 강도가 높아지고 부를 위한 경쟁에서 남에게 짓밟히지 않기 위해서 온 신경을 긴장시키지 않을 수 없는 상황이 야기한 결과다. 지금은 지식이 증가하고 발명이 계속되고 새로운 국가가 형성되고 도시가 팽창한다고 하더라도, 인구에 비해 더 많은 감옥과 빈민구호소와 정신병동을 지을 때 문명의 쇠퇴는 이미 시작된 것이다.

종교 관념의 대변혁은 현대문명의 하강 경향을 보여주는 확실한 증거다. 이것은 종교의 형태상의 변화가 아니라 종교의 근원이 되는 관념의 부정이자 파괴다. 기독교는 대중의 마음속에서 뿌리에서부터 죽어가고 있고, 전능한 창조주와 내세에 대한 근본 관념은 급속히 약화되고 있다. 이와 같이 종교적 관념이 훼손된 시기는 영화롭던 고대문명이 쇠퇴하기 시작했을 무렵이었다. 대도시의 빈민가에는 이미 책을 불쏘시개나 포장지로 쓰는 새로운 미개인이 출현하고 있다. 헨리 조지는 현대문명이 여기서 도약하여 지금까지 꿈도 꾸지 못했던 새로운 발전의 길을 열지 않으면 벼랑 아래로 떨어져 야만 상태로 되돌아가고 말 것이라고 결론을 내리고 있다.

한 가지 주목되는 점은 헨리 조지가 문명쇠퇴의 과정에서 민주주의를 전면 부정하는 파시즘이나 기독교를 전면 부정하는 유물론, 즉 사회주의의 대두를 예견했다는 사실이다. 20세기의 역사는 그가 예견한 대로 진행되었다.

쇠퇴과정에 들어선 현대문명이 어떻게 새로운 도약을 이루어낼 수 있을까? 헨리 조지는 부와 권력의 불평등한 분배의 원인을 제거하고 자유=정의의 법을 따르는 길밖에 없다고 주장한다. 모든 사람에게 자연의 기회에 대한 권리를 보장함으로써 정의의 법칙에 순응하면, 부와 권력의 불평등한 분배의 원인이 제거되고, 빈곤이 추방되며, 탐욕은 길들여지게 되고, 죄악과 비참의 근원이 고갈되며, 지식의 등불이 어둠 속을 비추게 되고, 발명과 발견이 자극되며, 정치적 취약점이 보강되고, 전제정치와 무정부주의가 방지된다. 이렇게 되면 현대문명은 상상할 수 없을 정도로 높이 날아오를 것이라고 헨리 조지는 주장한다.

우리는 지금 헨리 조지가 이상과 같은 현대문명 비판을 행한 후 130여 년이 경과한 시대에 살고 있다. 지난 130여 년 동안의 역사는 헨리 조지의 비판을 지지해주는가? 앞에서도 지적한 바와 같이, 헨리 조지의 예견대로 파시즘과 사회주의가 등장하여 현대 문명을 뒤흔들었다. 그것들이 지배했던 지역은 엄청난 문명의 후퇴를 경험했다. 또 그것들은 다른 지역에 대해서는 엄청난 적대관계를 형성함으로써 막대한 힘과 정신력의 낭비를 불가피하게 만들었다.

130여 년 전의 상황에 대한 헨리 조지의 묘사는 마치 그가 살아서 오늘날의 상황을 직접 보고 쓴 것 같은 느낌을 준다. 부와 권력의 불평등한 분배, 부패한 민주정치, 국민성의 타락, 극심한 생존경쟁, 기독교의 쇠퇴 등은 오늘날 세계 어느 곳에서나 쉽게 발견되는 현상 아닌가? 그가 예언한 현대문명의 쇠락은 아직 본격화되지는 않았지만, 여기저기서 징후를 보이고 있는 것만은 분명하다.

4부

부동산 문제의 해법

01

좋은 부동산 정책과 나쁜 부동산 정책

2000년대 내내 부동산은 우리 사회에서 최대의 화두였다. 2002
~2006년에는 투기 광풍 때문에 그랬고, 2008년에는 미국 부동산
가격의 폭락으로 인한 세계적 금융위기 때문에, 그리고 그 이후에
는 부동산 시장의 침체로 인한 가계부채 문제 때문에 그랬다. 정
부는 쉴 새 없이 부동산 대책을 발표했고, 학계·언론계·시민단체
는 각자 나름의 대안을 제시하며 목소리를 높였다. 가히 백화제방
百花齊放, 백가쟁명百家爭鳴이라 부를 만한 상황이었다.

　일반 국민들은 다양한 정책 대안들이 쏟아지는 가운데 어떤 정
책이 우리 사회의 부동산 문제를 제대로 해결할 수 있을지 헤아리
기 어려웠을 것이다. 독자들 중에는 부동산 문제에 관한 TV 토론
을 시청하면서 한쪽 패널의 말을 들으면 그것이 맞는 것 같고, 반
대쪽 패널의 말을 들으면 또 그것이 맞는 것 같아서 헷갈린 경험
을 가진 분들이 적지 않을 것이다. 그러면서 '과연 부동산 정책에

정답은 존재할까?' 하는 의문을 품기도 했을 것이다.

나는 부동산 정책이 의사가 내리는 처방과 비슷하다는 생각을 갖고 있다. 의사 중에는 병의 근본 원인을 치료하는 처방을 내리는 양심적인 사람이 있는가 하면, 증상만 다루다가 나중에 병을 더 악화시키고 마는 처방을 내리는 사람도 있다. 개중에는 근본 원인 자체를 잘못 진단하는 돌팔이 의사도 있다. 양심적인 의사 중에는 근본 원인을 다루면서 증상까지 완화하는 실력을 갖춘 사람도 있고, 그런 실력을 갖추지 못한 사람도 있다. 후자는 좋은 의사이기는 하지만, 환자의 불평과 원망으로부터 자유롭기 어렵다.

좋은 정책은 문제의 근본 원인을 해소하는 데 초점을 맞추는 정책이다. 근본 원인에는 관심을 기울이지 않고 현안만 붙들고 씨름하거나 근본 원인을 오인해서 나오는 정책은 나쁜 정책이다. 한편 좋은 정책 중에는 근본 원인을 다루면서 문제가 되는 현상을 완화하는 정책이 있는가 하면, 근본 원인에만 집착하다가 문제가 되는 현상을 신속하게 완화하지 못하거나 오히려 악화시키는 정책도 있다. 후자는 좋은 정책이기는 하지만, 쏟아지는 비판을 견디기 어렵기 때문에 지속 가능성 면에서 문제가 있다.

근본 원인을 제대로 다루면서도 문제가 되는 현상을 완화하는 효과를 갖고 있다면 최상의 정책이라 할 수 있겠는데, 어떤 부동산 정책이 여기에 해당할까? 최상의 부동산 정책이 갖춰야 할 조건을 간단히 제시해보기로 하자.

첫째, 올바른 정책철학을 갖추고 있어야 한다. 올바른 철학을 갖추지 못한 정책은 마치 갈 곳을 잃은 채 표류하는 배처럼, 그때 그때 문제가 되는 현상에만 집착하는 대증요법이 되기 십상이다. 그리고 정책철학을 갖추고 있다 하더라도 그것이 엉터리라면 마치 엉뚱한 곳을 향해 가면서 목표 지점에서 멀어져버리는 배처럼, 정책이 오히려 문제를 더 어렵게 만드는 결과를 낳기 마련이다.

올바른 정책철학이란 특별한 것이 아니다. 헨리 조지 식으로 표현하자면 경제법칙과 도덕법칙에 동시에 부합하는 정책을 마련해야 한다는 것이고, 현대 경제학의 용어로 표현하자면 효율성과 공평성을 동시에 높일 수 있는 정책을 실시해야 한다는 것이다. 시장친화적인 방식으로 평등지권을 구현하는 부동산 정책이 바로 그런 정책이다. 시장친화적 토지공개념 혹은 지공주의地公主義라고 불리는 이 정책철학의 핵심 내용은, 토지와 자연자원이 모든 사람의 공공재산이라는 성격을 갖고 있는 만큼 그것을 보유하고 사용하는 사람은 토지가치에 비례해 사용료를 공공에 납부하게 하고 사용료 수입은 사회구성원들에게 골고루 혜택이 돌아가도록 사용해야 한다는 것이다.*

둘째, 올바른 정책철학을 구현할 수 있는 근본정책 수단을 갖추어야 한다. 근본정책은 모든 정책의 인프라 혹은 시장의 신호등과 같은 역할을 한다. 그것은 시장의 틀을 바로잡는 정책이다. 그러므로 정권이 바뀐다고 해서, 또 시장 상황이 변한다고 해서 근본정책을 변경해서는 안 된다. 정권을 잡았다고 근본정책을 마음대로 변경하면, 정책의 수레바퀴를 거꾸로 돌렸다는 오명을 뒤집

---

*
전강수, 『부동산 투기의 종말』, 시대의창, 2010, 244쪽.

어쓸 수밖에 없다. 시장친화적 토지공개념을 구현할 수 있는 근본 정책으로는 앞에서 살펴본 토지가치세제와 토지공공임대제를 들 수 있다. 토지가치세제가 시장친화적인 방식으로 평등지권을 실현할 수 있다는 것은 앞에서 이미 설명했다. 토지공공임대제도 그와 마찬가지로 시장친화적인 방식으로 평등지권을 실현할 수 있는데, 이에 관해서는 뒤에서 상술하기로 하자. 그 외에 실거래가 제도를 정착시키고 관련 통계를 정비하여 정기적으로 발표하는 것도 근본정책에 포함시킬 수 있다. 이와 같은 시장 투명성 제고 정책은 부동산 시장 정상화의 출발점이다.

앞에서도 말했지만 토지가치세제와 토지공공임대제는 단기간에 완전한 형태로 도입하려고 할 경우에는 심각한 부작용을 야기하기 때문에, 시간을 길게 잡고 점진적인 방식으로 추진해야 한다. 토지가치세제는 토지보유세를 점진적으로 강화하는 방식으로, 그리고 토지공공임대제는 공공이 토지 비축을 꾸준히 확대하면서 확보한 공공토지를 임대 방식으로 관리하는 형태로 추진하는 것이 현실적인 방법이다.

따라서 토지가치세제와 토지공공임대제는 도입되더라도 당장 문제가 되고 있는 현상(부동산 가격의 폭등과 폭락, 불로소득의 발생 등)을 완화하는 데는 그다지 큰 효과를 발휘하지 못하기 쉽다. 부동산 가격의 변동을 완화하기 위해서는 단기정책이 필요하며, 근본정책이 완성되기까지 곳곳에서 발생할 수밖에 없는 토지 불로소득을 환수하기 위해서는 개발이익 환수 제도나 양도소득세 제도가 필요하다.

셋째, 당장 문제가 되고 있는 현상을 완화할 수 있는 효과적인 단기정책 수단을 갖춰야 한다. 단기정책은 정책철학의 구현에 직접적인 도움을 주는 정책은 아니다. 하지만 실효성 있는 단기정책이 실시되지 않을 경우, 사회적 반발이 증폭되고 정치적 위기가 초래되어 근본정책도 유지하기 어려운 상황에 빠지기 쉽다. 부동산 시장에서 단기적으로 가장 큰 문제가 되는 것은 가격의 폭등과 폭락이다. 부동산 가격이 폭등할 때도, 폭락할 때도 사회구성원들은 큰 고통을 호소하며 정부의 대책을 요구한다. 우리나라처럼 가계 자산에서 부동산이 차지하는 비중이 큰 곳에서는 가격 변화에 대한 사회적 반응이 특히 민감하다. 토지가치세제와 토지공공임대제 같은 근본정책도 가격변동의 진폭을 완화하는 효과를 발휘하지만, 당장 큰 효과를 기대하기는 어렵다.

유동성이 부동산 가격에 지대한 영향을 미치는 오늘날의 부동산 시장에서는 미시적 금융정책이 가격변동의 진폭을 줄이는 효과가 가장 확실한 정책이다. 미시적 금융정책이란 시장이 과열될 때는 부동산 대출규제를 강화하고 시장이 침체할 때는 부동산 대출규제를 완화하는 정책을 가리킨다. 그와 함께 단기 가격조절용으로 활용할 수 있는 정책으로는 전매제한과 같은 거래규제, 분양가 상한제와 같은 가격규제, 재건축규제와 같은 개발규제 등이 있다. 근본정책과 함께 금융규제·거래규제·가격규제·개발규제 등을 적절히 강화 혹은 완화하는 정책을 추진하면 부동산 가격의 폭등과 폭락을 크게 완화할 수 있다.

한 가지 주의할 것은 이런 규제정책들을 근본정책으로 추진해서는 안 된다는 점이다. 정부의 직접 규제는 단기적 효과가 확실한 반면, 장기화할 경우 시장을 왜곡시키고 효율성을 떨어뜨리기 때문이다. 예를 들어 분양가 상한제는 부동산 가격이 폭등하고 있을 때 실시하면 분양가 상승이 기존 주택 가격의 상승을 유발하는 현상을 차단하여 부동산 가격을 안정시키는 효과를 발휘하지만, 다른 한편으로는 신규 주택의 공급을 감소시켜서 장기적으로 가격 상승 압력을 가중시키고 주택의 품질을 저하시키는 부작용을 낳는다.

넷째, 아무리 훌륭한 근본정책과 단기정책을 실시하더라도 정책의 사각지대에서 고통을 겪는 사람들이 생기기 마련이다. 따라서 이들을 지원하는 복지정책을 마련해서 근본정책과 단기정책을 보완해야 한다. 복지정책을 펼칠 때 가장 큰 어려움은 재원확보 문제인데, 주거복지 정책도 예외가 될 수는 없다. 하지만 다른 복지정책과는 달리 주거복지 정책의 경우, 토지가치세제와 토지공공임대제가 시행되면 자동적으로 재원이 확보된다는 이점이 있다. 그 외에도 양도소득세나 개발이익 환수 제도를 통해 환수하는 토지 불로소득 환수액도 주거복지를 위한 재원에 더해질 수 있다.

물론 토지보유세 수입과 공공토지 임대료 수입을 어떻게 사용할 것인지에 대해서는 깊은 논의가 필요하지만, 어떤 방법을 선택하건 주거복지는 제1순위로 부각될 수밖에 없다. 왜냐하면 주거서비스가 인간의 생존에 가장 중요한 필수재일 뿐만 아니라, 토지보유세 수입과 공공토지 임대료 수입을 주거복지를 위해 지출하

는 것은 토지권을 많이 누리는 사람들에게서 대가를 걷어서 그 수
입을 토지권을 누리지 못하는 사람들에게 나누어주는 것과 같기
때문이다.

02

우리나라 정부의 부동산 정책,
어떻게 봐야 할까?

부동산 문제에 관한 한 우리나라는 초기 출발 상태가 매우 건전했다. 1950년 일제 강점기에 형성된 대토지 소유를 철폐하는 농지개혁을 성공시킴으로써 높은 토지 소유의 평등성을 실현했기 때문이다. 제2차 세계대전 후에 우리나라처럼 지주의 토지를 유상몰수해서 소작농에게 유상분배하는 방식의 농지개혁을 성공시킨 나라는 전 세계에서 몇 나라 되지 않는다. 농지개혁의 성공은 그후 유례없는 고도성장의 밑거름이 되었다. 경제발전의 장애물이 될 수 있었던 지주계층이 일거에 소멸했으며, 조그만 땅뙤기를 가진 수많은 자영 농민들이 등장하여 자발적 근로의욕과 창의력, 말릴 수 없는 교육열을 과시하며 경제성장의 기초를 닦았다.

전 세계 26개국을 대상으로 1960년 무렵의 토지분배 상태와 1960~2000년 사이의 연평균 경제성장률 간의 상관관계를 분석한 세계은행 K. 데이닌저Deininger 박사에 따르면, 초기 토지분배 상태가 공평했던 나라일수록 장기 경제성장률이 높고, 불공평했던 나라일수록 장기 경제성장률이 낮게 나타났다.[*] 토지분배의 공평성이 경제성장을 촉진했음을 보여주는 중요한 연구 결과다. 한국은 대만, 중국, 일본, 태국 등과 함께 초기 토지분배가 가장 공평했던 경우에 해당한다.[**]

하지만 농지개혁에 의해 실현된 토지 소유의 평등성은 시간이 가면서 무너졌고 토지는 다시 소수의 수중에 집중되어갔다. 확인 가능한 토지 소유 통계에 의하면, 농지개혁이 실시되기 전인 해방 직후에 전체 농가의 10퍼센트에 해당하는 지주들이 총 경지 면적의 53퍼센트를 소유하고 있었던 반면, 2005년 말에는 토지 소유자 중 상위 1퍼센트가 전체 민유지의 57퍼센트를 소유하고 있는 것으로 나타난다.[***] 두 통계는 성질이 달라서 바로 비교하기는 어렵지만, 이를 통해 2005년 현재의 토지 소유가 농지개혁 이전 상황에 버금갈 정도의 불평등성을 보이고 있다는 사실은 분명히 확인할 수 있다. 농지개혁에 의해 일시적으로 실현되었던 토지 소유의 높은 평등성은 수십 년이 지나는 사이에 사실상 소멸해버린 것이다. 해방 전에 비해 달라진 점이라면 토지문제의 중심이 농지가

[*]

Klaus Deininger, *Land Policies for Growth and Poverty Reduction*, A World Bank Policy Research Report, Washington D. C.: the World Bank, 2003.

[**]

전강수, 앞의 책, 36~37쪽.

[***]

같은 책, 37쪽.

아니라 도시 토지로 이동했다는 것이다.

그뿐만이 아니다. 지가를 포함하는 부동산 가격은 IMF 경제위기 때와 2008년 금융위기 때를 제외하면, 수십 년간 한 번도 본격적인 하락을 경험하지 않은 채 지속적으로 상승했으며, 중간 중간 폭등하기까지 했다. 우리나라에서는 1960년대 말 전국 평균 땅값 상승률이 30퍼센트를 넘어설 정도로 엄청난 지가 폭등이 발생한 이후 거의 10년을 주기로 하여 부동산 투기의 광풍이 불었다(단, 2000년대의 투기는 약 14년 만에 발생했다). 그 결과는 세계 최고 수준의 지가와 부동산 가격이다.

이처럼 토지의 집중이 심해지고 지가가 장기적으로 상승하는 가운데 폭등을 반복하는 사회에서는 부동산으로 인한 소득·자산 양극화 문제와 주거문제가 발생할 수밖에 없고, 그로 인한 사회적 갈등과 불안이 불가피하다. 우리나라 정부는 부동산 문제가 심각해질 때마다 그것을 사회적 위기의 전조前兆로 간주하여 부동산 시장에 적극적으로 개입했다. 참여정부 국정홍보처 산하 국정브리핑에서 발간한 『대한민국 부동산 40년』은 노무현 전 대통령이 임기 말 이명박 대통령 당선자를 만난 자리에서 꼭 읽어보라며 선물했던 것으로 유명한 책이다. 그 책에 의하면 1967년 이후 2007년까지 40년 동안 네 차례 부동산 경기순환 주기가 있었으며, 주요한 것만 꼽아서 59건의 부동산 대책이 나왔다.* 여기에 이명박 정부가 발표한 것까지 합하면 무려 70~80건에 달한다.

*

국정브리핑 특별기획팀, 『대한민국 부동산 40년』, 한스미디어, 2007, 14쪽.

우리나라 정부가 부동산 시장에 얼마나 적극적으로 개입해왔는지 분명히 알 수 있다.

지금까지 발표된 부동산 대책에는 워낙 다양한 내용들이 담겨 있고 정권에 따라 색깔이 다른 정책들을 실시했기 때문에 우리나라 부동산 정책을 일률적으로 평가하기는 어렵지만, 유심히 살펴보면 몇 가지 특징을 가려낼 수 있다.

냉온탕식 정책 운용

첫째, 우리나라 정부는 부동산 투기 열풍이 불 때는 투기 억제 대책을 마구 쏟아내고, 반대로 부동산 시장이 침체 기미를 보이면 바로 투기 억제 대책을 후퇴시키고 부동산 경기부양책을 실시했다. 그 때문에 우리나라 부동산 정책은 냉온탕식 정책이라는 오명을 갖게 됐다. 정부가 부동산 경기부양책을 실시하면, 얼마 후에는 어김없이 부동산 투기가 다시 찾아왔다. 1980년대 초, 1980년대 말, 2000년대 세 차례 모두 그랬다.

물론 김영삼 정부와 노무현 정부 때처럼 예외도 있었다. 김영삼 정부는 노태우 정부에 의해 단행된 강도 높은 부동산 투기 억제 대책으로 인해 부동산 가격 폭등세가 꺾인 후 상당 기간 동안, 어찌 보면 부동산 시장이 침체 양상을 보이는 중에도 부동산 경기부양책을 실시하지 않았다. 그 덕분에 우리나라의 부동산값은 1990년대 내내 안정세를 유지할 수 있었다.* 노무현 정부도 카드 대란과 북핵 위기라는 내우외환을 겪으면서 경기부양의 유혹을

받았지만, 2004년에 약간의 혼선을 보인 것 말고는 부동산 경기
부양책을 쓰지 않는다는 원칙을 지켰다.**

전두환 정부는 부동산 경기부양과 투기 억제를 오락가락했던
대표적인 정부다. 1978년 박정희 정부가 혁명적 조치라며 내놓은
'8·8대책' 이후 부동산 시장이 안정되고 제2차 오일쇼크로 인해
경기 침체가 진행되자, 전두환 정부는 집권 후 3년간 부동산 경기
부양책을 실시했다. 그러나 1983년 경기가 호황세를 보이면서 부
동산 시장이 과열되자 정부의 정책 방향은 투기 억제로 선회했고,
1985년 하반기에는 또다시 부동산 경기부양으로 선회했다.*** 한
편 김대중 정부와 이명박 정부는 직전 정부의 부동산 정책을 뒤집
어엎으면서 전방위적인 부동산 경기부양책을 실시했다는 점에서
최악의 정부로 기록되어야 한다.

김대중 정부는 1998년부터 2001년까지 외환위기를 극복한다
는 명분하에 그동안 부동산 정책의 근간을 이루던 토지공개념 제
도를 폐지했으며, 토지거래 허가구역 해제, 아파트 재당첨 금지
기간 단축 또는 폐지, 분양가 자율화, 토지거래신고제 폐지, 분양

*

전강수, 「부동산 정책의 역사와 시장친화적 토지공개념」, 『사회경제평론』 제29(1)
호, 2007, 382쪽.

**

김수현, 「공존을 위한 부동산 정책의 길」, 이정전 외, 『위기의 부동산』, 후마니타스,
2009, 271쪽.

***

전강수, 앞의 글, 381쪽.

권 전매제한 폐지, 무주택 세대주 우선 분양 폐지, 신축 주택 구입 시 양도세 면제, 취득세·등록세 감면 등을 추진하면서 부동산 경기부양을 적극적으로 도모했다. 김대중 정부의 경기부양 정책은 전두환 정부 때의 그것과는 비교도 안 될 정도로 전면적이었다. 이때의 전면적인 부동산 경기부양 정책과 함께 1990년대 내내 지속되었던 부동산 가격 안정세는 종언을 고했고, 2001년경부터 또다시 부동산 투기 바람이 불기 시작했다. 김대중 정부는 2001년 하반기에 정책기조를 투기 억제로 급격히 전환했지만 한번 불붙은 투기를 잠재우기에는 역부족이었다.*

이명박 정부도 김대중 정부 못지않은 부동산 경기부양 정책을 펼쳤다. 보유세 강화와 양도세 중과를 무력화했고, 거래규제·가격규제·재건축규제 등 대부분의 규제장치들을 무차별적이고 급진적으로 완화했으며(그 내용을 꼽아보면, 수도권 민간택지 전매제한 완화, 주택 재당첨 제한 폐지, 재건축 아파트 후분양제 폐지와 안전진단 간소화, 재건축 조합원 지위 양도 금지 폐지, 재건축 소형의무 비율 완화, 임대주택 의무 건축 비율 폐지, 투기과열지구 해제, 토지거래 허가구역 해제 등 이루 헤아릴 수 없다), 4대강 사업과 도심이나 그린벨트 내 주택 공급 정책을 통해 노골적으로 건설업체에 일감을 제공하고자 했다. 2012년 2월 현재, 남아 있는 부동산 투기 억제 장치라고는 분양가 상한제와 재건축 초과이익 환수제, 그리고 부동산 대출규제 세 가지 정도인데, 앞의 둘에 대해서도 이명박 정부가 이미 폐지 및 잠정 중지 입장을 밝혔다.

*

같은 글, 382~383쪽.

우리나라 부동산 정책이 냉온탕식이라는 사실은 양도소득세 세율과 운용 방식의 잦은 변경에서 극명하게 드러난다. 많은 사람들이 양도소득세를 부동산 불로소득 환수의 대표적 수단으로 여긴다. 하지만 우리나라 정부는 부동산 투기가 기승을 부릴 때는 어김없이 세율을 인상하거나 비과세 감면을 축소하면서 양도소득세 과세를 강화하고, 반대로 부동산 시장이 침체 양상을 보일 때는 즉각 세율을 인하하거나 비과세 감면을 확대하면서 양도소득세 과세를 완화하는 일을 반복해왔다. 토지 불로소득 환수의 대표적 수단으로 인식되는 양도소득세가 우리나라에서는 불로소득을 상시적으로 환수하는 제도적 장치가 아니라, 부동산 경기를 조절하는 수단으로 적극 활용되어온 것이다.*

홀대당한 근본정책

둘째, 지금까지 우리나라 정부는 단기 시장조절 정책에 몰두해온 것과는 대조적으로, 근본정책을 마련하는 데 극히 등한했다. 토지가치세제나 토지공공임대제, 그리고 시장 투명성 제고 정책과 같은 근본정책들의 역할은 아이들이 뛰어노는 울퉁불퉁한 운동장을 평평하게 만드는 일과 비슷하다. 울퉁불퉁한 운동장을 평평하게 만들더라도 아이들은 넘어질 수 있지만, 넘어지는 빈도는 예전

전강수,「공공성의 관점에서 본 한국 토지보유세의 역사와 의미」,『역사비평』 94호, 2011, 78쪽.

에 비해 크게 줄어들 것이다. 단기정책의 역할은 울퉁불퉁한 운동장은 그대로 둔 채 위험 표지판을 세우거나, 아이들에게 주의를 당부하거나, 넘어져 다친 아이들에게 약을 발라주는 일과 비슷하다. 진정으로 아이들의 안전을 염려하는 사람들이라면 울퉁불퉁한 운동장을 평평하게 만드는 일부터 할 것이다. 다른 비유를 써서 표현하자면, 우리나라 정부는 부동산 시장의 신호등을 바로 세우는 일은 등한히 한 채 잘못된 신호등 때문에 생기는 사고를 처리하는 데만 급급해온 셈이다.

지금까지의 정부 가운데 근본정책을 중시한 정부는 노무현 정부밖에 없다. 노태우 정부가 토지공개념을 전면에 내걸고 택지소유 상한제, 개발부담금제, 토지초과이득세제를 추진했지만, 토지보유세를 높이는 정공법은 사실상 회피했다. 반면 노무현 정부는 부동산 실거래가 제도를 도입하여 시장의 투명성을 획기적으로 높였을 뿐만 아니라 부동산보유세 정상화 정책과 강화 정책을 본격적으로 추진했다. 이 두 가지 정책은 모두 부동산 시장의 신호등에 해당하는 근본정책들이다. 노무현 정부가 이들 정책을 실시하기 전까지 우리나라 부동산 시장에서는 온 국민을 거짓말쟁이로 만드는 이중계약서 관행이 만연했고, 가격에 상응하는 보유세 부과가 이루어지지 않았으며, 평균적으로 보유세 부담이 너무 낮아서 언제든지 부동산 투기가 일어날 수 있는 여건이 조성되어 있었다. 부동산 세금의 70퍼센트 이상을 거래세(나머지는 보유세)로 조달하는 기형적인 조세구조도 오랫동안 유지되어왔다. 노무현 정부의 보유세 정상화 정책과 강화 정책에 의해, 비싼 부동산을 가진 사람이 싼 부동산을 가진 사람에 비해 보유세를 적게 내는 불합리한 상황은 끝이 났고, 평균적인 보유세 부담도 두 배 이상 늘어났다.

그러나 노무현 정부의 근본정책 실시는 사다리 아랫부분에 발을 올려놓은 데 불과하다는 점에 유의할 필요가 있다. 시장 투명성 제고 정책은 완성되었다고 볼 수 있지만, 실효세율 0.2퍼센트대로 표현되는 보유세 부담은 여전히 선진국에 비해 낮은 수준이고(영국, 미국, 캐나다, 일본은 보유세 실효세율이 1퍼센트 이상이다), 보유세에 비해 거래세의 비중이 지나치게 높다고 하는 부동산 조세구조의 기형성도 약간 완화되었을 뿐이다(그 외에 토지와 건물을 구분해서 토지세 중심으로 보유세를 강화해야 한다는 원칙이 지켜지지도 못했다).* 토지공공임대제는 아이러니하게도 새누리당(구 한나라당)의 홍준표 의원에 의해 관련 법률('토지임대부 분양주택 공급촉진을 위한 특별조치법')이 만들어졌을 뿐, 실제 정책으로 추진되지는 못했다.

그런데 이명박 정부는 노무현 정부가 어렵사리 궤도에 올려놓은 보유세 강화 정책을 불과 집권 1년 만에 무력화시켜버렸다. 노

---

*
노무현 정부는 2004년 부동산보유세 제도를 개편하면서 토지와 건물을 분리 과세하던 주택보유세 과세 방식을 통합과세로 바꾸었다. 노무현 정부가 부동산보유세 강화 정책을 추진한 것은 옳지만, 성격이 전혀 다른 토지와 건물을 구별하지 않은 것은 잘못이다. 토지보유세는 세 부담이 전가되지 않고 토지 이용에 악영향을 주지도 않는 좋은 세금이지만, 건물보유세는 세 부담이 전가될 뿐만 아니라 건물의 신축과 개축을 저해한다는 점에서 나쁜 세금이다. 경제정의의 관점에서 보더라도 인간 노력의 소산인 건물에 대해서는 과세를 피하고, 자연의 선물이자 사회공동체 공동 노력의 소산인 토지와 토지가치에 대해서는 무겁게 과세하는 것이 옳다(전강수, 앞의 책, 191쪽).

무현 정부 보유세 강화 정책의 상징이라고 할 수 있는 종합부동산세가 2008년 12월 종합부동산세법 개정에 의해 유명무실한 세금으로 전락했고, 2009년 2월의 지방세법 개정에 의해 재산세의 장기 강화 계획도 중단되었다. 올라가야 할 사다리 칸이 많이 남아 있는데도 너무 많이 올라왔다며 도로 내려가버린 꼴이다. 종합부동산세 무력화는 2008년 11월 13일 헌법재판소가 종합부동산세법 일부 조항에 대해 위헌 및 헌법 불합치 판정을 내린 것이 계기가 되었다. 하지만 이는 대통령 후보 시절부터 보유세 강화 정책에 대해 강한 혐오감을 드러냈던 이명박 대통령의 '소신'이 관철된 결과였다. 이때의 종합부동산세법 개정에 의해 과세 대상자는 크게 감소했고, 세 부담은 대폭 완화되었으며, 공시가격의 100퍼센트까지 올리기로 예정되어 있던 과표 현실화율 인상계획은 중단되었다.

역대 정부 중에 이명박 정부처럼 노골적으로 보유세 강화에 역행하는 정책을 펼친 정부는 없었다. 이명박 정부 외에는 모든 역대 정부가 보유세 강화의 중요성을 인정했고, 또 미미하나마 실천에 옮기기도 했다. 김대중 정부 임기 중에 보유세가 완화되었지만, 그때는 IMF 경제위기를 극복해야 한다는 절박한 시대적 과제가 있었다. 이명박 정부가 부동산 정책의 수레바퀴를 거꾸로 돌렸다는 비판을 받는 이유는 우리나라 정부들 중 유일하게, 작심하고 부동산 정책에서 가장 중요한 근본정책을 무력화시켰기 때문이다.

저소득층을 무시한 주택 공급 정책

셋째, 원칙적으로 정부의 주택 공급 정책은 부동산 구입 능력이 없거나 부족한 저소득층을 주요 대상으로 하는 주거복지 정책이 되어야 함에도, 우리나라 정부는 이를 등한히 한 채 부동산을 갖고 있거나 구입할 능력이 있는 사람들을 위한 주택 공급 정책에 치중해왔다. 민간의 사유지를 강제수용해서 조성하는 공공택지를 민간 건설업자에게 매각해서 민간주택 건설용지로 활용토록 했고, 정부가 직접 주택 건설까지 담당하는 경우에도 임대보다는 분양을 목적으로 하는 경우가 많았다. 2011년 현재 우리나라의 공공임대주택 비율은 4.8퍼센트로 경제협력개발기구OECD 평균인 11.5퍼센트에 크게 못 미친다. 만일 노무현 정부가 공공임대주택 공급 정책을 적극 추진하지 않았더라면, 이 비율은 아직도 2퍼센트대에 머물러 있었을 것이다. 스웨덴, 덴마크, 오스트리아, 영국 등 유럽 주요 국가들의 경우 이 비율이 20퍼센트를 초과하고 있고, 네덜란드의 경우 이 비율이 무려 35퍼센트에 달한다. 지금까지 우리나라 정부가 저소득층을 위한 주택 공급을 얼마나 등한히 해왔는지 쉽게 알 수 있다.

물론 공공임대주택 공급을 확대하는 것이 주거복지의 만병통치약은 아니다. 공공임대주택의 질적 개선, 수요에 상응하는 공급, 임대료 보조, 적절한 임대차 규제 등의 조치가 함께 취해져야 제대로 된 주거복지 정책이라 할 수 있다. 그러나 공공임대주택 공급의 확대는 주거복지의 기초다. 이 정책이 추진되지 않는다면,

나머지 정책 수단들은 무의미해진다.

우리나라에서 국제적 기준의 공공임대주택이 처음 공급된 것은 노태우 정부 임기 중인 1989년이었다. 그전까지 정부의 임대주택 공급 정책은 민간 건설업자들을 유인해 민간 임대주택을 공급하게 하거나, 임대기간이 극히 짧은 사실상의 분양주택을 주공을 통해 공급하는 형태를 취했다. 공공임대주택의 혜택을 전혀 누릴 수 없었던 도시 빈곤층을 수용한 주거 공간은 판자촌이었다. 1980년대 초까지 서울 인구의 10퍼센트 이상이 판자촌에 거주했다.[*]

노태우 정부가 판자촌 재개발 사업과 집값·전세금 폭등으로 인한 저소득층의 주거 불안에 대처하기 위해 공급하기 시작한 영구임대주택은 우리나라 최초의 명실상부한 공공임대주택이라는 점에서 의미가 크지만, 25만 호를 공급한다는 당초 계획을 달성하지 못한 채 1993년 19만 호 착공을 끝으로 사업이 종료되고 말았다.[**] 50년 공공임대주택 사업이 대안으로 추진되었지만, 김영삼 정부가 들어선 뒤 정부 지원이 중단되는 우여곡절을 겪으면서 유명무실해졌다. 김영삼 정부는 공공임대주택 공급보다는 민간 건설업자를 유인하여 민간 임대주택 공급을 확대하는 1989년 이전 방식의 정책에 주력했다.

[*]

김수현, 『부동산은 끝났다』, 오월의봄, 2011, 217쪽.

[**]

우리나라 공공임대주택 정책의 전개과정에 대해서는 박윤영, 「우리나라 공공임대주택 정책의 전개와 사회복지계의 과제」, 『사회복지정책』 제36권 제4호, 2009 참조.

우리나라에서 공공임대주택 공급이 본격화된 것은 2000년대에 들어와서였다. 김대중 정부가 국민임대주택 공급 사업을 시작하면서부터다. 김대중 정부는 2000년에는 10만 호, 2001년에는 20만 호로 목표치를 늘려가더니, 2002년 5월에는 2003년부터 향후 10년 동안 임대주택 100만 호를 건설하겠다는 파격적인 계획을 발표했다. 노무현 정부는 김대중 정부의 공공임대주택 공급 계획을 이어받았다. 2003년 9월 '서민중산층 주거안정 지원 대책'을 발표하여 향후 10년간 국민임대주택 100만 호를 포함하여 장기 공공임대주택 150만 호를 건설하겠다는 계획을 밝혔다. 두 정부의 공공임대주택 공급 정책은 계획 대비 달성률이 90퍼센트를 초과하는 성공을 거두었다. 게다가 노무현 정부는 2007년 1월 공공임대주택의 비중을 총 주택량의 20퍼센트까지 늘리겠다는 야심찬 계획을 발표했다.*

노무현 정부 임기 중에 공급된 서민용 장기 공공임대주택은 50만 호가 넘어서, 역대 정부가 지은 것을 다 합쳐도 이에 못 미친다.** 노무현 정부의 공공임대주택 공급 정책은 정부가 건설하는 공공임대주택 외에, 다세대·다가구 주택을 매입해서 낮은 임대료로 임대하는 매입임대주택과, 기존 주택을 전세로 임차한 후 낮은 임대료로 다시 임대하는 전세임대주택을 공급하는 등 다양한 방

*

국정브리핑 특별기획팀, 앞의 책, 319~323쪽.

**

김수현, 앞의 글, 271쪽.

식의 공공임대주택 공급을 시도했다는 점에서도 의의가 크다.*

한편 이명박 정부는 노무현 정부가 세워놓은 공공임대주택 공급 계획을 대폭 축소시켰다. '보금자리주택'이라는 그럴싸한 이름을 내세워 서민용 주택을 대량 공급하는 척 선전했지만, 그 실상은 김대중·노무현 정부의 계획을 크게 후퇴시킨 내용이다. 2018년까지 150만 호를 공급하겠다고 한 보금자리주택 중에는 분양주택이 70만 호나 들어 있고, 임대주택 중에도 10년 임대주택이 20만 호 포함되어 있어서 명실상부한 장기 공공임대주택은 60만 호에 불과하다. 이 중에서 장기전세주택 10만 호를 제외하면 50만 호인데, 이를 향후 10년간 공급하겠다는 것이므로 정부가 공공임대주택을 연 5만 호씩 짓겠다는 계획을 세운 것이다. 노무현 정부는 임기 중에 공공임대주택을 연평균 10만 호 이상을 지었고 2017년까지 계속 연 10만 호씩 짓겠다는 계획을 세웠는데, 이명박 정부는 이 계획을 반 토막 내버린 것이다.

헌법 정신은 토지공개념

주의 깊은 독자들은 내가 정책철학 이야기를 하지 않는 것을 이상하게 생각할지 모르겠다. 앞에서 좋은 부동산 정책의 첫 번째 조건으로 올바른 정책철학을 갖춰야 한다는 것을 제시했으니 말이

---

*

김수현, 앞의 책, 219쪽.

다. 하지만 양해하시라. 위의 정책 평가 내용을 전제로 해야 우리 나라 정부의 부동산 정책철학을 제대로 평가할 수 있다는 생각에 순서를 바꿨다.

우리나라 부동산 정책이 입각해야 할 기본 철학이 헌법에 담겨 있다는 사실을 아는 사람이 얼마나 되는지 모르겠다. 항간에는 토 지공개념 관련 법률들(토지초과이득세법과 택지소유상한제법)의 일부 조 항이 헌법재판소에 의해 위헌 또는 헌법불합치 판정을 받았다는 사실을 들어서 토지공개념을 반反헌법적인 것으로 여기는 사람들 이 적지 않다. 그러나 우리나라 현행 헌법의 부동산 철학은 명백 히 토지공개념이다.

1987년에 제정된 현행 헌법은 제23조 ①항에서 "모든 국민의 재산권은 보장된다. 그 내용과 한계는 법률로 정한다"고 함으로 써, 재산권의 상대성을 선언하면서 그에 대한 입법부의 입법 형성 권을 인정하고 있으며, 같은 조 ②항에서는 "재산권의 행사는 공 공복리에 적합하도록 하여야 한다"고 함으로써, 재산권의 사회적 구속성, 즉 공공복리 적합성을 선언하고 있다. 더욱이 현행 헌법 은 토지 재산권을 다른 일반 재산권과 구별하여, "국토와 자원은 국가의 보호를 받으며, 국가는 그 균형 있는 개발과 이용을 위하 여 필요한 계획을 수립한다"는 조항(제120조 ②항)과, "국가는 국민 모두의 생산 및 생활의 기반이 되는 국토의 효율적이고 균형 있는 이용·개발과 보전을 위하여 법률이 정하는 바에 의하여 그에 관 한 필요한 제한과 의무를 과課할 수 있다"는 조항(제122조)을 별도 로 두어 토지공개념을 천명하고 있다. 헌법재판소는 이 두 조항의 의미를, 토지 재산권의 사회적 구속성은 다른 일반 재산권에 비해 더 강하며 따라서 그에 대한 입법 형성권은 다른 재산권보다 더 넓게 인정되어야 한다는 것으로 해석했다.[*]

특히 토지공개념 조항이라 불리는 현행 헌법 제122조는 제3공화국 헌법(1962. 12. 26)에서 "국가는 농지와 산지의 효율적 이용을 위하여 법률이 정하는 바에 의하여 그에 관한 필요한 제한과 의무를 과할 수 있다"(제114조)는 내용으로 처음 등장한 이래, 유신헌법(1972. 12. 27)에서 "국가는 농지와 산지 기타 국토의 효율적인 이용·개발과 보전을 위하여 법률이 정하는 바에 의하여 그에 관한 필요한 제한과 의무를 과할 수 있다"(제119조)는 내용으로 진화한 후, 현행 헌법에서 현재의 내용으로 발전했다. 공개념의 적용 대상이 농지와 산지에서 전체 국토로 확대되고, 공개념의 적용 목적 또한 토지의 "효율적인 이용"에서 "효율적이고 균형 있는 이용·개발과 보전"으로 성숙되어왔다는 사실이 발견된다. 현행 헌법으로 개정하면서 "농지와 산지 기타"라는 구절을 삭제하는 대신에 "국민 모두의 생산 및 생활의 기반이 되는"이라는 수식구를 붙였다는 사실도 의미심장하다. 이와 같이 헌법상 토지공개념 조항이 진화해간 배경에는 도시화의 급속한 진전과 그에 따른 토지문제의 악화라는 요인이 있었을 것이다. 헌법의 토지공개념 조항이 1962년 헌법에서부터 초보적 형태로나마 등장했다는 사실은 우

전강수, 「공공성의 관점에서 본 한국 토지보유세의 역사와 의미」, 『역사비평』 94호, 2011, 71~72쪽.

리나라 헌법이 토지 소유권에 관해 공개념을 기본 정신으로 삼은 역사가 무척 길다는 것을 의미한다.*

지금까지 우리나라 정부는 토지 재산권에 대해 '의무와 제한'을 수없이 부과해왔다. 그러나 그 조치들이 "국민 모두의 생산 및 생활의 기반이 되는 국토의 효율적이고 균형 있는 이용·개발과 보전"(아니면 적어도 "국토의 효율적인 이용·개발과 보전")에 필요한 것이었는지는 의문이다. 수많은 '의무와 제한'을 일관성 없이 자의적으로 부과해왔다고 하는 편이 정확할 것이다.

물론 노태우 정부는 명시적으로 토지공개념을 정책기조로 내세웠고, 김영삼 정부는 그 기조를 유지했다. 그리고 노무현 정부는 "국토의 효율적이고 균형 있는 이용·개발과 보전"에 도움이 되는 중요한 정책들을 실시하여 내용상으로 토지공개념을 추구했다(토지공개념을 추구하되 시장친화적인 방법으로 해야 국토의 효율적인 이용·개발에 도움이 될 수 있는데, 이를 위해 가장 효과적인 정책 수단은 토지보유세를 강화하는 것이다. 노태우 정부는 토지공개념을 정책기조로 내걸기는 했지만 토지보유세를 의미 있게 강화하지는 못했고, 그 대신 부차적인 역할에 머물러야 할 개발이익의 환수와 택지소유 제한을 주요 정책 수단으로 삼았다는 점에서 한계가 있다. 반면 노무현 정부는 보유세 강화 정책을 부동산 정책의 중심으로 삼았다. 노태우 정부가 추진했던 토지공개념 정책을 형식적인 토지공개념, 노무현 정부가 추진한 토지공개념 정책을 실질적인 토지공개념이라고 부를 수 있겠다).

•
같은 글, 73~74쪽.

하지만 전두환 정부는 아무런 정책철학 없이 오락가락했고, 김대중 정부와 이명박 정부는 토지공개념에 정면으로 반하는 부동산 정책들을 마구 실시했다. 김대중 정부는 IMF 경제위기를 극복해야 한다는 절박한 사정 때문에 불가피하게 그랬다는 사정이 인정되지만, 부동산 시장 만능주의에 사로잡힌 이명박 정부는 집권하자마자 작심하고 토지공개념에 반하는 부동산 정책들을 펼쳤다. 이명박 정부는 헌법의 토지공개념 정신에 반하는 부동산 정책철학을 표방한 최초의 정부라는 점, 기억할 필요가 있다.

우리나라 정부들, 부동산 정책에서 몇 점이나 받을까?

이상에서 우리나라 정부들의 부동산 정책을 평가해보았다. 이 평가에 기초하여 각 정부의 부동산 정책에 점수를 매기면 어떻게 될까? 〈표 2〉는 전두환 정부에서 이명박 정부까지 우리나라 정부들의 부동산 정책을 정책철학과 주요 정책들을 중심으로 하여 점수를 매긴 결과를 보여주고 있다. 항목 선정과 점수 부여에 필자 개인의 주관이 작용했고 또 각 항목의 중요도를 감안하여 가중치를 부여하지 않았다는 점에서 학문적 의미를 인정하기는 어렵겠지만, 그래도 대략적인 평가로서는 의미가 있을 것 같다. 때로는 재미삼아 하는 어설픈 방법이 학문적으로 엄밀한 방법보다 현실을 더 잘 설명한다. 각 항목에서 아주 잘못했거나 무관심했던 경우에 0점을 부여했고, 아주 잘했을 경우에는 3점을 부여했다.

점수 부여에서 주목되는 몇 가지 사실을 설명하자면, 우선 노태우 정부가 정책철학에서 3점을 받은 이유는 공식적으로 토지공개념을 표방했기 때문이며, 김영삼 정부가 시장 투명성 강화에서 3점을 받은 이유는 부동산실명제를 실시했기 때문이다(1995년에 실시된 부동산실명제는 오랫동안 관행이었던 명의신탁을 금지하고 모든 부동산의 등기를 실제 소유자의 이름으로 하게 한 조치인데, 이를 계기로 우리나라 부동산 시장의 투명성은 획기적으로 높아졌다). 그리고 김대중 정부가 공공임대주택 공급에서 3점을 받은 이유는 국민임대주택 공급을 시작하면서 공공임대주택 공급을 재개했고 임기 말에는 공급 목표를 획기적으로 높였기 때문이다. 노무현 정부가 정책철학에서 3점이 아닌 2점을 받은 이유는 실질적으로 토지공개념을 추진했지만 공식적인 정책기조로 표방하지는 않았기 때문이다.

표 2 각 정부 부동산 정책에 대한 평가

합계

	부동산 경기부양 자제	보유세 강화	공공임대 주택 공급	시장 투명성 강화	정책 철학	
전두환 정부	0	0	0	0	0	0(0)
노태우 정부	1	2	2	0	3	8(53)
김영삼 정부	3	2	0	3	1	9(60)
김대중 정부	0	0	3	0	0	3(20)
노무현 정부	3	3	3	3	2	14(93)
이명박 정부	0	0	0	0	0	0(0)

주: ( )안의 수치는 100점 만점으로 환산한 것.

각 항목의 점수를 합한 결과, 전두환 정부와 이명박 정부가 0점을 받아서 최하위를 차지한 반면, 노무현 정부가 100점 만점에

93점을 받아서 수위를 차지했다. 김영삼 정부와 노태우 정부가 각각 60점과 53점을 받아서 2위와 3위를 차지했는데, 두 정부가 받은 점수는 비교적 높은 편이다. 두 정부는 부동산 정책에 관한 한 상대적으로 괜찮은 정부였던 셈이다. 한편 김대중 정부는 20점밖에 받지 못해서, 부동산 정책에 관한 한 전두환 정부, 이명박 정부와 함께 정책을 잘못 펼친 나쁜 정부의 범주에 넣을 수밖에 없다.

노무현 정부 부동산 정책의 한계

....

위에서 내가 노무현 정부의 부동산 정책에 93점이라는 높은 점수를 주었다고 해서 그것을 무조건 상찬한다고 생각하지 마시기 바란다. 노무현 정부는 부동산 경기부양의 유혹에 빠지지 않았고, 최초로 보유세 강화 정책을 본격적으로 추진했으며, 공공임대주택 공급을 확대하면서 임대주택 공급 방식을 다양화했고, 실거래가 제도를 도입하여 시장의 투명성을 획기적으로 높였으며, 대한민국 역사상 최초로 토지 소유 분포 통계를 공개한 것 등 기념비적인 부동산 정책들을 추진한 것이 사실이다.

하지만 노무현 정부는 토지와 건물을 가리지 않고 보유세를 강화했다든지, 토지공공임대제의 정책 수단인 토지임대부 주택에 반대했다든지, 국민들의 감정을 건드리기 쉬운 주택보유세(현행 제도하에서 부동산보유세는 주택분, 토지분, 건물분으로 나뉜다)를 너무 급격하게 강화함으로써 정치적 공격을 자초했다든지, 주택 금융에 대한 규제 강화에 실기함으로써 부동산 가격을 제때 안정시키지 못했다든지 하는 한계를 보여주기도 했다.

게다가 정책 운용의 미숙함이 더해져서, 노무현 정부의 부동산 정책은 그 내용의 상대적 우수성에도 불구하고 국민들로부터 혹독한 평가를 받고 말았다. 노무현 정부는 분명 양심적이고 좋은 의사였지만 환자의 마음을 얻는 데는 실패한 의사였던 셈이다. 다음의 글은 내가 노무현 정부 당시 한 언론에 기고한 칼럼인데, 바로 부동산 정책 운용상의 실책을 지적한 내용이다.

참여정부 부동산 정책의 실책

....

정책 방향만 가지고 평가할 때 참여정부의 부동산 정책은 역대 정부에 비해 상대적으로 높은 점수를 받을 것 같다. 불황기에도 부동산 경기부양책을 쓰지 않은 것, 보유세 부담의 형평성을 실현한 것, 보유세 강화와 거래세 인하를 추진한 것, 부동산 과다 보유자에 대해 양도세를 강화한 것, 부동산 거래의 투명성을 제고한 것, 서민용 장기임대주택 공급 확대를 추진한 것 등은 분명히 부동산 정책의 역사상 큰 진전이다.

하지만 국민들 중 다수는 참여정부 부동산 정책에 그리 높은 점수를 주지 않고 있다. 며칠 전 언론 보도에 의하면, 참여정부 부동산 정책에 대한 찬반 여부를 묻는 한 여론조사에서 응답자의 61퍼센트가 반대한다고 답했고, 심지어 세입자 중에서도 42퍼센트가 반대 의사를 밝혔다고 한다. 역대 정부에 비해 우수한 정책을 펼치고도 일반 국민들과 서민들의 지지를 받지 못하게 된 이유는 무엇일까?

크게 보면 노무현 대통령과 참여정부 정책 전반에 대한 실망감이 투영된 것으로 볼 수 있겠지만, 부동산 정책의 추진과정에도 원인이 있는 것 같다. 두 가지만 지적하기로 하자.

참여정부 부동산 정책의 최대 실책은 집값에 대한 과도한 단언들을 계속 해왔다는 것이다. 얼마 전에는 '버블세븐' 지역을 발표하면서 집값 하락의 로드맵까지 발표하는 지나친 모습을 보이기도 했다. 그러나 집값은 정책이나 의지만으로 결정되는 것이 아니며 정책 당국자가 확신을 가지고 말할 수 있는 영역도 아니다. 실제로 지금까지 부동산값은 정부의 단언과는 반대로 지속적인 상승세를 보여왔다. 그러니 참여정부를 믿고 의사결정을 했던 사람들이 배신감을 느끼는 것은 당연하지 않은가?

참여정부는 그동안 쏟아낸 과도한 발언이 부메랑으로 돌아와서 모든 책임을 질 수밖에 없는 입장이 되자 이를 모면하기 위해 더 강한 발언을 내놓을 수밖에 없는 '집값 함정'에 빠져버렸다. 집값 수준을 정책의 목표로 제시한 것은 큰 실수다. 집값 자체를 정책 목표로 내세울 것이 아니라 부동산 불로소득을 차단할 수 있는 제도적 장치를 마련하겠다고 했어야 한다. 병에 비유하자면 부동산 불로소득은 병의 근본 원인이고 집값 폭등은 통증 내지는 병의 증상이다. 훌륭한 의사는 환자에게 즉시 안 아프게 해주겠다고 하지 않는다. 당분간 아프겠지만 병의 근본 원인을 제거해주겠다고 한다.

두 번째로 지적할 수 있는 실책은 정책을 뒷받침해줄 철학 내지는 패러다임을 확립하지 못했다는 점이다. 수많은 부동산 대책이 쏟아져 나왔지만 그것이 어떤 패러다임에 입각하여 추진되었는지 분명치 않다. 제대로 된 패러다임이 제시되지 않으니, 참여정부의 부동산 정책에 대해 '잡기' 혹은 '때리기'라는 단어를 붙여서 비난하기도 쉽지 않겠는가?

필자는 오래전부터 부동산 정책의 새로운 패러다임으로서 '시장친화적 토지공개념'을 제안해왔다. 이 제도는, 토지와 자연자원이 모든 사람의 공공재산이라는 성격을 갖고 있는 만큼 그것을 보유하고 사용하는 사람은 토지가치에 비례해 사용료를 공공에 납부하게 하고, 사용료 수입은 공공의 목적을 위해 사용하는 것을 기본 원리로 한다. 토지보유세를 획기적으로 강화하는 대신 그 세수 증가분만큼 경제에 부담을 주는 다른 세금들을 감면하는 '패키지형 세제개편'과 국공유지를 대상으로 실시하는 토지공공임대제가 대표적인 정책 수단이다. 각종의 개발이익 환수 제도도 시장친화적 토지공개념의 범주 속에 포함시킬 수 있다.

토지공개념 하면, 반시장적 규제를 떠올리는 사람들이 많다. 이런 오해는 과거의 토지공개념 제도가 토지 소유에 대해 국가가 규제하고, 유휴 토지의 미실현 자본이득에 대해 과중한 세금을 부과하는 등, 지나치거나 졸렬한 방법에 의존했고, 또 관련 법률들이 위헌 판정과 헌법 불합치 판정을 받았던 데서 비롯하는 것 같다.

시장친화적 토지공개념 제도는 이와는 다르다. 이것은 부동산의 소유나 처분을 정부가 직접 규제하지 않으며, 유휴 토지라고 해서 무거운 세금을 부과하지도 않는다. 주택이나 토지의 거래를 제한하지도 않고 부동산 거래에 무거운 세금을 부과하지도 않는다. 즉 이 제도는 토지공개념의 정신을 시장친화적인 방법으로 실현한다.

참여정부는 시장친화적 토지공개념의 정책 수단들을 부분적으로 채택했지만 그것을 하나의 패러다임으로 묶지는 못했다. 차기 정부는 참여정부의 실수를 잘 기억해야 할 것이다. 시장친화적 토지공개념을 실현할 수 있는 차기 정부를 기대하는 것은 지나친 꿈인가?

『시민의 신문』, 2006년 8월 24일.

03

과녁을 벗어난 부동산 정책 대안들

부동산 시장 만능주의*

이명박 정부 부동산 정책의 철학은 한마디로 부동산 시장 만능주의다. 이 흐름은 우리 사회에서 1990년대 초반 무렵 출현한 이후, 노무현 정부 부동산 정책을 둘러싼 논란과정에서 영향력을 크게 확대했다. 이명박 정부가 시장 만능주의자들의 주장을 전폭적으로 수용하면서 부동산 시장 만능주의는 전성기를 구가하게 되었다. 보유세 강화 및 양도세 중과를 내용으로 하는 부동산 불로소득 환수 정책을 무력화시키고, 모든 부동산 규제를 무차별적·급진적으로 완화하고, 도심 및 그린벨트 내 공급 확대 정책을 본격

---

*

이 부분은 전강수, 「이명박 정부의 시장 만능주의적 부동산 정책」, 『사회경제평론』 제32호, 2009, 198~201쪽의 내용을 재구성하고 보완해서 작성한 것이다.

적으로 추진하는 등, 이명박 정부가 출범 이후 추진해온 부동산 정책들은 모두 그동안 부동산 시장 만능주의자들이 주장해온 것들이다.

부동산 시장 만능주의는 부동산 정책뿐 아니라 언론 보도에도 엄청난 영향을 끼치고 있다. 노무현 정부 임기 중에 보수 언론들은 부동산 시장 만능주의자들을 부동산 정책 공격을 위한 첨병으로 내세웠고, 시장 만능주의자들은 보수 언론의 요구에 충실히 부응하면서 자신들의 영향력을 확대했다. 당시 조·중·동 등 보수 언론들은 부동산 시장 만능주의자들의 주장을 베껴 쓰다시피 보도했고, 그 경향은 지금도 바뀌지 않고 있다. 이들이 발호하기 전인 1990년대 초반까지만 해도, 우리 국민들 사이에 부동산 투기는 망국병이며 불로소득에 대한 과세는 정의롭다는 관념이 지배적이었고 조·중·동의 논조도 여기서 크게 벗어나지 않았다. 하지만 지금은 '투기가 일어나도 정부가 개입해서는 안 된다, 투기는 투자와 구별할 수도 없고 또 부동산값의 변동 폭을 줄여주는 긍정적인 기능을 하기 때문에 억제할 필요도 없다, 부동산 시장의 모든 문제는 공급에서 비롯된다, 부동산보유세는 투기를 억제하기는커녕 부작용만 낳을 뿐이다'라는 주장에 지지를 보내는 사람들이 적지 않다. 부동산 시장 만능주의자들과 보수 언론이 합작해서 전개한 작전의 '성과'다.

부동산 시장 만능주의의 실체와 허구성을 분명히 밝혀두지 않는다면, 앞으로 진보개혁 정권이 다시 집권하더라도 개혁적인 부동산 정책을 펼치기가 무척 어려울 것이다. 따라서 이 기회에 우리나라 부동산 시장 만능주의자들의 주장에서 드러나는 문제점과 오류를 분명히 짚어두고자 한다.

첫째, 부동산 시장 만능주의자들은 부동산 시장의 특수성을 인정하지 않는다. 그래서 투기가 일어나 부동산 가격이 폭등하더라도 방임하는 것이 옳다고 믿는다. 일반 재화 시장에서처럼 시장의 자기조절 기능이 작동해서 조만간 균형이 실현되고 가격은 안정세를 되찾는다는 것이 그들의 생각이다. 사실 부동산 시장 만능주의자들은 투기 자체를 나쁘게 보기는커녕 좋게 본다. 투기가 가격을 안정화시키는 기능을 한다고 생각하기 때문이다. 즉, 어떤 상품의 가격이 공급 과잉 상태에 빠져서 가격이 폭락하려고 할 때 투기꾼들이 시세 차액을 노리고 그 상품을 대량 매입하면 가격 하락세가 멈춘다. 거꾸로 그 상품의 가격이 폭등세를 나타내면, 투기꾼들이 그동안 비축했던 물량을 시장에 풀기 시작하고 그로 인해 가격 폭등세는 꺾인다.[*] 이런 투기의 가격 안정화 기능이 부동산 시장에서도 나타난다는 것이 부동산 시장 만능주의자들의 주장이다.

그러나 부동산 시장 만능주의자들의 믿음과는 달리, 부동산 시장은 일반 재화 시장과 성격이 전혀 다르다. 투기가 일어나서 가격이 상승하더라도 토지의 공급은 증가시키는 것이 아예 불가능하고 건물의 공급은 단기간에 증가시키기가 어렵기 때문이다. 더욱이 일반 재화의 경우 가격이 상승하면 수요가 줄어드는 데 반해, 부동산에 대한 투기적 수요는 가격이 상승할 때 더욱 팽창한

*

이정전, 『토지경제학』, 박영사, 2009, 77쪽.

다. 그래서 투기가 가격 폭등을 부르고 가격 폭등이 다시 투기를 부르는 악순환이 일어나는 것이다. 요컨대 부동산 투기가 기승을 부릴 때 시장의 자기조절 기능은 작동하지 않는다. 따라서 투기는 시간이 지나도 자연적으로 소진되지 않고 가격을 계속 폭등시켜 경제의 다른 분야에 타격을 가한 후에야 비로소 사라진다. 시장의 자기조절 기능이라는 표현보다는 '거품의 형성과 붕괴'라는 표현이 부동산 시장의 특징을 더 잘 설명한다는 사실은 2008년 금융위기 이후의 세계경제가 여실히 보여주고 있다. 시장의 자기조절 기능이 발휘되지 않는 경우에는 정부가 정책을 통해 개입해서 시장을 정상화시켜야 한다. 이때 정책의 초점은 조세정책이나 미시적 금융정책을 통해 투기수요를 억제하는 데 두어져야 한다. 가격이 상승할 때 감소하기는커녕 거꾸로 증가하는 속성을 갖고 있는 투기수요를 제거하고 나면, 시장은 정상화되고 시장의 자기조절 기능도 비로소 작동한다.

부동산 시장 만능주의자들은 투기의 가격 안정화 기능에 주목하지만, 그것이 강하게 나타나는 것은 일반 재화 시장일 뿐이다. 부동산 시장에서는 그보다는 오히려 투기의 가격변동 증폭 기능이 두드러진다. 부동산 시장의 특성을 잘 알고 있는 투기꾼들은 가격 폭락이 시작되려고 할 때 절대로 부동산 매입에 나서지 않는다. 왜냐하면 한참 동안 가격 하락이 계속될 수밖에 없음을 잘 알기 때문이다. 그리고 가격 폭등이 시작되려고 할 때도 절대로 보유 부동산의 매각에 나서지 않는다. 왜냐하면 한참 동안 가격 상승이 계속될 수밖에 없음을 잘 알기 때문이다. 그래서 일반 재화

시장에서 나타나는 투기의 가격 안정화 기능은 부동산 시장에서 는 나타나지 않는다.

둘째, 우리나라의 부동산 시장 만능주의자들은 부동산 시장의 모든 문제가 공급에서 비롯된다고 보는 '공급환원론' 또는 '공급 만능론'을 피력한다. 이들은 노무현 정부 당시 부동산 가격이 폭 등하는 이유는 공급이 부족하기 때문이며 이 문제를 해결하기 위 해서는 공급을 어렵게 만드는 각종 규제를 풀어서 수요가 있는 곳 에 공급이 확대되도록 해야 한다는 주장을 앵무새처럼 반복했다. 이들은 공급에 과도하게 집착하는 것과는 대조적으로, 부동산 수 요에 대해서는 이상하게 느껴질 정도로 입을 닫았다. 노무현 정부 당시 과잉 유동성이 투기수요를 자극하고 있었고 그로 인해 부동 산 가격이 폭등하고 있었음에도, 시장 만능주의자들은 그에 대해 서는 일언반구도 하지 않은 채 공급 부족만을 뇌까렸다.

하지만 가격이란 수요와 공급의 상호작용에 의해 결정되는 법 인데, 시장주의자를 자처하는 사람들이 왜 수요에 대해서는 한마 디도 하지 않은 채 공급만 문제시하는지 정말 이상하다. 더 이상 한 일은 부동산 시장이 침체해서 가격 하락이 본격화하고 있는 요 즈음에도 이들은 여전히 공급 확대를 주장한다는 사실이다. 이번 에는 몇 년 후에 주택 부족으로 인한 부동산 가격 폭등이 우려된 다는 이유에서다. 이들이 주장하는 대로 부동산 가격의 폭등이 오 로지 공급 부족에 기인하는 것이라면, 요즘처럼 거꾸로 부동산 가 격이 하락하는 것은 공급 과잉 때문이라고 해야 수미일관할 것이 다. 따라서 지금은 과잉 공급 문제에 대한 대책을 내놓아야 마땅

함에도, 이들은 몇 년 후의 부동산 시장을 걱정하며 계속해서 공급 확대를 주장하고 있다. 사실 자세히 살펴보면, 부동산 시장 만능주의자들의 논리에는 부동산 시장의 침체와 가격 하락에 대한 설명이 빠져 있다는 것을 발견할 수 있다. 짐작건대 공급으로 설명하자니 말이 안 되고 수요로 설명하자니 일관성이 없고, 그러니까 그냥 아무 말 말고 넘어가자는 생각인 것 같다.

셋째, 부동산 시장 만능주의자들은 부동산 조세, 특히 보유세를 활용하여 투기수요를 억제하려는 정책을 극도로 혐오한다. 이들의 이런 경향은 노무현 정부 당시 기승을 부렸던 '세금폭탄론'의 진원이 되었다. 이들의 보유세 혐오증은 주로 종합부동산세를 비판하는 과정에서 형성되었는데, 그것은 종합부동산세 반대를 넘어서 부동산보유세 무용론으로까지 발전했다. 보유세의 가격 안정화 효과는 일회적 혹은 제한적이라는 주장, 보유세는 전가되기 때문에 주택 가격을 낮추는 것이 아니라 오히려 상승시킨다는 주장, 소득을 기준으로 볼 때 우리나라의 보유세 부담은 미국에 비해 낮지 않다는 주장, 우리나라 가구의 경상소득과 주택 자산 가액 간의 상관계수가 낮기 때문에 주택 자산 가액을 기준으로 과세하는 현행 주택분 보유세는 형평성에 문제가 있다는 주장 등, 아무 근거도 없는 파격적인 주장들이 몇 년 사이에 이들에게서 쏟아져 나왔다. 이들의 보유세 무용론은 우리 사회와 학계에서 이미 합의가 끝난 토지보유세 강화의 필요성에 정면으로 반한다는 점에 유의할 필요가 있다.

시장 만능주의자들의 보유세 무용론은 워낙 다양한 내용을 가지고 있고 또 그 하나하나에 대해 다른 곳에서 조목조목 비판했기 때문에,* 여기서는 상세한 비판은 하지 않겠다. 다만, 이들의 주장들이 대부분 논리적 근거가 없거나 사실에 기초하지 않은 것이라는 점은 밝혀두고 싶다. 이들이 주장한 것과는 달리, 보유세는 양극화의 주범인 부동산 불로소득과 부동산 투기를 근절한다. 보유세가 제대로 부과되면, 투기 목적으로 부동산을 다량 보유하면서 저사용 상태로 방치하는 경향이 사라질 것이므로 부동산 이용의 효율성도 높아진다. 또 부동산 가격변동의 진폭이 축소되기 때문에 부동산 시장이 금융시장과 거시경제를 불안하게 만드는 일도 줄어든다. 특히 종부세는 세수의 상당 부분이 교부세로 지방에 배분되기 때문에 균형 발전과 취약 지역의 복지·재정 수요에 도움을 준다.

　부동산 시장 만능주의는 이론이라기보다는 특정 계층의 이해 관계를 노골적으로 옹호하는 이데올로기에 가깝다. 부동산 시장 만능주의자들은 투기를 정당화함으로써 투기꾼을 옹호하고, 공급 확대론을 주장함으로써 건설업자들을 옹호하며, 보유세 무용론을 피력함으로써 부동산 과다 보유자를 옹호한다. 이들은 모두 지대 추구자rent-seeker라는 공통점을 갖고 있다. 따라서 부동산 시장 만능주의는 시장경제의 효율성을 저해하는 지대 추구자들의 이데올로기라고 할 수 있다. 이런 이데올로기를 가진 사람들이 시장경제의 옹호자를 자처하고 있으니 아이러니가 아닐 수 없다.

*

전강수 외, 『부동산 신화는 없다』, 후마니타스, 2008, 114~147쪽을 참조하라.

보유세 무용론 비판

. . . .

한국의 대표적인 부동산 시장 만능주의자들로는 서강대 김경환 교수, 자유기업원의 김정호 원장, 조세연구원의 노영훈 박사, 건국대 손재영 교수, 아주대 현진권 교수를 꼽을 수 있다. 나는 2008년에 남기업, 이태경, 김수현 세 분과 함께 이들의 보유세 무용론을 조목조목 비판하는 내용을 담은 책을 발간한 바 있다. 아래의 글은 그 가운데서 보유세 무용론의 선구자라 할 수 있는 김경환 교수의 견해에 대한 비판을 요약·정리한 것이다.

김경환 교수가 주장한 보유세 무용론의 핵심 내용은 다음 세 가지로 요약할 수 있다.

첫째, 보유세를 강화하면 단기적으로는 주택 매매가격이 하락하지만, 그것은 신규 주택 공급의 채산성을 떨어뜨리고 주택 공급을 위축시켜서 장기적으로는 임대료를 끌어올린다.

둘째, 보유세 강화가 주택 가격을 내리는 효과는 단기 혹은 일회一回에 그친다. 이 말은 보유세 강화 정책의 부동산 가격 안정화 효과가 제한적이라는 뜻도 담고 있다. 김경환 교수는 그 증거로 미국의 사례를 제시한다. 미국 주요 도시의 경우, 부동산보유세인 재산세의 실효세율과 주택 가격 상승률 간에 양(+)의 상관관계가 존재한다. 즉, 재산세 실효세율이 높은 도시라고 해서 주택 가격 상승률이 낮다는 증거가 없다는 것이다.

셋째, 현재 우리나라의 보유세 부담은 소득을 기준으로 볼 때 미국보다 낮지 않으며, 보유세 강화론자들의 주장대로 실효세율을 1퍼센트 수준으로 높일 경우 부동산 가치 대비 소득의 비율이 낮은 우리나라의 경우 소득 대비 보유세 부담이 미국에 비해 훨씬 높아질 것이다.

그렇다면 이제 위의 내용 하나하나에 대해 비판해보기로 하자.

첫째, 보유세를 강화하면 장기적으로 주택 재고가 감소해 임대료가 상승할 것이라고 하는 주장에 대해. 이 주장에는 중대한 오류가 포함되어 있다. 부동산보유세가 건물보유세로만 되어 있다면 이 주장이 옳지만, 부동산보유세에는 토지보유세도 포함되어 있다. 건물보유세는 임대료에 전가되지만 토지보유세는 전가되지 않는다는 것은 경제학에서는 익히 알려진 사실이다. 보유세가 임대료에 전가된다고 하는 이유는 조세 때문에 공급이 줄어들고 그 결과 임대료가 올라간다고 보기 때문이다. 그렇다면 부동산보유세가 주택의 공급을 감소시킬까? 물론 건물보유세 강화는 건물 가격을 하락시켜 신규 주택 공급의 채산성을 떨어뜨리고 건물 공급을 감소시킨다. 하지만 토지보유세 강화는 토지 가격을 하락시키기 때문에 거꾸로 신규 주택 공급의 채산성을 높이는 효과가 있다. 또 토지보유세를 강화하면 토지 소유자에게 토지 이용을 효율적으로 하도록 압박하는 효과가 나타나고 택지 공급도 늘어난다. 이 경우 주택 공급은 장기적으로 증가하게 된다. 따라서 토지보유세와 건물보유세가 결합되어 있는 부동산보유세를 강화할 경우, 장기적으로 주택 공급이 줄어들지 늘어날지, 그리고 주택 임대료가 상승할지 하락할지 단정적으로 말하기 힘들다.

둘째, 보유세 강화 정책의 가격 안정화 효과가 단기 혹은 일회에 그친다는 주장에 대해. 부동산 시장이 완전경쟁 시장인 경우, 보유세 강화 계획이 발표되면 조세의 자본화 효과가 발휘되어 부동산 매매가격이 미래 세금 부담 증가분의 현재 가치만큼 즉각적으로 떨어진다. 이 경우 보유세 강화 정책의 가격 안정화 효과는 김 교수의 주장대로 단기 혹은 일회에 그친다. 그러나 현실 시장에서는 조세의 자본화 효과가 충분하게 발휘되지 않는다. 왜냐하면 시장 참가자들이 정책의 지속 가능성을 믿지 않기 때문이다. 따라서 보유세 강화 정책이 가격 안정화 기능을 제대로 발휘하려면 실제로 계속해서 부과되는 것이 중요하다. 강화된 보유세가 매년 실제로 부과되기 시작하면 보유비용 효과가 발휘되기 때문이다. 즉, 보유세 부담이 증가하면 부동산 소유자들은 부동산 보유비용이 늘어난 것으로 느끼고 보유비용을 줄이려는 노력을 하게 되는 것이다. 그럴 경우 보유 부동산을 매각하려는 사람들이 증가하고 그 결과 부동산 가격은 하락한다. 이때 가격 하락은 즉각적으로 일어나는 것이 아니라 상당히 오랜 기간에 걸쳐서 진행된다. 그러므로 보유세 강화 정책의 가격 안정화 효과가 단기 혹은 일회에 그친다는 주장은 현실과 맞지 않다.

또 설령 가격 하락이 단기적(일회적)인 현상이라고 하더라도, 단기적(일회적)이냐 아니냐는 종부세에 대한 비판으로서는 초점을 벗어난 것이다. 종부세의 주된 목적은 가격을 장기적으로 또 반복적으로 내리는 데 있는 것이 아니라, 현실의 가격 중 투기적 가수요 때문에 부당하게 부풀려져 있는 가격을 내리는 데 있기 때문이다.

김경환 교수는 미국 주요 도시들의 재산세 실효세율과 부동산 가격 상승률 간에 양(+)의 상관관계가 성립한다는 사실을 근거로, 보유세 부담을 높인다고 해서 부동산 가격이 안정된다고 할 수는 없다고 주장한다. 그러나 김 교수 자신도 인정하듯이 이 상관계수는 다른 변수들을 통제하지 않은 상태에서 구한 것이며, 통계적으로 유의미한지 검정되지도 않았다. 보유세 강화가 부동산 가격을 안정화하는 효과가 없다는 식의 상식을 뒤엎는 주장을 하면서 이렇게 허술한 논거를 제시하는 것은 합당하지 않다.

김 교수는 미국의 사례를 소개하면서, 자기 의도와는 달리 대단히 중대한 정보를 한 가지 제공하고 있다. 미국의 도시 중 재산세 실효세율이 무려 4퍼센트를 넘는 곳이 있다는 사실이다. 이를 감안하면, 우리나라 보유세 실효세율의 목표치를 1퍼센트보다 더 높게 잡더라도 큰 문제는 없지 않을까 생각된다.

셋째, 소득을 기준으로 볼 때 현재 우리나라의 보유세 부담은 미국보다 낮지 않으며 보유세 실효세율을 1퍼센트로 올릴 경우 소득 대비 보유세 부담이 미국보다 훨씬 높아질 것이라는 주장에 대해. 우선, 소득세가 아닌 부동산보유세의 부담을 논하면서 소득을 기준으로 삼는 것 자체가 적절하지 않다. 부담 능력을 고려하기 위한 것이라면 소득뿐 아니라 다른 자산까지 고려하는 것이 합당하다.

설사 소득을 기준으로 보유세 부담을 계산하는 것을 용인한다고 하더라도, 우리나라의 소득 대비 보유세 부담이 미국에 비해 낮지 않다는 것은 근거가 없는 이야기다. 김경환 교수가 이런 주장을 하는 논거는 다음과 같다.

$$\frac{\text{보유세}}{\text{소득}} = \frac{\text{주택 가격}}{\text{소득}}(PIR) \times \frac{\text{보유세}}{\text{주택 가격}}(\text{실효세율})$$ 라는 간단한 식을 생각하면, 소득 대비 보유세 부담은 소득 대비 주택 가격 비율(PIR)과 보유세 실효세율을 곱한 값으로 표시할 수 있음을 금방 알 수 있다. 김경환 교수는 우리나라의 보유세 실효세율은 미국에 비해 낮지만, PIR은 미국에 비해 높기 때문에 소득 대비 보유세 부담은 양국 간에 차이가 없다고 주장한다. 하지만 계산이 틀렸다. 김경환 교수 자신이 밝힌 바에 의하면, 2004~2006년 사이 미국의 PIR은 3.8, 한국의 PIR은 6.4(서울은 8.9)다. 이 시기 한국의 보유세 평균 실효세율은 0.2퍼센트고 미국의 보유세 평균 실효세율은 1.5퍼센트이므로, 이 수치들을 모두 위의 식에 대입해서 양국의 소득 대비 보유세 부담을 계산해보면, 미국은 5.7퍼센트, 우리나라는 1.28퍼센트가 나온다. 미국이 우리나라의 4.5배 수준이다. 소득을 기준으로 하더라도, 우리나라가 미국에 비해 보유세 부담이 훨씬 낮은 것이 분명하다.

전강수 외, 『부동산 신화는 없다』, 후마니타스, 2008, 121~129쪽 요약·인용.

가격규제 만능주의

지난 몇 년간 우리 사회에서 부동산 시장 만능주의라는 극단적 이데올로기가 부동산 부자, 강남 지역 부동산 소유자, 부동산 투기꾼, 건설업자 등 지대 추구자들의 이해관계를 대변해왔다고 한다면, 그 맞은편 일각에서는 가격규제 만능주의라는 또 하나의 이데올로기가 마치 집 없는 서민의 대변자인 양 행세하면서 영향력을 행사했다. 전자는 부동산 문제를 무조건 시장에 맡기라고 하는 반면, 후자는 무조건 정부가 직접 집값을 잡으라고 주장한다. 시민단체인 경실련의 분양원가 공개운동은 우리 사회에 가격규제 만능주의를 퍼뜨린 주범이다. 2002~2006년의 집값 폭등기에 경실련은, 부동산 가격이 폭등하는 것은 건설업체들이 분양가를 과도하게 높여서 폭리를 취하기 때문이며 분양원가 공개와 분양가 규제(그리고 후분양제 도입)를 통해 건설업체의 폭리를 제한하지 않으면 부동산 가격을 안정시킬 수 없다는 주장을 내세우며 분양원가 공개운동을 적극적으로 전개했다.

실제로 1998년 분양가 자율화 조치가 취해진 이후 아파트 분양가는 급격히 상승했고, 서울과 수도권에서는 분양가 상승이 주변의 기존 아파트값을 끌어올리는 선도 역할을 했으며, 건설업체들은 분양가를 마음껏 높게 책정하면서 엄청난 호황을 누렸다. 경실련의 주장이 이런 현실과 결부되면서, 우리 사회에는 부동산 문제는 바로 분양가 문제고 분양원가를 공개해서 분양가를 규제하기만 하면 부동산값을 잡을 수 있다는 생각이 널리 퍼지게 되었다. 당시 부동산 정책에 관해 여론조사를 해보면 분양원가 공개에 대한 지지율이 90퍼센트에 육박할 정도로, 경실련의 주장은 국민들로부터 광범위한 지지를 받았다.

정부가 직접 집값을 잡으라는 국민들의 요구가 하늘을 찌르자, 여야를 막론하고 다수의 정치인들이 분양원가 공개와 분양가 규제에 대해 지지 의사를 표명했고, 몇몇 유력 정치인들은 분양가를 인하할 수 있는 자기 나름의 '비책'들을 내놓았다. 새누리당(당시 한나라당) 홍준표 의원의 '반값 아파트'는 그 대표격이고, 박근혜 의원의 '원가 아파트'와 문국현 전 의원의 '반의 반값 아파트'는 그 아류라고 할 수 있다. 또한 이명박 정부가 공급한 보금자리 분양주택도 성격상 이 범주에 속한다. 물론 이 정책 대안들은 내용이 각각 다르다. 즉, 토지임대부 분양제도라고 불렸던 홍준표 안은 토지를 국가가 보유한 채 건물만 분양하고 용적률을 높이는 방식으로, 국가시행분양제라고도 불렸던 박근혜 안은 국가가 직접 시행을 맡고 시공만 민간업체에 맡기는 방식으로, 문국현 안은 토지임대부 및 환매조건부(토지임대부와 환매조건부의 내용에 대해서는 조금 뒤에 설명한다), 분양원가 공개 등을 결합하는 방식으로, 그리고 이명박 정부의 보금자리주택은 그린벨트 내 토지를 활용하여 토지비용을 낮추는 방식으로 분양가를 인하하고자 했다. 하지만 이 방안들은 모두 분양가 인하를 통한 주택 가격 안정을 도모했다는 점에서는 성격이 동일하다.

분양가를 낮추어서 집값 폭등을 잠재우려고 했던 방안들은 그나름대로 '일정한' 의미를 갖고 있었지만, 부동산 투기를 근본적으로 해결할 수 있는 대책은 아니다. 여기서 '일정한' 의미를 갖고 있었다는 것은 신규 주택의 분양가가 주변 기존 주택의 가격을 선도하는 기능을 어느 정도 발휘했고, 또 시장 참가자들의 미래 집값에 대한 기대에도 일정한 영향을 미쳤기 때문이다.

하지만 인과관계를 잘 따져볼 필요가 있다. 분양가 인상은 부동산 투기와 부동산값 폭등의 근본 원인이 아니다. 건설업체가 부당하게 분양가를 끌어올려 폭리를 취하기 때문에 부동산값이 폭등하는 것이 아니라는 말이다. 원인과 결과가 뒤바뀌었다. 투기로 인해 부동산값이 폭등했기 때문에 건설업체들이 분양가를 끌어올릴 수 있었고, 어려움 없이 아파트를 분양하면서 폭리를 취할 수 있었다는 것이 진실이다. 게다가 연간 신규 주택 공급량이 전체 주택 재고에서 차지하는 비중이 미미하다는 사실도 중요하다. 우리나라 전체 주택 재고에서 신규 주택 공급량이 차지하는 비중은 3퍼센트에도 못 미친다고 하는데 여기서 결정되는 가격이 전체 주택의 가격을 좌우한다는 것은 말이 안 된다. 그것은 마치 코끼리의 코를 붙잡고 흔들면 코끼리가 공중에 들려 흔들릴 것이라고 말하는 것과 같다. 하지만 코끼리의 코를 붙잡고 흔들면, 코끼리를 움찔하게 만들 수 있을지는 몰라도 들어서 흔들 수는 없다.

노벨경제학상 수상자 G. E. 스티글리츠는 "아무리 강력할지라도 정부는 중력의 법칙을 폐지할 수 없는 것처럼 수요공급의 법칙을 폐지할 수 없다"고 말한 바 있다.[*] 그가 IMF 식의 시장 만능주

•
스티글리츠 지음, 김균 외 옮김, 『스티글리츠의 경제학』, 한울, 2002, 169쪽.

의와 세계화를 비판해온 학자라는 점에 유의하라. 건설업체가 아무리 힘이 세고 수완이 좋다고 해도, 또 정부가 아무리 강력한 정책을 펼친다고 해도, 시장에 존재하는 수요와 공급의 힘을 벗어나서 가격을 마음대로 좌우할 수는 없다. 수요와 공급의 변화가 원인이고 가격 변화는 결과일 뿐이다. 2002~2006년 사이에 아파트값이 폭등한 것은 건설업체들이 신규 주택의 분양가를 마음대로 끌어올렸기 때문이 아니라, 주택 공급에 비해 주택 수요가 갑자기 많아졌기 때문이다.

단기간에 주택 수요가 급격히 늘어나는 것은 실수요에 투기적 가수요가 가세하기 때문이다. 주택 공급은 가격의 변화에 둔감하고 단기간에 크게 변동하지 않는다. 따라서 주택 공급에 비해 주택 수요가 갑자기 많아지는 현상은 공급이 아니라 수요, 특히 투기적 가수요에서 원인을 찾아야 한다. 2000년대 초에는 전 세계적인 과잉 유동성, 유례없는 저금리 정책, 투기 방지 장치의 부재 등 투기적 가수요가 발생하고 팽창할 조건이 조성되어 있었다. 이때 발생한 투기적 가수요가 2002~2006년 사이에 일어난 부동산값 폭등의 진정한 원인이다. 위에서 신규 주택 분양가가 주변 기존 주택의 가격을 선도하는 기능을 어느 정도 한다고 했지만, 그것도 투기적 가수요가 존재할 때의 이야기다. 투기적 가수요가 없으면, 가격 선도는커녕 아예 분양가의 대폭 인상 자체가 불가능하다.

투기적 가수요가 존재하는 한, 정부가 가격규제를 통해 분양가를 인위적으로 낮춘다고 하더라도 투기는 사라지지 않으며, 따라서 집값 폭등세도 완화되지 않는다. 극단적으로 말하면, 아예 신규 주택을 공짜로 공급하더라도, 투기적 가수요가 존재하는 한 기존 주택시장이나 토지시장, 그리고 상가시장에서 일어나는 투기를 막을 방법은 없다. 시세보다 싸게 공급되는 신규 주택의 가격은 금방 시세 수준으로 올라가버리고 그로 인한 차익은 최초 분양자가 먹는다.

사실 가격과 직접 씨름하는 것은 전형적으로 선동가들이 취하는 방법이다. 이들은 진정으로 문제를 해결하는 것보다는 사람들의 시선을 끌고 인기를 모으는 데만 관심이 있기 때문에, 즉각적인 효과가 있는 것처럼 보이는 대안을 선정적으로 외치는 경향이 있다. 더욱이 경실련이 분양원가 공개운동을 벌이면서 했던 것처럼 건설업체나 토공·주공이 폭리를 취하고 있다는 사실을 밝히면, 부동산값을 폭등시킨 '범인'이 가시화되고 국민들의 분노는 그들에게 집중된다. 선동가들은 분노를 조작하고 활용하는 데 능한 사람들이다. 하지만 그들은 자신들이 상대하고 있는 것이 사람이나 조직이 아니라 냉정하기 이를 데 없는 시장의 힘이라는 사실은 애써 무시한다.

부동산값 폭등을 야기하는 투기적 가수요는 시장 내에서 발생하는 '승자의 저주'와 같은 현상으로 인해 자체 소멸할 수도 있고, 정부 정책에 의해 조절될 수도 있다. 정부가 투기적 가수요 조절에 실패하면 '거품의 형성과 붕괴'가 불가피하다. 정부가 할 일은 직접 집값을 놓고 씨름하는 것이 아니라 투기적 가수요를 적절히 조절하는 것이다. 스티글리츠의 용어를 빌려 표현하자면, 가격규제를 통해 집값을 잡으려는 것은 시장과 대적하는 정책이고, 투기적 가수요를 조절하여 집값을 조절하려는 것은 시장의 힘을 이용하는 정책이다.* 시장과 대적하는 정책은 본래의 문제보다 더 심각한 문제를 야기하는 경우가 많다.

물론 값싼 주택을 공급하는 정책을 무의미하다고 할 수는 없다. 조금이나마 주택 구입 능력을 갖춘 사람들에게 내 집 마련의 기회를 제공하는 정책은 주거복지 차원에서 의미가 있다. 이를 위해 토지는 임대하고 건물만 분양하는 토지임대부 방식이나, 값싼 주택을 공급한 후에 분양받은 사람이 그 주택을 매각하고자 할 때는 분양가에 이자 정도를 붙인 가격으로 정부가 되사는 환매조건부 방식 등을 활용하는 것도 의미가 있다. 하지만 이 정책은 결코 경실련이 말하는 '집값 거품빼기'의 수단이 될 수는 없다.

경실련에서 '아파트값 거품빼기 운동본부'를 만들어 분양원가 공개운동을 주도해온 김헌동 본부장은 2009년 10월 이후의 부동산값 하락을 두고 이명박 정부가 보금자리주택 정책으로 주택 공급 가격을 낮춘 것이 원인이라고 단언했다고 한다. 2011년 5월 개최된 어느 토론회에서는 한 걸음 더 나아가 이명박 대통령이 지금까지의 대통령 가운데 부동산 정책을 가장 잘했다는 평가를 내리기까지 했다고 한다.** 다른 단체도 아닌 경실련의 주요 인사가,

*

같은 책, 172쪽.

**

『시사서울』 2011년 5월 11일.

불로소득 환수 정책을 무력화하고, 전면적인 규제완화 정책과 급진적인 도시재생 정책을 밀어붙이고, 노골적인 부동산 경기부양 정책과 건설업 지원 정책을 펼친 이명박 대통령의 부동산 정책을 가장 잘했다고 평가하다니 어처구니가 없다.

이런 생각은 김헌동 본부장 개인의 생각만은 아닌 것 같다. 2011년 9월 경실련은 보금자리주택의 가격이 부풀려졌다고 주장하면서 "반값 아파트로 집값 거품을 제거해 주택거래를 정상화시키는 것은 전월세 시장을 안정화시킬 수 있는 방법이기도 하다"* 고 강조했다. 주택 매매시장의 수요와 공급, 전월세 시장의 수요와 공급, 그리고 두 시장의 관계 등, 집값과 전세금의 변화를 야기하는 주요 요인들에 대해 아무런 검토도 하지 않은 채 어떻게 이렇게 '과감한' 원인 진단과 대안 제시를 할 수 있는지 놀라울 따름이다. 한번 방향을 잘못 잡으면 어디까지 잘못 갈 수 있는지 보여주는 대표적인 사례다.

*

『오마이뉴스』 2011년 9월 7일.

5부

다음 정부의 과제

이명박 정부의 부동산 정책은 기득권층의 이해관계에 집착하는 보수 정권이 정책의 수레바퀴를 어디까지 되돌릴 수 있는지 보여주는 좋은 사례다. 다음에 진보개혁 정부가 집권하여 부동산 정책의 수레바퀴를 다시 앞쪽으로 돌리지 않는다면, 우리나라 부동산 시장은 양극화와 주기적 불황, 그리고 난개발의 진원지라는 성격을 탈피하기 어려울 것이다. 만일 차기에 진보개혁 정부가 들어선다면 부동산 정책은 어떻게 펼쳐가야 할까?

정책 과제를 제시하기 전에 정책 운용과 관련된 몇 가지 원칙을 먼저 이야기해둘 필요가 있다. 아무리 정책 내용이 좋더라도 이 원칙들을 등한히 한다면, 정책은 실패로 끝날 공산이 크다.

첫째, 다음 정권은 정치에 성공해서 반드시 재집권해야 한다. 좋은 부동산 정책은 근본정책을 정착시키는 것이 핵심이므로 적어도 두 번 이상의 임기를 필요로 한다. 노무현 정부는 역대 정부

최고의 부동산 정책을 실시하고도 정치에 실패하는 바람에, 마치 최악의 부동산 정책을 실시한 정부처럼 취급당했다. 그 후 이명박 정부는 노무현 정부의 부동산 정책들을 모조리 뒤집어버렸다.

둘째, 다음 정부는 노무현 정부 부동산 정책의 성과와 한계를 구체적으로 확인하고 그 토대 위에서 정책을 펼쳐야 한다. 이명박 정부가 뒤집어버린 정책들 중에 복원되어야 할 것들은 모두 복원해야 하며, 노무현 정부 부동산 정책이 갖고 있던 한계들은 적극적으로 보완해야 한다.

셋째, 부동산 시장 만능주의나 가격규제 만능주의와 같은 엉터리 정책철학들을 효과적으로 제압할 수 있는 방안을 마련해야 한다. 다음 정부가 또다시 보수 언론들이나 일부 시민단체의 공격에 무방비로 노출되어 흔들린다면 노무현 정부가 겪었던 어려움을 똑같이 겪게 될 것이다.

이명박 정부 부동산 정책의 성격

....

이명박 정부의 부동산 정책은 부동산 시장 만능주의자들의 주장을 충실히 이행했다는 것 외에 두 가지 특징을 분명하게 드러내고 있다. 하나는 '건설업 프렌들리'로 표현되는 토건국가 이데올로기이고, 다른 하나는 반反서민적 성격이다.

사실 토건국가 이데올로기는 시장 만능주의와는 충돌하는 정책 지향이다. 제대로 된 시장주의자라면, 부동산 정책을 건설 경기부양의 수단으로 활용하고 건설산업을 정책적으로 지원하는 데 반대할 것이다. 하지만 이명박 정부는 건설 경기부양론을 주창하면서 인위적인 부동산 경기부양, 건설산업 지원,[*] 4대강 사업을 중심으로 한 대대적인 SOC Social Overhead Capital(사회간접자본) 투자를 적극 추진해왔다. 이명박 정부는 시장주의 실현 운운하며 보유세를 무력화하고 규제를 완화했지만, 그 진정한 목적은 시장경제의 효율성을 높이는 것이 아니라 건설 경기를 부양하고 건설업을 지원하는 데 있었다. 이정우 교수는 이명박 정부의 경제철학을 두고 시장 만능주의와 박정희 식 개발주의가 혼재하고 있다고 표현한 바 있다.[**] 적절한 표현이라고 여

[*]
시장 만능주의적 부동산 정책 자체가 건설산업을 지원하는 효과가 크지만, 그것 말고도 이명박 정부는 건설사에 대한 유동성 지원, 미분양 주택 매입, 건설업체 부채 상환용 토지 매입 등 직접 건설산업을 지원하는 정책을 펼쳤다.

[**]
이정우, 「세계화, 불평등과 복지국가」, 한국미래발전연구원 제1차 정례 세미나 발제문, 2008. 10. 10.

겨지지만, 필자의 생각으로는 양자가 단순히 혼재하고 있는 것이 아니라 후자가 전자를 포섭한 것, 달리 말하자면 '건설업 프렌들리'로 표현되는 토건 국가 이데올로기가 시장 만능주의 정책을 포섭한 것이라고 표현해야 더 정확할 것 같다.*

사실 우리나라는 전체 산업에서 건설업이 차지하는 비중이 높기로 유명하다. GDP 대비 부가가치의 비중이나 투자의 비중이 OECD 국가 중에서 가장 높다. 즉, 1995~2006년 사이에 건설업이 창출한 부가가치는 GDP의 8.8퍼센트를 차지하여 토건국가의 대표격인 일본의 1995~2005년 사이의 비율인 7.4퍼센트보다 높고, 1995~2006년간 GDP 대비 건설투자의 비율은 19.2퍼센트로서 OECD 국가 평균치(11.7퍼센트)의 1.65배에 달한다.** 그동안 건설업이 과잉 팽창한 결과다.

부동산 시장 침체기는 이처럼 과잉 팽창한 건설업의 군살을 빼서 체질을 강화하기에 적합한 시기다. 감기 몸살이 사람 몸에 쌓인 피로를 근본적으로 해소하여 건강을 회복시키듯이, 불황도 경제에 누적된 비효율 요인을 자연스럽게 제거하여 경제를 건강하게 회복시키는 작용을 한다. 이때 비효율 요인의 해소가 신속하고 순조롭게 이뤄지는 것이 매우 중요한데, 여기에 정부의 역할이 필요하다. 정부가 건설업체의 구조조정에 적극적으로 나서야 하는 것이다.

하지만 이명박 정부는 건설업체의 구조조정이 절실히 필요한 상황에 거꾸로 건설업체를 지원하고 건설 경기를 인위적으로 부양하는 정책에 몰두

---

*

전강수, 「이명박 정부의 시장 만능주의적 부동산 정책」, 『사회경제평론』 제32호, 2009, 211쪽.

**

변창흠, 「부동산 시장 팽창주의와 이명박 정부의 부동산 정책」, 이정전 외, 『위기의 부동산』, 후마니타스, 2009, 174~175쪽.

해왔다. 이 모습은 1990년대 초 부동산 거품이 붕괴하기 시작한 이후 SOC 투자 중심으로 재정지출 확대 정책을 펼침으로써 경기회복은커녕 엄청난 재정적자만 초래하고 만 일본의 사례를 상기시킨다. 일본 정부의 잘못된 건설 경기부양책으로 인해 일본에서는 장기 침체에도 불구하고 과대 성장한 건설업이 구조조정되기는커녕 오히려 건설업체 숫자가 늘어나는 기현상이 나타났다.

건설업을 살리고자 했던 이명박 정부의 토건국가적·시장 만능주의 부동산 정책은 서민경제에는 직격탄을 가했다.

가장 큰 타격은 역시 2년 넘게 계속되고 있는 '전세대란'이다. 물론 전세금 상승은 주택 매매시장이 침체하기 시작할 때 나타나는 자연적인 현상이다. 매매시장 침체기에 전세금이 상승하는 이유는 미래 집값에 대한 사람들의 예상이 비관적으로 변하면서 매입수요가 전세수요로 바뀌고, 부동산값 상승기에 금융 편의 등의 이유로 전세를 놓고 있던 집주인들이 집을 월세로 전환하면서 전세 공급이 줄어들기 때문이다. 이 정도의 현상은 시간이 지나가면 금방 사라지는 마찰적 현상이라고 할 수 있다.

하지만 이번의 전세금 상승은 이명박 정부의 잘못된 부동산 정책으로 인해 증폭되고 장기화되었다는 점에서 단순한 마찰적 현상으로 치부하기가 어렵다. 그렇다면 이명박 정부가 어떤 잘못을 저질렀기에 전세금 문제가 증폭되고 장기화되었을까?

우선, 이명박 정부는 투기수요를 부추겨서 주택 매매시장을 부양하는 정책을 펼쳐왔는데, 이것이 가계부채 등으로 인해 효과를 발휘하지 못하면서 미래 집값에 대한 비관적인 전망이 계속 시장을 지배하게 되었다는 점을 지적할 수 있다. 2007년 이래 순조롭게 연착륙하고 있던 집값을 부양하지 않고 그냥 두었더라면, 얼마 지나지 않아 집값 바닥론이 확산되면서 적어도 미래 집값이 계속 떨어질 것이라는 비관적 전망은 사라졌을 것이고 매입수요도 늘어났을 것이다. 그렇게 되었다면 매입 대기수요의 누적으로 인한 전세수요

증가는 많이 해소되었을 것이다. 그러나 이명박 정부는 임기 내내 집값을 인위적으로 부양하는 정책을 펼쳤고, 심지어 그것을 전세난 대책의 하나로 포함시키기까지 했다. 주변 시세에 비해 저렴한 가격으로 분양하는 보금자리주택 또한 매입 대기수요를 증가시키는 한 요인으로 작용했다. 보금자리주택 당첨을 기대하는 주택 수요자들이 선뜻 주택 매입에 나서지 않고 전세시장으로 몰린 것이 전세난을 자극한 것인데, 이 또한 이명박 정부의 정책 탓이다.

다음으로, 이명박 정부가 공공임대주택 공급 목표를 반 토막 냈고, 또 급진적인 도시 재개발 정책을 추진하면서 저렴한 주택을 대량 멸실시키는 정책을 펼쳐왔다는 점을 지적할 수 있다. 이명박 정부의 잘못된 정책으로 인한 임대주택 공급 부족이 전세대란의 또 하나의 원인이다. 〈표 3〉에 나와 있는 공공임대주택 공급 실적을 보면, 노무현 정부 임기 중에는 연간 10만 호를 초과했던 공공임대주택 공급량이 2009년에는 7.7만 호, 2010년에는 1.4만 호로 급격히 감소했음을 알 수 있다. 또 서울시가 민주통합당(당시 민주당) 이용섭 의원에게 제출한 한 자료에 의하면, 2009년 1.1만 호였던 기존 주택 멸실량은 2010년 3.4만 호, 2011년 6.7만 호, 2012년 5.2만 호(2011년과 2012년은 예상치)로 크게 증가한다.[*] 한 가지 유의할 점은 공급 부족이 중산층 이상이 임차하는 고가 임대주택이 아니라 서민층이 임차하는 저가 임대주택을 중심으로 발생했다는 것이다. 이명박 정부가 범한 정책 오류의 피해가 고스란히 서민들에게 돌아간 것이다.

표3 공공임대주택 공급 실적(단위: 1,000호)

연도	2001	2002	2003	2004	2005	2006	2007	2008	2009	2010
호수	43	59	75	93	103	106	133	108	77	14

자료: 변창흠, 「MB 정부의 서민주거 안정 대책의 문제점과 과제」, 자유선진당 정책토론회 발제문, 2011. 5. 9.

[*] 이용섭, '국정감사 보도시리즈 29', 2010.

이명박 정부의 토건국가적·시장 만능주의 부동산 정책이 서민경제에 가한 또 하나의 타격은 급진적인 도시 재개발 정책의 추진으로 인한 원주민 축출이다. 이명박 대통령이 서울시장 시절에 시작한 뉴타운 사업은 이명박 정부의 재개발 규제 완화 정책과 맞물리면서 더욱 탄력을 받았다. 전면철거 방식의 대단위 재개발이 이곳저곳에서 일시에 진행되는 바람에 기존 주택이 대량 멸실된 것은 물론이고, 원주민들이 대거 축출되는 사태가 발생했다. [*] 뉴타운 지역에서는 소형 주택이 사라지는 대신 중대형 아파트가 들어선다. 서울시 주거환경개선정책 자문위원회 공청회(2009. 1. 15) 자료에 의하면, 뉴타운 사업 지구에서는 전용면적 60제곱미터 이하 주택의 비율이 사업 전에 63퍼센트이던 것이 30퍼센트로 줄어들고, 매매가 5억 원 미만 주택의 비율 역시 86퍼센트에서 30퍼센트로 줄어든다. 특히 전세가 4,000만 원 미만의 서민용 주택은 완전히 사라진다.

이렇게 서민용 주택이 대량 멸실하고 중대형 고가 아파트가 들어섬에 따라 원주민이 재정착하기가 무척 어려워진다. 길음 4구역의 경우 전체 주민의 10.9퍼센트만이 그 지역에 다시 입주하게 된다고 한다. 무려 90퍼센트에 가까운 원주민들이 축출되는 것이다. 이런 현상은 다른 지역에서도 마찬가지로 나타난다. [**] 원주민들은 집에서만 쫓겨나는 것이 아니다. 사업장과 일터 건물이 멸실하는 바람에 거기서도 쫓겨나는 사람이 많다. 뉴타운 사업에 의한 원주민 축출은 근대 초기 인클로저 운동에 의한 농민 추방을 연상시킨다. 그 당시 영국에서 농민을 토지로부터 축출함으로써 이익을 누린 사람들은 지주와 양모업자들이었지만, 지금 뉴타운·재개발 지역에서 원주민들을

[*]

김수현·정석, 「재개발·뉴타운 사업 중단하라」, 『공간과 사회』 제21권 제1호, 2011, 308쪽.

[**]

김수현, 『부동산은 끝났다』, 오월의봄, 2011, 190~191쪽.

축출함으로써 이익을 누리는 사람들은 투기꾼, 건설업자, 개발업자들이다. 다음 인용문은 이명박 표 재개발 정책의 계급적 성격을 잘 묘사하고 있다.

재개발, 재건축, 뉴타운 사업은 긍정적 효과보다 훨씬 더 많은 심각한 악영향과 병폐적인 도시문제를 가져오는 괴물과도 같다. 서민들을 삶터에서 몰아내고, 도시를 망가뜨리며, 중소 상인과 기업 그리고 작은 설계 사무소들을 도탄에 빠트리는 대신, 투기자본과 개발회사, 건설사에는 개발이익을 차지하게 하고 도시 관리에 뒷짐 지고 있는 행정당국에겐 무임승차식의 기반시설 정비효과와 중산층 유입에 따른 세수증대라고 하는 종합선물세트를 안겨주고 있다.*

전강수, 「토건국가의 시장 만능주의 부동산 정책」, 『황해문화』 73호, 2011, 56~61쪽에서 인용.

김수현·정석, 앞의 글, 308쪽.

01

다음 정부 부동산 정책의 주요 과제

이제 다음 정부가 역점을 두고 추진해야 할 부동산 정책 과제를 제시해보기로 하자.

첫째, 부동산 정책의 철학을 분명하게 밝혀야 한다. 우리나라 헌법의 정신과 토지·부동산의 특수성을 고려할 때, 우리나라 부동산 정책의 철학은 시장친화적 토지공개념으로 잡는 것이 옳다. 시장친화적 토지공개념 제도는 토지를 자유롭게 보유하고 사용하도록 하되 사용하는 만큼 사용료를 납부하도록 하는 것을 기본 원리로 하기 때문에, 우리나라 헌법의 토지공개념 정신을 시장친화적인 방법으로 실현할 수 있다. 앞에서 지적했지만, 노무현 정부는 시장친화적 토지공개념에 부합하는 뛰어난 부동산 정책들을 다수 실시했음에도 그것들을 어떤 철학 위에서 추진하는지 분명하게 밝히지 않아서 쓸데없는 비난을 자초했다. 그러므로 차기 집권을 노리는 정치 세력은 선거공약을 제시하는 단계에서부터 시장친화적 토지공개념을 내걸어야 한다.

둘째, 노무현 정부가 본격적으로 추진했고 2017년까지의 장기 계획을 법률로 확정했으나, 이명박 정부가 무력화시켜버린 보유세 강화 정책을 복원하되 더 좋은 내용으로 수정해서 추진해야 한다. 노무현 정부는 보유세 강화의 목표를 분명하게 제시하여(실효세율 1퍼센트 달성) 국민들로부터 상당한 지지를 끌어냈고, 보유세 강화의 장기계획을 관련 법률(종합부동산세법과 지방세법)에 명기하는 성과를 거두었다. 다음 정부는 이 두 가지 성과를 반드시 복원해야 한다. 그러나 노무현 정부는 토지·건물 통합평가·통합과세 방식을 도입함으로써 보유세 강화는 토지세 중심으로 추진해야 한다는 중요한 원칙을 침범했다. 뿐만 아니라 종합합산 과세 대상 토지, 별도합산 과세 대상 토지, 주택을 구분하고 각기 별도로 합산하여 과세하는 방식을 채택함으로써, 도시에 빌딩을 갖고 있는 금융기관이나 대기업에는 크게 유리한 반면 주택 소유자에게는 상대적으로 불리한 결과를 초래했다. 노무현 정부에 의해 도입된 종합부동산세의 부담 증가는 나대지나 빌딩보다는 주택에서 두드러졌고 그 때문에 조세저항 또한 격렬했다. 그러므로 다음 정부는 노무현 정부 보유세 강화 정책의 이런 한계를 보완할 수 있는 대안을 마련해야 한다.

아울러 다음 정부는 토지보유세만큼 우수하지는 않지만 부동산 불로소득 환수 효과가 큰 양도소득세를 지금까지처럼 부동산 경기 조절 수단으로 활용하는 것이 아니라 불로소득을 상시적으로 환수하는 제도적 장치로 확립할 필요가 있으며, 개발이익 환수

제도도 투기 목적으로 이루어지는 재개발·재건축을 방지할 수 있을 정도로 정비·강화해야 한다.

셋째, 노무현 정부 임기 중에 논의가 시작되었으나 실제 정책으로 채택되지는 않은 토지공공임대제 도입을 적극적으로 추진해야 한다. 토지공개념을 시장친화적인 방법으로 구현할 수 있는 유력한 대안임에도 노무현 정부는 현실성이 떨어진다는 이유로 토지공공임대제 도입에 무관심했다. 이 제도는 토지는 공공이 소유하고 건물만 분양하는 방식으로서, 행정도시나 공공택지 개발에 바로 적용할 수 있는 개발 방식이고 장기적으로 볼 때는 통일 후 북한 지역 토지제도 개편 시에 유력한 대안이 될 수 있는 제도다. 부동산 정책에서 강한 토지공개념 지향성을 보였던 노무현 정부가 이를 외면했던 것은 당시 한나라당의 홍준표 의원이 먼저 공론화했기 때문이 아닌가 추측된다.

그러나 이 제도는 애초에 조지스트 학자들과 헨리 조지의 사상을 실현하려는 목적으로 결성된 토지정의시민연대가 제안한 것이다. 홍준표 의원은 그 제안을 받아서 '반값 아파트'라는 이상한 이름을 붙여 공론화시켰던 것뿐이다. 토지임대부 주택(토지공공임대제의 한 형태다)이 커다란 사회적 반향을 불러일으키자, 노무현 정부는 마지못해 군포지역에 시범사업을 실시했으나 마치 실패할 수밖에 없는 정책임을 증명하려는 듯이 무책임한 태도로 일관했다.

한편 새누리당 홍준표 의원은 토지임대부 주택을 당론으로 만들고 마침내 관련 법률을 통과시키는 정치력을 발휘했다(단, 홍준표 의원은 토지임대부 주택의 기본 특징을 토지공공임대제에서 찾지 않고 '반값 아파트'에서 찾았는데, 이는 홍준표 특유의 포퓰리즘의 발로라고 봐야 한다). 2009년 4월 국회를 통과한 '토지임대부 분양주택 공급 촉진을 위한 특별조치법'이 바로 그 법률이다. 하지만 이명박 정부도 토지임대부 주택 공급에 매우 소극적이었다. 이 정책이 자신들의 정체성에 부합하지 않는다고 판단했던 모양이다.

그런데 2011년 9월 이명박 정부의 레임덕 현상이 완연해지고 오세훈 서울시장 사퇴, 안철수 돌풍이 이어지는 가운데, 새누리당 황우여 원내대표는 한 언론사와의 인터뷰에서 "헨리 조지가 말했던 토지공개념 같은 근본적 대책이 필요하다"는 말과 함께 토지임대부 주택을 도입해 주택문제를 근본적으로 해결해야 한다고 주장했다.* 2011년 9월 19일에는 토지주택공사가 황우여 대표의 장단에 박자라도 맞추려는 듯이 서울 강남과 서초의 보금자리주택 지구에서 토지임대부 주택을 각각 358가구, 414가구 공급하겠다고 발표했다. 총선과 대선을 앞두고 위기감에 빠진 새누리당이 정치적 시늉을 내는 데 불과하다고 볼 수도 있겠으나, 진보개혁 세력은 자칫 잘못하면 중요한 의제를 선점당할 수 있다는 사실에 유념해야 한다.

넷째, 이명박 정부가 무너뜨린 주거복지 정책의 기본 원칙을 회복해야 한다. 주거복지 정책의 기본 원칙이란 토지권과 주거권을 누리지 못하는 주거 빈곤층과 서민층을 우선적으로 고려해야

*

『서울경제신문』, 2011년 9월 7일.

한다는 것이다. 이를 위해서는 이명박 정부가 후퇴시킨 연간 공공임대주택 공급 목표를 원상회복시켜야 하며, 민간 개발업자와 부동산 소유자의 배만 불리고 세입자들을 몰아내는 급진적인 도시재생 정책을 공공이 지원하는 점진적인 방식으로 전환해야 한다.* 또한 노무현 정부가 추진했던 '맞춤형 주택공급' 정책도 다시 추진할 필요가 있다. 민간 임대주택 시장에 대해서는, 확실한 세입자 보호제도를 마련하여 집주인과 세입자 간의 힘의 비대칭을 해소해야 하며, 임대료 보조와 금융 지원 등을 통해 세입자를 지원해야 한다. 최근 민주통합당을 비롯한 야당과 시민단체에서는 전세대란 대책의 일환으로 임대료 상한제를 도입하자고 주장하고 있으나, 그것은 일시적으로 도입한다면 모를까 장기정책으로 삼기에는 부적절한 정책이다. 왜냐하면 임대료 통제는 당장 전세금과 월세가 올라가는 것을 막을 수는 있지만, 장기적으로는 임대주택 공급을 감소시켜 임대료 상승 압력을 오히려 가중시키기 때문이다.

다섯째, 부동산 시장이 침체하면서 새롭게 발생한 건설업체 부실 문제, 가계부채 문제, 전세대란 등의 문제들에 대한 적절한 대책을 마련해야 한다. 우리나라 정부들이 부동산 시장 침체기에 전가傳家의 보도寶刀처럼 사용해온 인위적인 경기부양책은 이제 그만 종식시켜야 한다. 그것이 나중에 얼마나 큰 부작용을 초래하는지

*

김수현, 『부동산은 끝났다』, 오월의봄, 2011, 367쪽.

국민들에게 충분히 알리고, 고통이 따르지만 정공법으로 대처하는 것이 옳다는 사실을 인내심을 갖고 설명해야 한다. 다음 정부는 위의 문제들 때문에 근본정책을 후퇴시키는 일은 절대 해서는 안 된다. 토지공공임대제 도입의 전제조건을 만드는 국공유지 비축 정책 같은 것은 시장 침체기에 오히려 더 적극적으로 추진해야 한다. 건설업체와 가계에 맡겨두어서는 지지부진할 수밖에 없는 구조조정과 부실처리 과정이 신속하게 진행되도록 영향력을 행사하는 것도 정부가 해야 할 일이다.

02

주요 부동산 정책 과제의 추진 방안

이제, 다음 정부가 주요 정책 과제들을 어떤 방법으로 추진해야 하는지 구체적으로 제시해보기로 하자.

토지보유세 강화

노무현 정부가 2005년에 발표한 '5·4대책'은 비록 법제화되지 못하고 유실되었지만(2004년 내내 잠잠했던 부동산 시장이 2005년 들어 강남과 수도권 일부 지역을 중심으로 다시 과열되기 시작하고 2005년 5월에는 심각한 양상을 보이자, 6월 17일 노무현 대통령은 부동산 정책을 전면 재검토하라고 지시했다. 그 바람에 '5·4대책'은 유실되고 '8·31'대책이 만들어졌다. 법제화까지 된 것은 '8·31대책'이다), 우리나라 부동산 정책의 역사에서 매우 중요한 의미를 갖는다. 본격적인 보유세 강화 정책의 장기 로드맵이 담겨 있었기 때문이다. 이는 우리나라 역사상 최초의 일이었다.

'5·4대책'을 발표하면서, 노무현 정부는 보유세 세수를 매년

21퍼센트씩 증가시켜, 2003년에 0.12퍼센트였던 보유세 실효세율을 2008년에는 0.24퍼센트, 2013년에는 0.5퍼센트, 그리고 마침내 2017년에는 1퍼센트로 끌어올린다는 야심찬 계획을 밝혔다. 대략 매 5년 사이에 2배로 강화한다는 계획이었다. 그 계획이 성공할 경우, 보유세 세수는 2008년에 6.2조 원, 2013년에 16.1조 원, 그리고 2017년에는 무려 34.5조 원으로 늘어날 것으로 예측되었다.* 이 예측이 정확하다고 전제하면, 보유세 실효세율이 1퍼센트로 올라갈 경우 엄청난 규모의 정부 재원이 확보된다는 것을 알 수 있다.

하지만 앞에서도 말했듯이 노무현 정부의 보유세 강화 정책에는 결함도 있다. 토지세를 중심으로 삼아야 한다는 원칙을 어기고 토지와 건물을 가리지 않고 무차별적으로 보유세를 강화했다든지, 상가·빌딩이나 나대지에 비해 주택의 보유세를 너무 급격하게 강화함으로써 정치적 공격을 자초한 것이 대표적이다. 노무현 정부의 보유세 강화 정책을 복원하되 좀더 바람직한 형태로 발전시키려면 어떻게 해야 할까?

첫째, 10년 후에 '실효세율 1퍼센트' 목표를 달성하기 위한 시간 계획을 수립해야 한다. 차기와 차차기 정부에서 각각 임기 중에 보유세를 2배로 강화하기만 하면 이 목표는 달성된다. 현재 보유세 실효세율이 0.2퍼센트대이므로 두 번의 임기를 거치면서 보

---

*

재경부 자료에 의함.

유세가 4~5배로 강화되면 10년 후에는 보유세 실효세율이 대략 1퍼센트가 되는 것이다. 사실 한 번의 대통령 임기 중에 보유세를 2~2.5배로 강화하는 것은 그리 어려운 일이 아니다. 그것은 김영삼 정부와 노무현 정부의 임기 중에 실제로 일어났던 일이다.

둘째, 국세 보유세(현재는 종합부동산세)와 지방세 보유세(현재는 재산세)의 이원구조는 그대로 유지하되, 토지 중심의 보유세 강화를 추진한다. 현행 부동산보유세는 토지와 건물 모두에 부과되고 있고, 특히 주택의 경우 토지와 건물을 통합평가·통합과세하고 있다. 앞에서도 언급했지만, 경제적 효율성의 관점에서든 경제정의의 관점에서든, 건물보유세는 나쁜 세금으로, 토지보유세는 좋은 세금으로 분류된다. 따라서 건물에 대해서는 과세를 피하고 토지 및 토지가치에 대해서는 무겁게 과세하는 것이 옳다.

보유세를 토지세 중심으로 전환하기 위해서는 부동산 평가 및 과세 방식을 토지보유세 부과에 적합한 형태로 개편하는 것이 급선무다. 부동산 평가체계 및 과세 방식의 개편이 이루어지기 전까지는 토지와 건물을 구별하지 않고 보유세를 강화하되, 개편이 행해진 후에는 건물보유세를 점차 가볍게 해나가다가 폐지하고 토지보유세를 강화하는 것이 좋다.

셋째, 현행 토지보유세 제도는 토지 용도별로 차등 과세하는 방식을 채택하고 있는데, 가능한 한 용도 구분 없이 일률적으로 과세하는 방식으로 전환해야 한다. 즉, 주택 따로, 나대지 따로, 상가·빌딩 부속 토지 따로 합산 과세하는 현재의 방식을 원칙적으로 그런 구분 없이 모두 통합하여 합산 과세하는 방식으로 바꾸자는 것이다. 토지보유세를 용도별로 복잡하게 차등 과세하는 방식은 토지 소유자들로 하여금 토지를 세 부담이 낮은 용도로 이용하게 만드는 유인으로 작용해서 토지의 효율적 이용을 저해한다.* 그리고 주택 따로, 나대지 따로,** 상가·빌딩 부속 토지 따로 합산 과세하는 현행 방식은 토지 과다 보유자에게 유리한 방식이다. 특히 별도합산 과세 대상으로 분류되는 상가·빌딩의 부속 토지에는 주택이나 종합합산 과세 대상 토지보다 훨씬 가벼운 세금이 부과되고 있어서 형평상의 문제가 심각하다. 대도시에 영업용 건물을 많이 보유하고 있는 금융기관과 대기업들은 보유세 부담에서 큰 특혜를 누리고 있는데, 개인 토지 소유자에 비해 담세력이 월등히 큰 금융기관과 대기업에 거꾸로 이런 특혜를 부여하는 것은 옳지 않다.

넷째, 현재 누진세인 재산세는 응익세應益稅(정부로부터 받는 편익에 상응하여 부과되는 세금)의 성격이 강하다고 보아서 단일 세율을 적용하는 비례세로 전환하고, 국세 토지보유세의 누진과세는 계속 유지한다. 사실 보유세는 모두 비례세로 만드는 것이 옳다는 이론이 있지만, 정치적으로 실현하기 어려울 뿐만 아니라 토지 소유가 편중되어 있고 그로 인해 양극화가 심화되고 있는 상황에서는 누진

---

*

노영훈·이성욱·이진순, 『한국의 토지세제』, 한국조세연구원, 1996, 104쪽.

**

종합부동산세 도입 이전에 있었던 종합토지세는 나대지와 주택분 토지를 별개로 취급하지 않고 통합하여 합산했는데, 현행 방식보다는 그 방식이 좀더 이론에 부합한다.

토지보유세가 갖는 재분배 효과가 절실히 필요하기도 하다. 그동안 종부세 세율의 누진도가 너무 높다는 비판이 있었지만 이 문제는 이명박 정부의 세율구조 개편에 의해 많이 해소되었으며, 필요하다면 좀더 완화할 수도 있다.

다섯째, 이명박 정부의 종합부동산세 무력화 정책에 의해 크게 축소된 국세 보유세의 과세 대상자를 대폭 확대할 필요가 있다. 국세 보유세는 응능세應能稅(납세자의 부담 능력을 기준으로 하여 부과되는 세금)의 성격과 함께 중앙정부로부터 받는 편익에 상응하여 부과되는 응익세의 성격을 갖기 때문이다. 중앙정부로부터 공공서비스의 혜택을 받지 않는 토지 소유자는 거의 없으므로, 국세 보유세는 가능한 한 많은 토지 소유자를 과세 대상자로 하는 것이 옳다. 2010년 현재 종합부동산세 납세 인원은 21만 명에 불과하지만, 종합부동산세가 무력화되기 전인 2007년에는 48만 명에 달했다. 차기 정부는 국세 보유세의 과세 대상자를 2007년 수준보다 훨씬 더 확대해야 한다.

여섯째, 국세 토지보유세 수입은 경제에 부담을 주는 다른 세금을 감면하는 데 활용할 수도 있겠지만, 감세가 저소득층의 혜택으로 돌아가지 않는다는 사실과 복지가 시대정신으로 떠오르고 있는 상황을 감안하면 대부분을 복지 재원으로 활용하는 것이 바람직하다.

노무현 정부 당시에도 보유세 강화의 장기목표를 둘러싸고 논쟁이 있었지만, 2011년 들어서 이 문제가 다시 논란이 될 조짐이 보인다. 지난번에는 노무현 정부가 제시한 실효세율 1퍼센트 목표에 대해 보수 언론과 시장 만능주의자들이 반발하면서 논쟁이 붙었지만, 이번에는 진보개혁 진영 내부에서 '실효세율 0.5퍼센트'를 목표로 잡아야 한다고 주장하는 인사들이 등장한 것이 발단이 될 것 같다. 김수현 세종대 교수와 선대인 선대인경제정책연구소 소장이 그들이다. 두 사람 중에 김수현 교수는 실효세율 목표를 0.5퍼센트로 잡아야 하는 이유를 구체적으로 밝히고 있기 때문에 잠깐 검토할 필요가 있다. 청와대 비서관으로서 노무현 정부의 부동산 정책 입안을 실무적으로 주도했던 그는, 우리나라의 보유세 세율이 가파른 누진구조를 갖고 있기 때문에 실효세율을 1퍼센트로 끌어올리는 것은 사실상 불가능하다고 주장한다. 다주택 소유자들의 세금 부담이 과중해져서 조세저항이 격렬해질 뿐만 아니라, 현재 아주 낮은 세율을 적용받고 있는 반 이상의 서민 가구들에게 더 많은 보유세 부담을 요구하는 것은 정치적으로 매우 위험하다는 이유에서다.[*] 그래서 그는 현실적으로 10년 후까지 0.5퍼센트 실효세율을 달성하는 것이 최대치라고 본다. 이것조차 매년 20퍼센트 가까이 올려야 달성할 수 있는 쉽지 않은 목표라고 이야기한다.[**] 노무현 정부 임기 내내 기득권 세력과 보수 언론의 공격을 집중적으로 받으면서 보유세 강화 정책을 추진하는 것이

---

[*]

김수현, 앞의 책, 145쪽.

[**]

같은 책, 357쪽.

현실적으로 얼마나 힘든 일인지 온몸으로 체험한 그로서는 그렇게 생각하는 것이 어쩌면 당연할지도 모른다.

물론 보유세 강화의 장기목표에 따로 정답이 있는 것은 아니다. 그것은 사회적 합의가 어떻게 이루어지느냐에 따라 얼마든지 달라질 수 있다. 1퍼센트도 될 수 있고 0.5퍼센트도 될 수 있으며, 또 '부동산 불로소득의 차단'이 될 수도 있고 '지대의 대부분 환수'가 될 수도 있다. 미국에는 재산세 실효세율이 1퍼센트를 넘는 주가 적지 않고, 심지어 4퍼센트에 달하는 주도 있다. 그러니까 보유세 강화의 목표를 실효세율 1퍼센트 이상으로 잡아도 아무 문제가 없다.

내가 보유세 강화의 목표를 '실효세율 1퍼센트'로 잡자고 주장하는 이유는 노무현 정부 당시에 이를 놓고 치열한 논쟁이 벌어졌고, 그 과정에서 '실효세율 1퍼센트'라는 목표에 대한 국민들의 지지가 상당히 높다는 사실이 확인되었기 때문이다. 엄청난 저항이 있을지도 모른다는 예상이 있었음에도, 2005년 연말에 그전에 비해 훨씬 강화된 내용의 종합부동산세법 개정안이 별 어려움 없이 국회를 통과한 것은 그 덕분이었다. 그렇다면 '실효세율 1퍼센트'라는 목표에 대해서는 이미 사회적 합의가 이루어졌다고 보아도 무방하지 않을까? 물론 이론적으로는 헨리 조지가 주장했듯이 지대를 대부분 환수(대충 계산해서 실효세율이 약 4퍼센트가 되도록 토지보유세를 강화)하는 것이 이상적이기 때문에, 10년 후 '실효세율 1퍼센트' 목표를 달성한 다음에 국민들이 더 강화하기를 원한다면 그때 가서 얼마든지 목표를 재설정할 수 있다.

나는 김수현 교수가 실현 가능한 정책을 만든다는 이유로 '실효세율 0.5퍼센트' 목표를 제시한 것은 지나친 후퇴라고 생각한다. 2005년 노무현 정부가 '8·31대책'을 입안하던 당시에, 새누리당이 보유세 강화의 목표를 '실효세율 0.5퍼센트'로 잡았다는 사실을 기억할 필요가 있다. 게다가 김 교수가 실효세율 0.5퍼센트 목표를 제시하며 든 논거에도 약간의 문제가 있다.

　우선, 그는 보유세를 매년 20퍼센트씩 올리면 10년 후에 실효세율이 0.5퍼센트가 될 것이라고 했는데 이는 계산 착오다. 현재의 실효세율을 0.2퍼센트로 보고 부동산 가격이 변하지 않는다고 가정하면, 보유세를 매년 20퍼센트씩 올릴 경우 10년 후의 보유세 실효세율은 0.5퍼센트가 아니라 약 1.2퍼센트가 되기 때문이다 $[0.2 \times (1+0.2)^{10} = 1.238]$. 김수현 교수는 10년 동안 보유세를 매년 20퍼센트씩 올리는 것이 어렵지만 가능하다고 보고 있는 것 같은데, 만일 그렇다면 10년 후까지 보유세 실효세율을 1퍼센트 이상으로 끌어올리는 것도 가능하다고 말해야 한다.

　다음으로, 김수현 교수는 실효세율 1퍼센트 목표를 달성하려면 다주택 보유자의 보유세 부담을 엄청나게 무겁게 만들거나 아니면 현재 매우 낮은 세율을 적용받고 있는 서민 가구의 보유세 부담을 높일 수밖에 없다는 결론에 도달했는데, 이는 현행 보유세 과세 방식을 그대로 둔다는 가정하에서 타당한 주장이다. 하지만 내가 위에서 제안한 대로 주택, 나대지, 상가·빌딩을 통합하여 합산 과세하는 방법을 도입하고, 국세 보유세 과세 대상자를 대폭 확대한다면, 김수현 교수가 우려하는 문제를 피하면서 보유세를 강화해나갈 수 있다. 보유세 세율의 누진도가 문제될 경우 좀더 완화하는 것은 얼마든지 가능하다. 이런 방법으로 보유세를 강화할 경우, 토지 과다 보유자의 보유세 부담과 오랫동안 보유세 과세에서 특별대우를 받아온 상가·빌딩의 보유세 부담이 크게 증가하기 때문에, 간신히 집 한 채만 갖고 있는 서민들에게 부담을 지우지 않더라도 보유세 실효세율을 많이 높일 수 있다. 주택 보유자보다는 상가·빌딩 보유자와 토지 과다 보유자의 담세擔稅 능력이 훨씬 크기 때문에, 이들의 보유세 부담을 높이는 것은 주택 보유자의 보유세 부담을 높이는 것보다 훨씬 용이할 것이다. 물론 중상층 주택 보유자의 보유세 부담도 늘어나겠지만, 그건 어쩔 수 없는 일이다. 모든 이해 당사자들을 만족시킬 수 있는 세제개편이란 존재하지 않는다.

토지공공임대제 도입

1) 토지공공임대제란 어떤 제도인가?

앞에서 토지공공임대제를 시장친화적 토지공개념 제도의 양대 근본정책이라고 말했지만 막상 그에 대해 제대로 설명할 기회가 없었다. 중요 정책의 구체적인 추진 방안을 제안하는 중이지만, 여기서 잠깐 토지공공임대제 그 자체에 대해 설명하려고 한다.*

토지사유제가 확립된 곳에서는 감세나 사회적 배당금의 지급을 통해 토지보유세 강화 정책에 대한 저항을 어느 정도 완화할 수 있을지 모르지만 완전히 해소하기는 어려울 것이다. 그리고 토지보유세를 통해 지대 대부분을 환수하는 것도 이론적으로는 가능하지만 현실적으로는 불가능할지 모른다. 토지보유세가 지대에 가까운 수준으로 높아지면 이론적으로 지가가 0에 가까워지는데 이는 사실상 토지몰수라는 비판이 나올 것이기 때문이다.

논란의 여지가 없이 토지 사용료를 징수하고 토지 불로소득을 차단하는 방법은 토지를 아예 국가가 소유하는 것이다. 토지 비축제도를 활용하여 국공유지를 확대하거나 택지개발 과정에서 확보하는 공공택지를 매각하지 않고 계속 보유하면서 민간에 임대하여 임대료를 징수하면, 토지 사용의 자유를 보장하면서도 토지 불로소득은 원천적으로 차단할 수 있다. 이 방법이 바로 토지공공임대제다.

토지공공임대제의 이상은 '토지 임대가치의 완전 환수와 자유로운 토지 이용 그리고 평등지권의 실현'으로 요약할 수 있는데, 이를 실현하기 위해서는 토지 사용자에게 토지 사용의 자유와 임대기간 중 토지 사용권 처분의 자유를 부여해야 하며 임대료가 자유시장의 원리에 따라 결정되도록 해야 한다. 공공이 임대료를 시장 임대가치대로 걷으면 토지 자체에 가격이 성립하는 일은 없다. 따라서 이론상 이상적인 토지공공임대제하에서는 토지 매매시장이 소멸한다. 단, 공공이 토지 임대인이 되고 민간이 토지 임차인

•

전강수, 「이명박 정부의 시장 만능주의적 부동산 정책」, 『사회경제평론』 제32호, 2009(a), 407~408쪽 및 허문영·전강수·남기업, 『통일대비 북한 토지제도 개편 방향 연구』, 통일연구원, 2009, 73~74쪽 참조.

이 되는 토지 임대시장은 여전히 작동한다. 또한 토지 사용료 수입을 모든 국민에게 혜택이 공평하게 돌아갈 수 있는 방식으로 지출해야 하는데, 그렇게 하면 토지를 사용하지 않는 사람도 토지에 대한 권리를 누릴 수 있다.

이처럼 토지공공임대제는 토지 사용자에게 사용하는 만큼 사용료를 징수하기 때문에 토지 불로소득을 효과적으로 차단할 수 있다. 게다가 토지 사용의 자유가 보장되고 사용권의 매매도 허용되기 때문에 자유 경쟁의 효력이 완벽하게 발휘된다. 즉, 토지공공임대제는 시장친화적이다. 뿐만 아니라 토지 사용료 수입의 공평한 지출을 통해 평등지권의 이상까지 실현할 수 있기 때문에 이제도는 시장친화적 토지공개념 정신에 잘 부합한다. 내가 토지공공임대제를 시장친화적 토지공개념의 양대 근본정책으로 자리매김한 이유는 바로 그 때문이다.

이런 이상적인 형태는 아니지만, 국공유지를 임대하고 그 대가로 임대료를 징수하는 제도는 세계 곳곳에서 다양한 형태로 실시되었다. 싱가포르와 홍콩은 나라 전체에 토지공공임대제를 도입하여 운영해왔으며, 네덜란드, 스웨덴, 핀란드, 이스라엘 등은 국지적으로 토지공공임대제를 적용해왔다. 영국의 전원도시Garden City와 호주의 캔버라, 미국 뉴욕의 배터리 파크 시티Battery Park City처럼 토지공공임대제의 원리를 도시건설에 적용하여 성공시킨 사례도 있고, 미국의 토지단일세 마을처럼 공동체적으로 이 원리를 적용한 경우도 있다. 사회주의 국가 중국은 1980년대에 도시 토지 유상 사용 방식을 처음 도입한 이래 이 제도를 계속 확대해왔다. 294~295쪽의 〈표 4〉는 주요국에서 시행하고 있는 토지공공임대제의 구체적 내용을 정리한 것이다. 이들 나라의 경험은 토지공공임대제가 개발이익 환수, 도시계획 기능 제고, 부동산 투기억제, 사회간접자본 건설 등에 매우 유리하며, 토지보유세 강화정책만큼 강한 저항을 수반하지 않는다는 사실을 보여주었다.

'반값'을 지나치게 강조함으로써 본질이 흐려지기는 했지만, 몇 년 전 새누리당 홍준표 의원이 주장해서 법제화까지 되고 마침내 2011년 10월부터 서울 강남과 서초의 보금자리주택 지구에서 실제로 공급되기에 이른 토지임대부 주택은 토지공공임대제의 원리를 주택분양에 적용한 것이다. 이 방식을 논할 때 흔히 제기되는 반론은 막대한 토지비용을 어떻게 조달할 것인가 하는 것인데, 토지 임대료를 시장가치대로만 걷는다면 전혀 문제될 것이 없다. 임대료 수입이 토지비용의 이자를 금방 초과할 것이고 시간이 갈수록 임대가치가 상승하여 양자 간의 격차가 커지기에 금융기관이나 각종 민간 펀드, 그리고 국민연금 등에서 안심하고 자금을 공급할 것이기 때문이다. 실제로 미국 뉴욕 시의 배터리 파크는 토지공공임대제 방식으로 도시개발에 성공한 대표적 케이스인데, 초기 비용을 장기채권 방식으로 조달했다. 그 후 임대료 수입만으로 원리금을 상환하는 데 전혀 어려움을 겪지 않았다. •

•

김기호·김대성, 「대규모 도시개발사업의 전략과 기법에 관한 연구—뉴욕 배터리 파크 시티와 런던 도크랜드 개발 사례를 중심으로」, 『대한건축학회논문집 계획계』 제18권 제10호, 대한건축학회, 2002 참조.

토지공공임대제에는 임대료를 시장가치대로 걷는 시장친화적인 방식도 있지만, 정책적으로 임대료를 시장가치보다 낮게 책정하는 방식도 있다. 전자는 토지 불로소득을 차단하고 안정적인 공공 수입을 확보하려고 할 때 사용하는 방식이고, 후자는 주로 값싼 주택을 충분히 공급하려고 할 때나 특정 산업의 발전을 촉진하려고 할 때 사용하는 방식이다. 후자를 선택하는 경우 토지의 시장 임대가치와 공공 임대료 간에 차이가 발생하고 임차인이 토지 불로소득을 획득하게 된다. 그러면 토지 사용권에 프리미엄이 붙고 이를 노린 투기가 발생하기 쉽다. 토지임대부 주택 분양에는 환매 방식을 결합하는 경우가 많은데 그것은 바로 사용권 프리미엄을 노린 투기를 방지하기 위한 것이다. 미국 뉴욕 시의 배터리 파크와 핀란드의 헬싱키는 전자의 대표적 사례이고, 싱가포르는 후자의 대표적 사례다.

전자와 후자는 정책 목표상 상충 관계에 있다는 점에 유의할 필요가 있다. 전자를 추구하면 주택 분양가나 산업 용지 임대료를 낮출 수 없고, 후자를 추구하면 토지 불로소득을 완전하게 차단하는 것이 불가능하다. 홍준표 의원은 법안을 마련하면서 두 가지 목표를 모두 달성할 수 있다고 장담했으나 그것은 실현 불가능한 이야기다. 원칙적으로 전자는 고급 주택과 사무용 빌딩에 대한 실수요가 많은 도심 지역에 도입해야 하고, 후자는 중산층 이하 서민층의 내 집 마련 수요가 많은 지역이나 기업을 적극적으로 유치하여 산업을 육성해야 할 지역에 도입해야 한다. 물론 주변 환경에 따라 두 가지 방식을 적절히 절충한 형태를 도입하는 것도 얼

표 4 주요국 토지공공임대제의 내용

	호주 캔버라	네덜란드	스웨덴
임대기간	99년	50년 혹은 영구	주거용: 60년 다른 용도: 최소 20년
계약 갱신권	주거지는 약간의 비용으로 계약 갱신 가능	50년 임대는 보통 계약 갱신 가능	임대인이 취소하지 않으면 주거용 계약은 자동적으로 40년 더 갱신(다른 용도의 경우 20년)
토지 개량물의 소유권	계약 만료 시의 토지개량물은 임차인 소유	계약이 만료되거나 계약 기간 중에 계약이 정지될 경우, 임차인은 토지개량물의 가치를 보상받음.	임대인인 정부가 계약을 파기할 경우 건물 등의 정착물은 보상해야 함. 비주거용 토지의 경우는 보상하지 않음.
임대료 납부 및 책정 방식	1971년 전에는 토지가치의 변화에 따라 조정되는 연불 방식의 토지 임대료 1971년 주거지의 토지 임대료를 폐지하고, 연불 방식을 일시불 방식으로 변경	임차인은 계약기간 동안 연불 방식의 토지 임대료 납부 그러나 임차인은 연불 방식을 일시불 방식으로 전환할 수 있는 권한을 보유	연불 방식 임대료는 매 10년 또는 20년마다 조정
재개발 조건	임차인은 재개발에 의해 생기는 토지 개발이익의 75퍼센트를 납부해야 함.	임차인이 재개발을 원할 경우 정부의 허가를 받아야 함. 이때 임대료도 조정됨.	재개발이 새로운 목적이나 용도를 위한 것이라면 신규 계약이 필요함. 이때 임대료도 조정됨.
토지 사용권 양도 가능성	임차인은 다른 사람에게 토지 사용권을 양도할 권리가 있음. 신규 임대의 경우 토지 사용권 양도는 토지 개발 이후에만 가능함.	임차인은 토지 사용권을 공개시장에서 매각하거나 다른 사람에게 양도할 수 있음.	자유롭게 양도 가능함.

핀란드	이스라엘	홍콩
주거용 토지: 50~60년 상업용 토지: 50년 산업용 토지: 20~30년	기본: 49년 주거용: 49년의 배수	50년 (1997년 이전에는 75년)
주거용 토지는 정부가 토지를 다른 공공 목적으로 사용하려 하지 않는다면 계약 갱신 가능 산업용 토지의 경우 계약이 자동 갱신되지는 않음.	신규 또는 갱신된 주거용 토지 계약은 두 번 자동으로 갱신 가능한데, 최근에는 네 번으로 늘어났음.	법으로 명시하지는 않고 있지만 임차인들은 과거의 관행에 기초하여 계약이 갱신될 것으로 생각하는 경향이 있음.
토지개량물은 임차인 소유 계약이 갱신되지 않을 경우 정부는 토지개량물에 대해 보상해야 함. 단, 산업용 토지는 예외로서 토지개량물에 대해 보상하지 않음.	이스라엘 법은 건물과 토지를 분리하지 않기 때문에 법적으로는 모든 토지개량물은 국가에 귀속됨. 그러나 임대계약서 상에는 대개 계약이 만료되거나 계약 기간 중에 계약이 정지될 경우 임차인은 토지개량물의 가치를 보상받는다는 조항이 들어 있음.	모든 토지개량물은 임차인 소유
매년 추정 토지가치의 4~5퍼센트를 연불 토지 임대료로 납부함. 토지 임대료는 토지가치의 실질적 상승에 맞추어 30년마다 조정되고, 또 생계비 지수의 변화에 따라 매년 조정됨.	일시불 방식이 권장됨.	계약 체결 시에 일시불로 납부 매년 연불 토지 임대료를 납부하지만, 이는 토지와 건물의 추정 임대가치의 3퍼센트 수준
재개발 시 임차인은 신규 계약을 체결해야 하고 토지 임대료도 새로 책정함.	정부에 재개발 신청서를 제출하고, 승인받을 경우 개발 이익의 약 50퍼센트를 납부해야 함.	정부의 승인이 필요하며, 용도 변경에 따른 추가 임대료(일시불)를 납부해야 함.
토지 사용권은 자유롭게 양도 가능 재임대는 허용되지 않음.	임차인은 토지를 자유롭게 매각·재임대·증여할 수 있음. 단, 일부 토지는 유대인에게만 양도 가능	토지 사용권 양도에 아무런 제약이 없음.

자료: Steven C. Bourassa and Yu-Hung Hong eds., *Leasing Public Land: Policy Debates and International Experiences*, Cambridge, Massachusetts: Lincoln Institute of Land Policy, 2003, 18~21쪽.

마든지 가능하다.

토지공공임대제는 토지보유세 강화 정책과 함께 우리나라 부동산 문제를 근본적으로 해결할 수 있는 중요한 대안이다. 주택 공급뿐만 아니라 각종 도시의 개발 및 재개발이나 산업단지의 개발 등에도 광범위하게 적용할 수 있고, 장차 통일이 되면 이미 모든 토지가 국공유 상태인 북한 지역에 바로 도입할 수 있다. 통일 과정에서 북한 지역 토지제도 개편은 최대 난제로 부각되리라 예상되는 만큼, 이 제도는 북한 지역의 체제전환 과정에서 핵심적인 정책 과제로 다루어질 가능성이 크다. 그러므로 설사 제도 도입 초기에 여건의 미성숙으로 인해 어려움이 생긴다고 하더라도 제도 자체를 포기해서는 안 된다.

2) 토지임대부 주택 공급

토지공공임대제는 주택 분양뿐 아니라 각종 도시의 개발이나 산업단지의 개발에도 적용할 수 있고 또 그렇게 하는 것이 바람직하다. 하지만 국공유지의 비중이 매우 낮은 현 단계에서는 주택 공급 분야에 먼저 이 제도를 도입하는 것이 현실적이다. 정부가 공공택지에 토지임대부 주택을 공급하는 것이다. 이미 토지주택공사는 2011년 10월에 서울 강남 보금자리주택 지구에, 또 2012년 초에 서초 보금자리주택 지구에 토지임대부 주택을 공급하겠다는 계획을 발표했다. 노무현 정부도 2007년 군포 부곡 택지개발 지구를 시범지역으로 지정하여 토지임대부 주택 공급을 추진했지만 청약률이 저조하여 실패로 끝난 적이 있다.

토지임대부 주택이라는 개념이 생소한 독자들을 위해 그 개념을 간략히 설명할 필요가 있겠다. 토지임대부 주택이란 토지공공임대제의 원리를 주택 분양에 적용한 것으로서, 주택의 소유권을 토지와 건물로 분리하여, 토지는 공공이 소유하고 건물은 민간에 분양하는 방식이다. 일반분양주택이 토지와 건물을 합쳐서 민간에 분양하는 주택이고, 공공임대주택이 토지와 주택을 민간에 임대하는 주택이라고 한다면, 토지임대부 주택은 그 중간 형태라고 할 수 있다. 토지임대부 주택 분양 방식은 잘 운영하기만 하면, 토지 불로소득을 원천적으로 차단하여 투기를 방지하고, 정부의 도시계획 기능을 제고하며, 도시개발의 재원을 토지 임대료 수입으로 조달하는 정부 재정의 자기조달 시스템을 가능하게 한다. 뿐만 아니라 그것은 공공임대주택에서 발생하는 건물관리 문제로부터 자유롭고, 주택 건설업체의 지대추구 행위를 방지하며, 입주자에게는 초장기의 내 집 같은 주거가 가능하게 해준다.

이처럼 많은 장점을 가진 주택 분양 방식이 군포 부곡 지구 시범사업에서는 왜 실패했을까? 단적으로 말해 건물 분양가와 토지 임대료가 너무 높았기 때문이다. 그 지역은 고급 주택 수요가 많은 지역이 아니기 때문에 임대료를 시장가치대로 걷는 시장친화적 방식을 적용하기 어려운 곳이다. 그곳에서는 주거복지 차원에서 접근하여 건물 분양가와 토지 임대료를 충분히 낮추고 청약제도상의 무주택 기간 인정이나 재당첨 자격 등에서 인센티브를 제공했어야 함에도, 자가 구입 가능 계층을 대상으로 하는 분양가

상한제의 관련 규정을 그대로 적용하여 건물 분양가와 토지 임대료를 높게 산정한 것이 사업 실패의 결정적 원인이다. 실제로 군포 지구 토지임대부 주택 신청자들과 부동산 전문가들을 대상으로 실시한 설문조사 결과를 보면, 입주 신청자들과 전문가들 공히 과도한 토지 임대료와 건물 분양가를 청약률 저조의 주요 원인으로 꼽았다.

토지임대부 주택 분양을 성공적으로 정착시키기 위해서는 어떻게 해야 할까?

첫째, 가능한 한 공공택지를 민간 건설업자에게 매각하지 말고 토지임대부 주택과 공공임대주택 건설에 투입해야 한다. 공공이 주택을 건설해서 분양하는 일도 가급적 자제해야 한다.* 어느 단계에서건 공공택지를 민간에 매각하면 토지 매입자(민간 건설업자 혹은 주택 최초 분양자)는 토지 소유권을 갖고 있다는 이유만으로 가만히 앉아서 이익을 챙길 수 있다. 사유지를 강제수용해서 조성하는 공공택지는 매우 높은 공공성을 내포할 수밖에 없는데, 그런 토지를 일부 민간인들에게 넘겨서 토지 불로소득을 누리게 하는 것은 그 원천적 공공성을 송두리째 부정하는 행위다. 실제로 우리나라

---

*

재정상의 이유로 공공택지에서 공공이 분양주택을 건설해서 공급하는 것은 허용 가능하다. 분양가를 시세에 근접한 수준으로 결정하면 개발이익의 상당 부분을 공공이 흡수할 수 있고, 이를 주거복지 재원으로 활용할 수 있기 때문이다. 이와 관련하여 주거복지 정책으로 간주할 수 없는 공공분양주택 공급에서 분양가를 시세에 못 미치는 분양원가 수준으로 낮춰서 책정하는 현행 분양가 상한제는 개발이익을 최초 분양자에게 넘겨주는 결과를 초래하므로 재고할 필요가 있다.

에서는 지금까지 공공택지의 대부분이 민간 건설업체에 매각되거나, 공공분양주택 용지로 사용되어 민간 주택 수요자의 손에 넘어갔다. 건설업체와 최초 분양자 공히 토지 불로소득을 누렸지만, 특히 민간 건설업체들이 공공택지 매입을 통해 획득한 불로소득은 엄청났다. 부동산 경기가 과열될 때 우리나라 건설업체들의 수익성은 놀랄 만큼 높았는데, 그 초과수익의 대부분은 건축 행위에서 발생하는 이윤이 아니라 토지 불로소득이었다. 사실 토지는 공공의 입장에서는 황금 알을 낳는 거위와 같다. 공공택지를 민간에 매각하는 것은 그 거위를 죽여서 고기를 파는 것과 같은 어리석은 짓이다.

초기 비용이 막대하다는 이유로 토지임대부 주택의 실현 가능성이 떨어진다고 이야기하는 사람들이 있다. 하지만 토지뿐만 아니라 건물까지 임대하고 임대료도 시장 임대가치보다 낮게 책정하는 공공임대주택 공급이 추진되고 있는 마당에, 토지만 임대하는 방식에 대해 초기 비용이 많이 든다는 이유로 실현 가능성이 떨어진다고 평가하는 것은 이상하다. 앞에서도 잠시 언급했지만 토지 임대료를 시장 임대가치대로 받을 경우 토지 임대료가 금방 택지 조성원가의 이자를 초과하게 되고 시간이 갈수록 양자의 격차가 커지기 때문이다(앞에서 나온 〈그림 5〉를 참조하여 생각해보라). 토지 임대료 수입의 흐름은 매우 안정적이므로 국민연금기금과 같은 공익성 자금은 물론이고 민간 금융기관도 기꺼이 초기 토지비용을 제공하려고 할 것이다.** 문제는 토지 임대료를 시장가치는 물론이고 택지 조성원가 이자 수준 이하로 책정하는 경우인데, 이는 토지임대부 주택을 주거복지 차원에서 공급하는 것이므로 정부가 재정으로 손실을 메워야 한다. 정부가 미리 택지 조성원가 이자 수준의 수익을 보장한다는 약속을 한다면, 자금 공급자들은 이 경우에도 기꺼이 초기 토지비용을 제공할 것이다.

둘째, 사업 추진 지역의 환경에 따라서 시장친화적인 방식으로 사업을 추진할지, 주거복지 차원에서 사업을 추진할지 아니면 절충형으로 할지를 결정한 후에, 사업 추진 지역마다 사업 유형을 분명하게 밝혀야 한다. 서울 강남과 같은 곳에서는 시장친화적인 방식을 채택해서 토지 임대료를 시장가치대로 받아야 하며, 군포와 같은 곳에서는 주거복지 차원에서 사업을 추진하여 건물 분양가를 최대한 낮추고 토지 임대료도 택지 조성원가의 이자보다 낮은 수준으로 책정해야 한다. 강남과 군포의 중간 정도의 위치에서 사업을 추진할 경우에는 시장친화적 방식과 복지적 방식을 절충하여 건물 분양가와 토지 임대료를 양 지역의 중간 정도 수준으로 결정하는 것이 바람직하다. 건물 분양가와 토지 임대료를 많이 낮춰서 책정할 경우 환매조건부를 함께 적용하는 것이 옳다. 환매조건부란 일정 기간 내에 분양받은 토지임대부 주택을 매각할 때는 분양가에 이자 정도를 더한 가격으로 정부에 되팔아야 한다는 조건을 붙이는 것을 가리킨다. 건물 분양가와 토지 임대료를 많이 낮춘 주택에 대해 환매조건부를 붙이지 않으면, 최초 분양자가 불

••
김윤상, 『지공주의』, 경북대학교출판부, 2009, 478쪽.

로소득을 누리기 쉽다.

셋째, 토지임대부 주택이 성공하려면 다른 주택에서 불로소득이 생기지 않도록 제도적 장치를 확실히 마련하거나 아니면 적어도 앞으로 공공택지에서는 토지임대부 주택과 공공임대주택만 공급하겠다고 약속해야 한다. 2007년에 군포 부곡 지구에 시범사업이 실시될 때 혹자는 토지임대부 주택을 '불로소득이라는 이름의 망망대해에 떠 있는 고도孤島와 같은 존재'라고 묘사했다. 많은 국민들이 다른 주택에서는 불로소득을 얻는 일에 익숙해 있는 상황에서 불로소득의 원천인 토지를 분양하지 않는 주택이 인기를 끌지 못하는 것은 당연한 일이다. 아무리 옳은 일이라도 현실을 고려하지 않고 밀어붙이는 것은 어리석은 짓이다. 위에서 말한 전제조건이 충족되지 않았을 때는 당분간 가격 인센티브와 함께, 청약제도상의 무주택 기간 인정이나 재당첨 자격 등에서 이점을 부여하는 비가격 인센티브를 제공함으로써 국민들의 관심을 유도할 필요가 있다.

넷째, 공공택지를 민간 건설업자에게 매각하지 않고 토지임대부 주택 용지나 공공임대주택 용지로만 사용할 경우에 택지개발, 주택 건설, 토지 임대(공공임대주택의 경우 주택 임대) 관리 등을 전담할 토지주택청을 신설한다. 토지주택청은 공공주택 공급과 관련한 방대한 일관一貫 업무를 담당하게 될 텐데, 이런 업무를 기존 토지주택공사나 주택금융공사, 그리고 국토해양부 산하 관련 부서에 맡길 경우, 그 조직들이 아무리 긴밀한 상호 협조 체제를 갖춘다고 하더라도 효율적이고 안정적인 업무 처리를 기대하기는 어려울 것이다.

다섯째, 관련 법률을 제정하고, 제도 운영 기구를 깨끗하게 유지하며, 지속적인 대국민 홍보와 함께 제도 운영의 실태를 투명하게 공개해야 한다. 그렇게 하지 않으면 토지임대부 주택에 관한 사회적 합의를 끌어내기 어렵고 임차인들이 투표권을 활용해 제도를 후퇴시키려는 정치적 압력을 행사할 가능성이 크다. 실제로 호주의 캔버라, 네덜란드의 헤이그, 이스라엘, 홍콩 등지에서 이런 일이 발생하여 제도가 도입 당시의 내용보다 크게 후퇴했다. 반면 토지공공임대제의 대표적인 성공 사례로 꼽히는 핀란드의 경우, 제도에 대한 건전한 사회적 합의를 도출·유지함으로써 제도의 후퇴를 막았다.

핀란드의 토지공공임대제

....

토지공공임대제를 도입하고서도 초기의 정책 내용을 유지하지 못한 나라들과는 달리, 핀란드는 오랫동안 원칙을 지키면서 제도를 성공적으로 정착시켰다. 핀란드에서는 우수한 관련 법률의 제정, 효과적이고 깨끗한 제도 운영, 분명한 정책 목표의 제시, 토지공공임대제와 토지 이용 계획의 조화 등을 통해 제도를 성공적으로 정착시켰다. 정부도 임차인도 모두 토지공공임대제에 만족하고 있으며 임차인들이 제도를 후퇴시키려는 움직임은 나타나지 않고 있다.

핀란드에서는 특히 도시 지역에서 주거용·상업용·산업용 토지의 임대가 무척 중요하다. 공공토지의 임대는 대부분 기초 지방자치단체 차원에서 이루어진다. 중앙정부와 교회도 공공토지 임대를 하기는 하지만 그 비중은 극히 미미하다. 과거에 왕이 토지를 하사하면서부터 토지의 공유가 시작된 오래된 도시에서는 공공토지를 모두 민간에 임대한다. 반면 소유 토지가 없거나 공공토지 임대를 관리할 전문 지식을 갖추지 못한 자치단체의 경우, 임대보다 매각이 우세하다. 공공토지를 임대하고 있는 지방자치단체들은 공통적으로 다섯 가지를 제도의 목표로 내걸고 있다. ① 토지 이용 계획의 효율성 증진, ② 토지 가격의 안정화, ③ 토지 개발이익의 환수, ④ 토지 투기 방지, ⑤ 산업발전 촉진이다.

핀란드에서 모든 공공토지의 임대는 공공토지임대법의 적용을 받는다. 이 법은 계약 유형별로 임대기간을 규정하고 있다. 일반적으로 주거용지의 임대기간은 짧으면 30년, 길면 100년이다. 건물이 있는 농업용지의 최장 임대기간은 15년이다. 미개량 농업용지의 최장 임대기간은 10년밖에 안 된다. 산업용지, 캠핑장, 통신시설 부지의 임대기간은 협상에 의해 결정된다.

임대료는 임대인과 임차인의 협상을 통해 결정된다. 최고 임대료에 관한 법적 제한은 없지만, 임차인과 임대인 양쪽 모두의 이익을 보호하기 위해 임대료와 임대조건을 조정할 수 있다는 내용은 공공토지임대법에 들어 있다. 법률은 임대기간 시작 시에 임대료를 전부 혹은 일부 선납하는 것을 금지하지 않지만, 실제로 선납하는 임차인은 거의 없다.

공공토지임대법은 토지 임대료의 주기적 조정을 허용하고 있다. 임대료 조정은 임대 계약서에 정해둔 기준에 따라 해야 한다. 실제로는 생계비 지수 living cost index: LCI에 연동시켜 임대료 조정을 하는 경우가 많다. 임대료의 공정성을 둘러싼 논란은 핀란드에서는 거의 일어나지 않는다. 헬싱키에서는 단 한 번 임차인들이 임대료 계산에 반대한 적이 있다. 1990~1991년 사이에 토지 가격이 40~50퍼센트 하락하자, 1989년 부동산값이 폭등했을 때 책정된 임대료가 지나치게 높다고 여겼던 것이다. 이때 헬싱키 시정부는 임대료가 과다하며 공정하지 못하다는 사실을 인정했다.

대부분의 경우 임차인들은 부지런히 토지 임대료를 납부한다. 토지 임대료 미납으로 인한 재정 손실은 극히 미미하다. 예를 들어 1999년 헬싱키의 토지 임대료 미납률은 0.07퍼센트에 불과했다. 특이한 것은 공공기관도 공공토지를 사용하는 경우에는, 관련 부서에 내부 토지 임대료를 납부해야 한다는 점이다.

임대인은 임차인이 임대료를 내지 않거나, 토지의 유지·보수를 게을리하거나, 계약 내용과는 다른 방식으로 토지를 사용하거나, 정해진 기간 내에 토지를 개발하지 않을 경우에만, 토지 임대 계약을 취소할 권리를 갖는다. 정부가 공공 목적으로 부득이하게 토지 임대 계약을 중단해야 하는 경우에는, 토지 사용권의 반환을 놓고 임차인과 협상을 하거나 강제수용권을 사용할 수 있다.

임대 기간 만료 시 임차인은 토지 임대 계약을 갱신할 수 있다. 이는 토지 사용의 안정성을 보장하기 위한 것이다. 계약이 갱신되지 않을 경우 임대인은 토지개량물의 가치를 임차인에게 보상한다. 일반적으로 보상 가격은 건물의 '기술적 가치'technical value의 60~70퍼센트 수준에서 결정되는데, 이는 감가상각을 감안한 것이다.

임차인은 토지 사용권을 양도할 권리를 갖는다. 임차인은 토지 사용권을 모기지론의 담보로 사용할 수도 있다.

급속하게 성장하고 있는 대도시와 중간 규모 도시들은 공공토지 임대에 적극적이다. 대부분의 지방자치단체들에서 이데올로기는 토지공공임대제에 아무런 영향을 미치지 못한다. 공공토지 임대는 어떤 공공 목적 — 예를 들면 저렴한 주택 공급 확대, 고용 창출, 토지 개발이익의 환수 등 — 을 달성하기 위한 하나의 정책 수단으로 취급된다. 토지공공임대제의 활용 여부는 그 도시의 정치적 성향에 따라 달라지지 않는다. 그것은 좌파 성향의 코트카 Kotka 시뿐 아니라 헬싱키와 같은 매우 보수적인 도시에서도 광범위하게 활용되고 있다. 토지공공임대제가 인기를 얻는 이유는 한편으로는 지방의 전통 때문이고 다른 한편으로는 이 제도의 긍정적인 효과 때문이다.

핀란드의 수도 헬싱키는 오랫동안 강력한 토지정책을 실시한 도시로 알려져 있다. 헬싱키 시정부는 시 경계 내 모든 토지의 60퍼센트 이상을 소유하고 있으며, 다른 지방자치단체에도 상당한 면적의 토지를 보유하고 있다. 헬싱키에서 공공토지 임대는 토지를 개발업자에게 배분하는 주요 수단이다. 1999년 헬싱키의 총 임대 계약 건수는 약 7,000건이었다. 같은 해 토지 임대로부터 발생한 수입은 7억 3,400만 마르카(약 1억 2,000만 달러)였는데 이는 헬싱키 시 1년 예산의 15퍼센트에 해당하는 금액이다.

임차인이 임대인을 투표로 선출하기 때문에 토지공공임대제가 불안정해질 수 있다고 생각하는 사람들이 있을지 모른다. 정치적인 압력이 가해지면, 임대인인 정부는 공공임대 토지를 싼 값에 사유지로 전환시켜줌으로써 임차인들의 마음을 사려고 할 수도 있다. 그러나 이런 현상은 핀란드에서는 발생하지 않는다. 중앙정부와 지방자치단체들은 여러 정당 사람들로 구성되는데, 보통 어느 정당도 과반수 의석을 차지하지는 않는다. 이와 같은 다당제는 토지공공임대제를 건전하게 유지시키는 견제와 균형 시스템을 만들어내고 있다.

Steven C. Bourassa and Yu-Hung Hong eds., *Leasing Public Land: Policy Debates and International Experiences*, Cambridge, Massachusetts: Lincoln Institute of Land Policy, 2003, Ch. 5를 요약. 허문영·전강수·남기업, 『통일대비 북한 토지제도 개편 방향 연구』, 통일연구원, 2009, 82~85쪽에서 재인용.

저소득층을 위한 주거복지 정책

저소득층이 주거문제로 고통을 겪지 않게 하려면 무엇보다도 먼저 전세금과 월세를 안정시키는 것이 중요하다. 하지만 이명박 정부는 공공임대주택 공급 물량을 반 토막 내고 도시에서 저렴한 주택을 대량 멸실시키면서 세입자들을 대거 몰아내는 급진적인 도시재생 정책을 추진하는 등, 도시 서민층의 주거문제를 더 악화시키는 정책들을 펼쳐왔다. 서울시 자료(〈표 5〉)에 의하면 2010년 상반기와 2011, 2012년(2011, 2012년은 예상치)에는 기존 주택 멸실량이 신규 주택 공급량보다 많아서 전세난이 2012년까지 지속될 것으로 예측할 수 있다.* 2010년 이후 전개된 서민용 주택에서의 전세대란은 고가 전세시장에서의 전세대란과는 달리, 신규 주택의 공급 감소와 기존 주택의 대량 멸실을 초래한 이명박 정부의 잘못된 부동산 정책에 기인하는 바가 크다(반면, 고가 전세시장에서의 전세대란은 매매시장이 침체하면서 주택 매입수요가 대거 임차수요로 전환하면서 일어난 일이다. 일종의 마찰적 현상이라고 보아야 한다). 따라서 다음 정부는 반드시 노무현 정부가 내걸었던 공공임대주택 공급 목표를 복원하고, 도시재생 정책의 속도 조절과 방식 전환을 통해 기존 주택의 멸실 속도를 늦추고 재개발 지역에서 소형 주택의 공급이 늘어나게 해야 한다.

*

이용섭, '국정감사 보도시리즈 29', 2010.

표 5 서울시의 기존 주택 멸실량과 신규 주택 공급량

구분		공급량(A)	멸실량(B)	차이(A-B)
2009		22,300호	10,800호	11,500호
2010	상반기	13,000호	19,600호	-6,600호
	하반기	22,200호	14,700호	7,500호
2011		29,500호	66,900호	-37,400호
2012		36,800호	51,900호	-15,100호

자료: 서울특별시 제출자료. 이용섭, '국정감사 보도시리즈 29', 2010에서 재인용.

　　공공임대주택 공급을 확대하는 것은 주거복지 정책에서 가장 중요한 정책 수단이지만, 많은 문제점을 수반하는 것도 사실이다. 서민들이 필요로 하는 주택이 원하는 곳에 공급되지 않고, 대단지로 건설된 상태에서 관리가 제대로 되지 않아 슬럼화하여 사회적으로 격리되는 경우가 허다하며, 주택 건설 과정에서 해당 지역 지자체와 주민들의 반대가 심한 것 등이다. 서민들이 필요로 하는 공공임대주택을 공급하기 위해서는, 서민들의 생업 여건에 맞는 입지 선정, 평형 다양화, 임대료 차등화 등을 도모할 필요가 있으며, 도심에서는 노무현 정부 때 도입되었던 다세대·다가구 주택 매입 임대와 전세 임대 사업을 활성화하고 역세권에 용적률 인센티브를 제공해 임대주택을 확보하는 것이 좋은 방안이다.*

　　공공임대주택의 슬럼화와 사회적 격리 현상을 막기 위해서는,

*

김수현, 「공존을 위한 부동산 정책의 길」, 이정전 외, 『위기의 부동산』, 후마니타스, 2009, 282쪽.

한 단지 안에서 공공임대주택과 다른 유형의 주택을 섞어서 짓는 소셜 믹스social mix 정책이 필요하다. 2004년 말 노무현 정부가 임대주택과 분양주택을 섞어서 짓는 소셜 믹스 정책을 추진하겠다는 방침을 결정한 이후 은평 뉴타운과 판교 신도시 등에 이 방식이 적용되었고, 이명박 정부가 들어선 후에는 보금자리주택 지구에 이 방식이 적용되고 있다. 하지만 많은 경우 혼합은 '단지 내 혼합'이 아니라 '지구 내 혼합'에 그치고 있다. 한 단지 안에 분양주택과 임대주택을 섞어서 짓는 것이 아니라, 사업 지구를 분양주택 단지와 임대주택 단지로 나누어놓고는 지구 내 혼합을 이루었다고 이야기하는 것이다. 지구 내 혼합은 사실상 소셜 믹스로 보기 어렵다. 우리나라에서는 왜 이렇게 소셜 믹스 정책이 제대로 추진되지 못할까? 물론 분양주택 입주자들의 반발이 가장 큰 원인이다. 하지만 분양주택과 임대주택의 질적 격차가 크다는 점도 중요한 원인이다. 주택의 품질에서 차이가 나는 경우도 많고, 분양주택은 자산이고 임대주택은 자산이 아니라는 차이점도 존재한다.

한 단지 안에 토지임대부 주택과 공공임대주택을 섞어서 짓는 형태로 소셜 믹스를 추진한다면, 토지임대부 주택 입주자들의 반발이 분양주택 입주자들만큼 심하지는 않을 것이다. 양 주택 간의 질적 격차가 분양주택과 임대주택 간의 그것만큼 크지 않기 때문이다. 공공택지를 민간 건설업자에게 매각하지 말고 토지임대부 주택과 공공임대주택의 건설에 투입해야 할 또 다른 이유가 존재하는 셈이다. 만일 이와 같은 소셜 믹스가 성공적으로 추진된다면, 공공임대주택 건설에 대한 해당 지역 지자체와 주민들의 반대도 자연스럽게 사라질 것이다.

민간 임대주택 시장에서 실시해야 할 주거복지 정책도 있다. 가장 먼저 시행해야 할 정책은 민간 임대주택 시장에 존재하는 집주인과 세입자 간의 힘의 비대칭을 해소하는 것이다. 이를 위해서는 전월세 계약기간 연장, 자동 계약 갱신권 보장, 전세금 보증센터 설립, 최우선 변제금 인상 및 대상 가구 확대 등의 대책을 강구할 필요가 있다.* 여기서 전세금 보증센터의 역할은 세입자가 이사 나갈 때 새로 이사 오는 세입자가 바로 연결되지 않아서 전세금을 돌려받지 못할 경우, 이사 나가는 세입자에게 전세금을 선先지급하고, 나중에 집주인에게서 돌려받는 일이다. 그리고 최우선 변제 제도란 세 들어 사는 집이 경매에 넘어갈 경우 세입자가 전월세 보증금을 송두리째 날리는 것을 방지하기 위해 만든 제도인데, 그 대상 가구가 너무 제한적이고 돌려받을 수 있는 금액도 너무 적다. 따라서 대상 가구를 확대하고 돌려받을 수 있는 금액도 인상할 필요가 있다.

민간 임대주택 시장에는 대부분의 선진국들이 시행(2008년 현재 OECD 30개국 중에 28개국이 시행하고 있다)하고 있는 주택 임차료 보조 제도도 도입해야 한다. 이 제도는 주택 바우처 제도라고도 불리는데, 주거비 지불 능력이 부족한 세입자들에게 임차료의 일부를 쿠폰 형태로 보조하는 제도다. 정부가 세입자에게 쿠폰을 주면 집주

---

*

이 방안들은 대부분 2007년에 통합신당 대통령 후보 경선에 나섰던 이해찬 후보의 부동산 정책 공약 가운데 나오는 내용들이다.

인은 그것을 세입자로부터 받아서 공공기관에서 돈으로 바꾸게 된다. 주택 바우처 제도는 현금 급여나 현물 급여의 단점을 보완하는 제3의 사회적 지원 수단으로 각광을 받고 있다. 지원되는 현금이 다른 용도로 사용되어 본래의 정책 목표를 달성하지 못하게 되는 현금 급여의 문제점과, 지원되는 현물을 정부가 직접 공급하기 때문에 소비자의 선택권이 제한되고 현물 지원에 관리비용이나 행정비용이 많이 드는 현물 급여의 문제점을 모두 피할 수 있기 때문이다.*

우리나라에서는 2008년부터 주택 바우처 제도의 도입이 추진되어왔다. 하지만 기획재정부가 예산 부족과 여건 미비를 이유로 예산에 포함시키지 않는 바람에 이 제도는 2012년 현재까지도 도입되지 못하고 있다. 2011년 9월 기획재정부는 2012년에 주택 바우처 제도 시범사업을 시행하려는 국토해양부의 구상을 무산시켰다. 국토해양부는 2012년에 2개 지자체를 시범사업지로 선정해서 1년간 약 1,500가구를 대상으로 가구당 월평균 12만 원 정도를 지급한다는 계획을 세워두고 있었다. 주택 바우처 제도의 시행 시기는 다시 3년 후로 연기되었다. 전세대란 때문에 서민들의 원성이 자자한데도 이명박 정부가 이 중요한 사업의 시행 시기를 임기 후로 미룬 것은 정권의 속성을 여지없이 드러낸 것으로 볼 수 있는데, 서민들의 고통 완화가 뒤로 미뤄지기는 했지만 진보개혁

*

진미윤 외, 『주택 바우처 제도 도입과 실행을 위한 준비 과제』, 주택도시연구원, 2009, 12쪽.

세력의 입장에서는 차라리 잘된 일이다. 시장친화적인 방식으로 주거복지를 실현할 뿐만 아니라 서민층의 정치적 지지를 끌어내기도 좋은 이와 같은 정책은 주저할 것 없이 진보개혁 세력의 주요 정책 과제에 포함시켜서 집권하면 바로 시행해야 한다.

민간 임대주택 시장 임대료와 관련하여 한 가지 주의해야 할 점이 있다. 전월세 가격이 상승한다고 해서 전월세 상한제와 같은 가격규제 정책을 도입하겠다고 공언해서는 안 된다는 사실이다. 시장에서 가격이 오르는 것은 그 시장의 수요와 공급에 가격을 상승시키는 사정이 생기기 때문이다. 그 사정을 적절히 해소하지 않고 정부가 직접 정책으로 가격을 잡으려고 하면, 가격을 잡기는커녕 예상치 못한 부작용을 야기하기 십상이다. 정부가 직접 가격과 씨름하려고 해서는 안 된다는 것은 매매시장에서나 임대시장에서나 매한가지다.

임대료 규제는 임대주택의 공급을 감소시켜 시장에서 임대료 상승 압력을 가중시킨다. 이 경우 임대주택 암시장이 형성되거나 아니면 기존 세입자는 규제된 임대료의 혜택을 누리지만 새로 주택을 임차하려는 사람들은 집을 구하지 못하는 불공평한 상황이 발생한다. 뿐만 아니라 집주인이 주택의 유지와 보수를 위해 노력하지 않기 때문에 임대주택이 노후화하고 주거 서비스의 질은 떨어진다. 자칫하면 한 지역이 통째로 슬럼화할 수도 있다. 임대료 규제는 이런 부작용을 수반하기 때문에 비상시가 아니면 실시해서는 안 되는 정책이다.

임대료 규제 정책에 이런 문제점이 있다는 사실을 모를 리 없음에도, 여야와 진보·보수를 가릴 것 없이 많은 정치인들이 전월세 상한제 도입을 주장하고 있어서 걱정이다. 진보개혁적인 학자들과 시민운동가들도 이런 주장에 동조하는 사람들이 많다. 언론을 통해 임대료 규제의 부작용을 알리는 사람들은 일부 보수적인 학자들뿐이다. 정치인들이야 표를 먹고 사는 존재들이니 전월세 상한제가 '표 되는' 정책이라고 믿고 무조건 지지하는 것이겠지만, 객관적으로 판단할 위치에 있는 진보개혁적인 학자들과 시민운동가들조차 임대료 규제에 찬성한다는 것은 이해하기 어렵다. 우리 사회에 포퓰리즘에 매몰된 인사들이 의외로 많은 모양이다.

시장 침체기의 단기정책 운용

이명박 정부가 2007년부터 가라앉기 시작한 부동산 경기를 부양하기 위해 무던히 노력했음에도, 2012년 현재 우리나라의 부동산 매매시장은 여전히 침체 양상을 보이고 있다. 임대시장이 과열되는 바람에 전월세 대책이 논의의 초점을 이루고 있지만, 매매시장 침체기에 정부가 단기정책을 어떻게 운용해야 하는가는 매우 중요한 문제다. 하지만 지금까지 우리 사회에서는 이에 대한 논의가 제대로 이루어지지 못했다. 이는 지난 몇 년 사이에 투기 대책에 대한 논의가 과열되었던 것과 묘한 대조를 이룬다. 이제, 다음 정부가 어떤 단기정책을 펼쳐야 할지 살펴보기로 하자.

다음 정부는 무분별한 부동산 경기부양 정책을 시행해서는 안된다. 근본정책까지 포함해서 모든 투기 억제 장치들을 전면 해제하고 정책 효율에 대한 고려 없이 엄청난 재정을 투입하여 대대적인 토목사업을 추진하는 이명박 정부의 정책은 무분별한 부동산 경기부양 정책의 전형이다. 물론 매매시장 침체기에 규제 완화를 통해 연착륙을 시도하는 것은 얼마든지 가능하다. 투기 장세에 투기 억제를 위해 도입했던 가격규제(분양가 상한제), 거래규제(전매제한 제도), 개발규제(재건축·재개발 규제), 금융규제(LTV·DTI 규제)* 등은 완화 가능한 정책들이다(단, 이명박 정부가 했듯이 무차별적·급진적으로 이들 규제를 완화해서는 안 된다). 하지만 토지보유세 강화 정책이나 토지공 공임대제 같은 근본적인 정책과 주거복지 정책은 절대로 건드려서는 안 된다. 그리고 가능한 한 양도소득세도 제도를 정비하여 불로소득을 상시적으로 환수하는 제도적 장치로 확립한 다음 건드리지 말고 그대로 유지하는 것이 바람직하다.

앞서 말했다시피 감기 몸살이 사람 몸에 쌓인 피로를 근본적으로 해소하여 건강을 회복시키듯이, 불황도 경제에 누적된 비효율 요인을 자연스럽게 제거하여 경제를 건강하게 회복시키는 작용을 한다. 비효율 요인의 해소가 신속하고 순조롭게 이루어지는 것이 매우 중요한데, 여기에 정부의 역할이 필요하다. 지금 우리나라 부동산 시장의 최대 비효율 요인은 과잉 성장한 건설업과, 건설업체들이 그동안 곳곳에 벌여놓은 개발사업들이다. 이명박 정

---

*

LTV(Loan-to-Value ratio: 담보인정비율)란 은행들이 주택담보대출을 할 때 적용하는 담보가치 대비 최대 대출 가능 한도의 비율을 의미하며, DTI(debt-to-income ratio: 총부채상환비율)란 자금 차입자의 연소득 대비 연간 상환액의 비율을 의미한다. 금융당국은 이 두 가지 비율을 조절함으로써 주택담보대출을 규제할 수 있다.

부는 건설업 구조조정을 폭탄 돌리기 하듯이 미뤄왔지만 다음 정부는 그렇게 해서는 안 된다. 고통이 따르더라도 정부가 건설업 구조조정을 적극적으로 밀어붙여야 한다. 건설업체 자율에 맡겨서는 구조조정은 요원할 것이다.

정부는 건설업 구조조정 과정을 국공유지 비축과 공공주택 확보 및 건설의 기회로 적극 활용할 필요가 있다. 부실 건설사 소유 토지를 매입하여 국공유지로 비축하고, 구조조정 대상 건설사의 짓다 만 주택들을 정부가 헐값에 인수해서 완공하는 것이다.* 국공유지의 다량 확보는 토지공공임대제 도입의 전제조건이다. 건설업 구조조정을 추진하면서 낮은 비용으로 토지공공임대제 도입을 준비할 수 있으니 일석이조라 해야 한다.

다음 정부는 4대강 사업처럼 사회적 수요가 적고 정책 효율이 떨어지는 SOC 투자 중심의 재정지출 확대 정책을 추진하지 말고, 토지임대부 주택 및 공공임대주택 등 공공주택 건설 중심의 재정지출 확대 정책을 추진해야 한다. 경기 침체 시에 재정지출 확대 정책을 추진할 필요가 있다는 점에 대해서는 많은 경제학자들이 동의하지만, 그것을 어떤 방식으로 추진할 것인가에 대해서는 논란이 있다. 일본의 사례를 보면, SOC 투자 중심으로 재정지출을 확대하는 것은 경기회복 효과가 떨어지고 부작용도 많다는 것을 알 수 있다. SOC 투자의 배분에 정치적 고려가 크게 작용하여 사

---

*

구조조정 대상 건설사의 짓다 만 주택들을 정부가 인수해서 완공할 필요가 있다는 생각은 세종대 김수현 교수의 아이디어다.

회적 수요가 없는 곳에 SOC가 건설되는 경우가 허다했다. 과잉 성장한 건설업이 구조조정되기는커녕 오히려 건설업체 숫자가 늘어났고, 정부의 재정적자도 눈덩이처럼 불어났다. 하지만 건설업 구조조정을 진행하면서 공공주택 건설을 중심으로 재정지출 확대 정책을 추진한다면, 이런 문제점들을 피할 수 있다. 현재 우리 사회에 공공주택에 대한 사회적 수요가 충분하다는 점은 이 정책의 이점이다.

이미 이명박 정부는 사회적 수요가 적은 SOC의 건설에 재정을 쏟아붓다가 경기회복은 이루지 못한 채 재정적자만 누적시키고 끝나버린 일본의 길로 깊숙이 들어섰다. 다음 정부 앞에는 이 길을 되돌아 나와서 새로운 회복의 길을 찾아가야 하는 험난한 과제가 기다리고 있다.

이상에서 제안한, 다음 정부 부동산 정책의 과제와 추진 방안은 내용이 중요하기도 하고 또 많기도 해서 일목요연하게 정리해 둘 필요가 있을 것 같다. 다음은 그 정리 내용이다.

① **토지보유세 강화**
- 10년 후에 실효세율 1퍼센트 목표를 달성한다.
- 국세 보유세와 지방세 보유세의 이원구조는 유지한다.
- 토지를 중심으로 보유세를 강화한다. 이를 위해 부동산 평가 체계 및 과세 방식을 개편한다.
- 토지 용도별로 차등 과세하는 방식을 용도 구분 없이 일률적

으로 과세하는 방식으로 전환한다.

- 재산세는 비례세로 전환하고, 국세 토지보유세의 누진과세
  는 계속 유지한다.
- 국세 보유세의 과세 대상자를 대폭 확대한다.
- 국세 토지보유세 수입은 주로 복지 재원으로 활용한다.

② 토지공공임대제 도입

- 공공택지를 민간 건설업자에게 매각하지 말고 가능한 한 토
  지임대부 주택과 공공임대주택 건설에 투입한다.
- 토지임대부 주택 공급 사업을 추진할 때 사업 지구마다 사업
  의 유형이 시장친화형인지, 주거복지형인지, 절충형인지 분
  명하게 밝힌다.
- 다른 유형의 주택에서 불로소득이 생기지 않도록 제도적 장
  치를 확실히 마련하거나 아니면 적어도 앞으로 공공택지에
  서는 토지임대부 주택과 공공임대주택만 공급하겠다고 약속
  한다. 이 전제조건이 충족되지 않을 때는 가격 인센티브와
  함께, 청약제도상의 무주택 기간 인정이나 재당첨 자격 등에
  서 이점을 부여하는 비가격 인센티브를 제공한다.
- 택지개발, 주택 건설, 토지·주택 임대 관리 등을 전담할 토
  지주택청을 신설한다.
- 관련 법률을 제정하고, 제도 운영 기구를 깨끗하게 유지하
  며, 지속적인 대국민 홍보와 함께 제도 운영의 실태를 투명
  하게 공개한다.

③ 저소득층을 위한 주거복지 정책

- 노무현 정부가 내걸었던 공공임대주택 공급 목표를 복원하고, 도시재생 정책의 속도 조절과 방식 전환을 통해 기존 주택의 멸실 속도를 늦추고 재개발 지역에서 소형 주택의 공급이 늘어나게 한다.
- 공공임대주택 건설 시 서민들의 생업 여건에 맞는 입지 선정, 평형 다양화, 임대료 차등화 등을 도모하고, 도심에서는 다세대·다가구 주택 매입 임대와 전세 임대 사업을 활성화한다.
- 한 단지 안에서 공공임대주택과 다른 유형의 주택을 섞어서 짓는 실질적인 소셜 믹스 정책을 추진한다.
- 전월세 계약기간 연장, 자동 계약 갱신권 보장, 전세금 보증센터 설립, 최우선 변제금 인상 및 대상 가구 확대 등을 통해 민간 임대주택 시장에 존재하는 집주인과 세입자 간의 힘의 비대칭을 해소한다.
- 주택 바우처 제도를 도입한다.
- 임대료 규제의 부작용을 감안하여 전월세 상한제는 실시하지 않는다.

④ 시장 침체기의 단기정책 운용

- 무분별한 부동산 경기부양 정책을 시행하지 않는다. 가격규제(분양가 상한제), 거래규제(전매제한 제도), 개발규제(재건축·재개발 규제), 금융규제(LTV·DTI 규제) 등을 적당히 완화하면서 부동산

시장의 연착륙을 도모한다.

– 토지보유세 강화 정책이나 토지공공임대제 같은 근본적인
정책과 주거복지 정책은 흔들림 없이 추진한다. 양도소득세
또한 제도를 정비하여 불로소득을 상시적으로 환수하는 제
도적 장치로 확립한 다음 그대로 유지한다.

– 과잉 성장한 건설업의 구조조정을 적극적으로 추진한다.

– 부실 건설사 소유 토지를 매입하여 국공유지로 비축하고, 구
조조정 대상 건설사의 짓다 만 주택들을 정부가 헐값에 인수
해서 완공한다.

– 재정지출 확대 정책은 SOC 투자가 아니라 토지임대부 주택
및 공공임대주택 등 공공주택 건설을 중심으로 추진한다.

우리의 삶은 어떻게 달라질까?

이상과 같은 부동산 정책이 실시되어 효과를 발휘하게 되면 우리의 삶은 어떻게 달라질까? 가상의 가족을 예로 들어서 설명해보기로 하자. 독자들은 딱딱한 문체로 머리 아프게 하더니 웬일인가 하시겠지만, 책을 부드럽게 마무리하고자 하는 노력의 일환이라고 이해하시기 바란다.

나대로 씨는 70세로 3남 1녀를 둔 가장이다. 장남은 나한채(43세), 차남은 나전세(39세), 딸은 나지방(36세), 막내아들은 나신참(30세)이다. 나한채는 서울 강북에 109제곱미터형 아파트에서 자가 거주하고 있는 회사원이다. 몇 년 전에 재테크 목적으로 새 아파트 한 채를 더 분양받았다. 나전세는 공무원인데, 형이 사는 곳 근처에서 81제곱미터형 아파트에 전세를 살고 있다. 나지방은 대구로 시집가서 거기서 128제곱미터형 아파트에 살고 있다. 집은 남편 강한집의 명의로 되어 있다. 그리고 나신참은 입사 2년차 회사원인데, 장래를 약속한 여자가 있어서 곧 결혼을 할 예정이다.

장남 나한채는 1999년에 결혼하면서 아버지로부터 전세 자금 5,000만 원을 지원받았다. 부부가 맞벌이를 해서 5년 만에 1억 원을 모았다. 1억 5,000만 원에다 은행 대출 8,000만 원을 보태서 드디어 지금 살고 있는 109제곱미터형 아파트를 구입했다. 2004년의 일이었다. 2억 2,000만 원(1,000만 원은 거래비용으로 지출했다)에 구입한 아파트는 2년 만에 5억 원으로 시세가 껑충 뛰었다. 나한채 부부는 하늘을 나는 기분이었다. 불과 2년 만에 부채를 뺀 순자산이 2억 6,000만 원(1,000만 원은 이자비용)이나 늘었으니 말이다.

나전세도 형과 마찬가지로 결혼할 때 아버지 나대로 씨로부터 5,000만 원을 지원받았다. 2003년의 일이었다. 집값이 폭등하던 때라서 나전세 부부는 집을 살 생각을 하지 못했다. 전세 자금 대출을 3,000만 원 받아서 전세 8,000만 원짜리 아파트(81제곱미터형)에 입주했다. 나전세 부부는 집을 구입할 적기를 놓친 경우다. 결혼하던 당시만 해도 무리해서 1억 원 정도 대출을 받으면 81제곱미터형 아파트를 구입할 수 있었지만 부부는 그렇게까지 무리하고 싶지는 않았다. 다행히도 전세금은 2006년까지 오르지 않고 8,000만 원 그대로였다. 하지만 그사이에 1억 5,000만 원 하던 아파트값은 3억 원으로 올라버렸다. 3년 전에 집을 사지 않았던 것이 못내 후회스러웠다.

나대로 씨의 딸 나지방은 대구 사람 강한집과 2004년에 결혼했다. 나지방은 평소에 나대로 씨 부부에게서 아파트 한 채 마련해둔 사람이 아니면 사윗감으로 못 받아준다는 말을 귀에 못이 박히도록 들었기 때문에 신랑감으로 그런 사람만 찾았다. 그런데 어디 그런 사람을 만나기가 쉬운가? 그녀는 할 수 없이 수도권이 아니고 지방에 아파트를 가진 사람을 만나기로 결심했다. 그 후에

만난 사람이 남편 강한집이다. 결혼 당시에 강한집은 나지방의 바람대로 대구 수성구에 147제곱미터형 아파트 한 채를 갖고 있었다. 그때 그 아파트 시세는 2억 5,000만 원이었다. 강한집의 부모가 주택 구입 자금을 일부 지원해주었지만, 강한집 자신이 워낙 악착같은 사람이어서 월급으로 받는 돈 거의 대부분을 저축했고 그 돈을 종잣돈으로 삼아 주식에 투자해서 제법 많은 돈을 벌기도 했다.

강한집이 마련한 아파트는 넓기는 했지만 오래되어서 서울서 내려온 새색시 나지방의 마음에는 들지 않았다. 나지방 부부는 새 집으로 옮기기로 결심하고 열심히 돈을 모았다. 마침내 2006년 초 인근 지역에 분양한 새 아파트로 이사하는 데 성공했다. 128제곱미터형 아파트였다. 원래 살던 집보다 작았는데도 집값은 오히려 더 비쌌다. 분양가가 3억 원이었다. 나지방 부부는 기존 아파트를 2억 4,500만 원에 팔고, 저축 3,000만 원과 대출금 4,500만 원을 보태서 주택 구입 자금을 마련했다.

2006년 9월이 되자 서울과 수도권에서 잠잠하던 집값이 다시 폭등하기 시작했다. 언론에서는 단군 이래 최대의 폭등이라고 호들갑을 떨었다. 나대로 씨 생일을 맞아서 식구들이 모처럼 한자리에 모였다. 생일케이크를 자르고 식사를 마치고 나자, 자연스럽게 이야기꽃이 피었다.

"형, 아파트값 많이 올랐지? 수지맞았네! 형은 역시 운이 좋은 사람이야."

나전세가 말했다.

"그러게 그때 내가 뭐라 그랬니? 대출받아서 집 사라고 했지? 내 말 안 듣더니 네 꼴이 그게 뭐냐?"

나한채가 그 말에 핀잔으로 대꾸했다.

기분이 무척 나빴지만 나전세는 할 말이 없었다. 그때 실제로 형 나한채가 자기에게 몇 번이나 집을 사라고 강권했기 때문이다.

"그때 형 말 들을 걸! 앞으로 난 아파트 사기는 글렀어. 그나저나 아버지한테서 똑같이 5,000만 원 받아서 시작했는데 몇 년 사이에 이렇게 빈부격차가 생기다니 정말 어처구니가 없네."

나전세가 한탄조로 말했다.

"나도 부자라고는 할 수 없어. 요즘 회사에서 점심 후에 삼삼오오 모여앉아서 대화를 하는데 들어보면 온통 부동산 이야기뿐이야. 하나같이 하는 말이 '역시 재테크는 부동산'이라는 거야. 사실 아파트가 문제가 아니야. 15년 전에 용인 죽전에 땅 400평(약 1,320제곱미터)을 5,000만 원에 사둔 김 부장님은 떼돈을 벌었어. 지금 팔면 30억 원은 족히 받을 수 있대. 지금 그 양반은 회사를 취미생활로 다니고 있어. 얼마나 부러운지 몰라. 나도 어떻게 해봐야겠는데, 목하 고민 중이야."

나한채가 말했다.

그때 갑자기 나지방이 끼어들었다.

"아이구, 가진 사람이 무섭다더니, 큰오빠 욕심이 대단하네! 사실 결혼할 때는 우리 부부가 형제들 중에 제일 부자였는데, 지금은 2등으로 밀렸어. 그리고 우리는 집 살 돈을 전부 노력해서 마런했는데 큰오빠네는 불로소득으로 부자됐잖아. 억울한 느낌이 들어. 대구의 아파트값은 도무지 오를 기미가 없네. 몇 년 전보다 오히려 떨어졌어! 우리 새 집을 서울에 갖다놓으면 10억 이상은 받을 텐데……. 서울에 집 사두고 대구에서는 전세로 살 걸 잘못했나 봐."

입대를 앞두고 있던 막내 나신참은 형제들의 대화를 들으면서 답답함을 느끼고는 마음속으로 생각했다.

'아버지 생신에 와서 왜들 줄곧 부동산 이야기야! 도무지 그칠 줄 모르네. 속물들!'

어느덧 4년이라는 세월이 흘렀다. 부동산 시장은 2006년과는 완전히 다른 분위기로 바뀌었다. 정부가 부동산값을 떠받치기 위해 노골적인 부양정책을 연달아 내놓았음에도 부동산 시장은 침체 양상을 벗어나지 못하고 있었다.

그사이 나한채는 146제곱미터형 아파트 한 채를 분양받았다. 2004년의 성공 사례가 다시 한번 반복되기를 기대하면서 저지른 일이었다. 분양가가 무려 8억 원이었다. 살고 있던 집을 팔고 4억 원 정도 대출을 받아서 보태면 일단 분양 대금을 마련할 수 있다는 계산이 서 있었다.

사람들은 그 아파트가 몇 년 안 가서 12억 원까지는 올라갈 것으로 전망했다. 하지만 이번에는 그 전망이 틀렸다. 나한채가 새 아파트를 분양받고 난 다음부터 부동산 시장은 계속해서 침체 양상을 보였다.

2010년 가을 다시 나대로 씨의 생일이 찾아와서 다들 모였다. 이번에는 분위기가 사뭇 달랐다. 나한채의 얼굴에 수심이 가득했기 때문이다. 장남이 불편한 기색을 감추지 못하자 가족들의 마음이 편치 않았다.

"아니, 큰오빠 왜 그래? 아버지 생신날 왜 그런 얼굴을 하고 있어? 다른 사람들 불편하게."

나지방이 말했다.

"집도 두 채나 되는 사람이 왜 수심이 가득 찬 얼굴을 하고 앉아 있지? 걱정은 나 같은 사람이 해야 하는 것 아니야? 집주인이 전세금을 4,000만 원이나 올려달래. 또 대출을 받아야 할지, 어디 싼 데를 구해서 이사를 해야 할지, 어떻게 해야 할지 모르겠네."

나전세가 거들었다.

그 말을 듣고 난 나한채가 깊은 한숨을 내쉬며 말했다.

"야, 말 마라. 난들 왜 걱정이 없겠니? 대출은 4억 원이나 받았지, 살던 집은 안 팔리지, 집값은 계속 떨어지지. 한 달에 이자만 200만 원이 나간다. 월급받아서 이자 내고 나면 먹고살 돈이 없어. 내가 부자라고? 야, 웃기지 마라. 난 집 가진 거지야, 집 가진 거지! 하우스 푸어란 말도 못 들어봤냐?"

"형이 거지라고? 집이 두 채에 자산가치가 14억, 대출금 빼고도 10억인데 거지라고? 그럼 나는 뭔데? 난 뭐라고 불러야 돼?"

나전세가 발끈했다.

나한채가 머쓱한 표정으로 변명했다.

"전세야, 미안하다. 너랑 비교하면 내가 부자이긴 하지만, 지금

매달 내 형편이 워낙 쪼들려서 하는 말이다. 그래도 너는 나보다 마음은 편하지 않냐?"

"형, 듣자듣자 하니 너무하네! 내가 마음이 편하다고? 지금 당장 4,000만 원을 마련해야 하는데 마음이 편하다고? 집 두 채 가진 부자한테는 4,000만 원이 별것 아닌 모양이지만, 내게는 엄청난 돈이야. 집 없는 사람이 대출받는 것 얼마나 어려운 줄 알아?"

나전세가 얼굴을 붉히며 나한채를 향해 소리를 질렀다.

"오빠들, 그만해! 아빠 생신이잖아! 그놈의 부동산 올라도 문제, 내려도 문제네. 좋았던 형제 사이를 이렇게 만들어버리니 말이야. 하기야 작은오빠 말이 맞기는 맞지. 10억 자산가가 자신을 거지라고 부르는 건 좀 이상하지. 그나저나 사회생활 출발할 때 우리 5분의 1밖에 안 되는 재산을 갖고 있던 큰오빠가 지금은 우리보다 세 배 이상 부자가 됐으니 지방 사람 신세가 말이 아니다."

나지방이 오빠들의 언쟁을 말리면서 슬쩍 자기 생각을 밝혔다.

"야, 다들 너무 하신다. 곧 결혼해야 할 내 입장 생각해주는 사람 아무도 없네. 아버지는 형들이나 누나한테 했던 것처럼 해줄 수는 없다 하시고, 저축해둔 돈은 몇 푼 안 되고, 난 결혼하면 어디서 살아야 되나? 막내의 비애인가, 2030세대의 비애인가?"

잠잠히 듣고 있던 막내 나신참이 투정조로 끼어들었다.

같은 부모에게서 태어난 네 사람의 형편이 너무 크게 달라진 것이 놀랍지 않은가? 네 사람의 능력이나 노력 정도에 큰 차이가 없는데도 말이다. 하지만 우리는 어느덧 이런 일에 익숙해져서 왜 이런 일이 일어나는지에 대해서는 질문하지 않은 채, 위로, 위로 상향 이동하려고(아니, 아래로 떨어지지 않으려고) 안간힘을 쓴다. 그러나 기대와는 달리, 보통 사람들은 아무리 애를 써도 상향 이동에 성공하기 어렵다. 우리나라는 이미 손낙구가 말하는 부동산 계급 사회에 진입했다.* 위의 사례에서 나한채 한 사람은 상향 이동에 성공한 듯하지만, 그도 지금 낭패를 겪고 있기는 마찬가지다. 사실 부동산값이 오를 때에도 나한채는 온통 행복하지는 않았다. 왜냐하면 자기보다 훨씬 빠른 속도로 재산이 불어나는 사람들과의 격차가 빠르게 벌어지고 있었기 때문이다.

그래도 나대로 씨 자녀들은 형편이 괜찮은 경우에 속한다. 이들보다 형편이 나쁜 사람들이 우리나라에는 수두룩하다. 그들까지 포함하면 우리나라 국민 대부분이 부동산 때문에 불행을 겪는다. 물론 부동산 덕에 행복을 누리는 사람들도 있다. 부동산 과다 보유자, 투기꾼, 건설업자 등이다. 하지만 그들은 극소수다. 극소수의 사람들을 제외하면 부동산 때문에 모두가 불행한 사회, 우리는 지금 그런 사회에 살고 있다.

많은 사람들이 불행을 느끼면서도, 그 불행이 왜 왔는지, 그런 불행을 막을 방법은 없는지에 대해서는 생각하지 않는다. 하지만 그것은 큰 잘못이다. 우리나라가 부동산 계급사회가 된 데는 분명한 이유가 있다. 무엇보다도 잘못된 제도와 정책을 도입한 탓이

*

손낙구, 『부동산 계급사회』, 후마니타스, 2008.

크다. 제도와 정책은 물길과도 같다. 물이 물길을 따라 흐르듯이, 사람들은 제도와 정책의 방향에 맞추어 행동한다. 기득권 세력은 이 사실을 너무도 잘 알고 있다. 그래서 그들은 자신들의 이해에 부합하는 제도와 정책을 도입하고 지키기 위해 사력을 다한다. 유감스럽게도 잘못된 제도와 정책 때문에 고통을 겪는 수많은 보통 사람들과 약자들은 그 이유를 알지 못하고 또 알려고 하지도 않는다. 잘못 흐르는 물길을 따라 그냥 흘러가면서 맨 앞쪽으로 나가보려고 안간힘을 쓸 뿐이다. 자신들도 잘하면 극소수 기득권층의 대열에 합류할 수 있을 것처럼 그들은 기득권층을 이롭게 하는 제도와 정책을 실시하려는 정치인들을 지지한다. 2007년 대선 때 이명박 후보 지지 열풍, 2008년 총선 때 뉴타운 바람이 분 것은 그 때문이다.

내가 이 책에서 부동산 정책에 관한 이야기를 장황하게 늘어놓은 이유는 이런 현실을 중시했기 때문이다. 많은 사람들이 지금보다 행복해지기 위해서는 제도와 정책을 바로잡는 것이 급선무임에도, 그렇게 할 수 있는 권리를 가진 일반 시민들은 그 일에 무관심한 현실 말이다.

내가 위에서 소개한 제도와 정책은 완전한 것은 아니지만 그 정도라도 시행이 되어서 잘 정착된다면, 지금까지처럼 부동산을 가지고 대박을 터뜨리는 일은 어려워질 것이다. 그러니 나한채 같은 사람도 무리하게 대출을 받아서 집을 구입하려고 하지 않을 것이다. 투기수요가 사라질 것이므로 부동산 가격은 안정될 것이다. 혹시 일시적으로 큰 변동이 생긴다고 하더라도, 정부가 적절한 단

기대책을 시행하면 그리 어렵지 않게 조절할 수 있을 것이다. 집은 점점 자동차 같은 존재로 바뀔 것이다. 우리는 자동차값이 시간이 갈수록 올라갈 것이라고 기대하지 않는다. 그리고 자동차가 낡아짐에 따라 그 값이 떨어지는 것을 당연하게 여긴다. 나한채 같은 사람은 일반 주택을 구입할지, 토지임대부 주택을 구입할지를 두고 고민할 것이다.

땅은 이용할 필요가 있는 사람들에게 돌아갈 것이다. 기업들은 보유세 부담이 만만찮은 토지를 필요 이상으로 보유하려고 들지 않을 것이다. 그렇게 되면 좋은 아이디어와 생산성을 갖춘 사람들이 창업하기가 훨씬 쉬워질 것이다.

정부가 공공임대주택을 충분히 공급하고 주택의 소셜 믹스가 원활하게 이루어지기 때문에, 나전세 같은 사람은 더 이상 집 때문에 고통을 받지 않게 될 것이다. 2년마다 이사해야 할지 모른다는 걱정, 전세금을 한꺼번에 몇천만 원이나 올려줘야 할지 모른다는 걱정에서 해방될 것이다. 공공임대주택에 들어가더라도 민간 주택에 사는 이웃들의 배척 때문에 스트레스를 받는 일도 사라질 것이므로 군이 민간 전세주택을 고집할 필요가 없어질 것이다. 또 나한채 형제들이 만나도 부동산 격차 때문에 마음이 상하는 일은 사라질 것이다. 자기 형제가 재산을 불리는 것을 보더라도, 땀 흘려서 돈을 벌고 알뜰하게 저축해서 이룬 것임을 알기에 억울한 마음이 생기지는 않을 것이다.

나는 2011년 여름에 핀란드의 수도 헬싱키를 방문한 적이 있다. 토지공공임대제를 성공적으로 정착시킨 '꿈의 도시'답게 너무도 쾌적했고, 시민들은 한결같이 친절했다. 길을 묻는 우리 일행에게 친절하게 안내하지 않는 사람은 단 한 사람도 없었다. 마침 도심인 캄피Kamppi에 헬싱키 시 도시계획국에서 만든 전시관이 개설되어 있었다. 그곳을 지키는 직원과 한참 동안 대화를 나누고 자료도 받았다. 그 직원과의 대화를 통해 헬싱키에서는 도시계획이 원활하고 민간주택과 공공주택의 소셜 믹스가 너무도 자연스럽게 이루어지고 있다는 사실을 파악할 수 있었다. 책을 통해서만 보았던 토지공공임대제의 위력을 내 눈으로 직접 확인한 셈이다. 시민들의 친절한 태도를 통해 왜 다른 곳과는 달리 헬싱키에서는 시민들이 제도를 후퇴시키려는 압력을 행사하지 않았는지 짐작할 수 있었다.

나신참처럼 사회에 갓 진출한 젊은이에게는 주택 바우처가 지급될 것이다. 손낙구가 부동산 5계급으로 분류한 보증금 5,000만 원 이하의 셋방에 사는 사람들과 6계급으로 분류한 지하실, 옥탑방, 비닐집, 움막, 동굴 등에 사는 주거 극빈층(양자를 합하면 549만 가구로 전체 가구의 34퍼센트에 해당한다)*도 대부분 주택 바우처 지급 대상이 될 것이다. 그 결과 저소득층과 젊은이들이 주거 때문에 느끼는 고통과 불안감은 크게 줄어들 것이다.

부동산 문제와 관련하여 대부분의 사람들이 행복한 사회는 실현 불가능한 꿈이 아니다. 그것은 제도와 정책을 잘 바꾸면 의외

---

*

손낙구, 「부동산 계급과 한국 사회」, 이정전 외, 『위기의 부동산』, 후마니타스, 2009, 222쪽. 2005년 현재의 통계다.

로 쉽게 이룰 수 있는 꿈이다. 물론 그러기 위해서는 지불해야 할 비용이 있다. 우선, 부동산 과다 보유자들은 지금보다 훨씬 많은 세금을 부담해야 한다. 그러니 그들은 지금보다 불행해질 것이다. 하지만 그들이 많은 세금을 부담한다고 해서 노력소득을 강제로 징수당하는 부당한 희생을 하게 되는 것은 결코 아니다. 많은 사람들의 희생에 기대어 누려오던 토지 불로소득을 더 이상 누리지 못하게 될 뿐이다.

그리고 나한채처럼 자기 집 한 채 가지고 있는 사람들과 조그만 땅 한 조각 가지고 있는 사람들도 보유세를 지금보다 더 부담해야 한다. 그러나 그것은 대부분의 국민이 행복한 부동산 시장 질서를 만드는 대가치고는 극히 가벼운 부담에 지나지 않을 것이다. 이런 비용을 부담하지 않고 행복을 누리려는 생각은 일찌감치 버리는 것이 옳다. 그런 생각을 가진 사람은 경제학자들이 흔히 말하는 진부한 격언으로 응대할 수밖에 없다. "공짜 점심은 없다!" 뿐만 아니라 소규모 부동산 소유자들은 자신들도 언젠가 우발이익의 수혜자가 될 수 있을지 모른다는 허황된 소망을 포기해야 한다. 그건 실현될 가능성이 극히 낮을 뿐 아니라 극소수의 기득권 세력이 자신들에게만 유리한 제도와 정책을 유지할 수 있는 최대의 정치적 기반을 만들어내기 때문이다.

마지막으로, 흐린 눈을 가지고는 볼 수 없는 진리를 보았던 맑은 눈의 소유자들, 헨리 조지와 한국의 대표적인 조지스트 김윤상 교수의 말을 인용하며 이 책을 마무리한다. 모쪼록 이 책을 통해 많은 시민들이 두 분과 같은 맑은 눈을 갖게 되기를 간절히 바란다.

불의에서 정의로 이행하는 경우에 불의를 통해 이익을 얻고 있던 계층이 손실을 입는 것은 자연스러운 현상이며 이런 현상은 평행선이 서로 만날 수 없는 것처럼 어쩔 수가 없는 일이다. 그러나 손실은 상대적이고 이익은 절대적이다. 누구나 이 문제를 자세히 검토한다면, 부자연스럽고 부당한 현재의 정부 세입 조성 방법을 버리고 자연스럽고 정의로운 방법을 채택할 경우 상대적으로 손실을 입는 사람마저 큰 이익을 얻게 됨을 알 수 있을 것이다.*

우리가 찾는 파랑새는 멀리 있지 않다. 맑은 양심과 소박한 상식을 갖춘 사람에게는 바로 눈앞에 있다. 국토는 누가 생산한 것이 아니라 하늘이 국민 모두에게 베풀어준 삶의 터전이다. 국민은 대한민국이라는 공동체로부터 토지를 빌려 쓸 뿐이므로 국가에 임차료를 납부해야 한다는 것이다. 지대세 또는 국토보유세가 바로 파랑새다. 그렇게 하면 토지 불로소득이 생기지 않으므로 투기도 없고, 따라서 부동산 투기를 막기 위해 고안된 잡다한 장치가 다 필요 없다.**

*

헨리 조지 지음, 김윤상·전강수 옮김, 『헨리 조지의 세계관』, 진리와자유, 2003, 226쪽.
**

김윤상, 『땅과 정의』, 한티재, 2011, 70쪽. 국토보유세란 앞에서 설명한 지대이자차액세를 의미한다.

경제적 후생economic welfare

모든 경제활동은 사회에 효용을 가져다주지만 비용이 든다. 경제적 후생이란 어떤 경제활동이 가져다주는 사회적 효용(혹은 편익)과 그 경제활동에 드는 사회적 비용의 차이를 의미한다. 사회적 후생이라고도 부른다. 효율성이란 바로 이 경제적 후생이 극대화되는 상태를 가리킨다.

공유지의 비극Tragedy of the commons

공유지란 중세 촌락에서 공동체 구성원들의 공동 사용의 대상으로 따로 구분해두었던 토지를 말하는데, 주로 촌락 주변의 목초지나 삼림이 이에 해당한다. 여기서 생기는 비극이란 공동체 구성원이라면 누구나 공동지에서 가축을 방목하거나 삼림자원을 채취할 수 있기 때문에 방목하는 가축 수가 늘어나고 삼림자원이 과잉 채취되어 결국은 공유지가 황폐하게 되는 현상을 가리킨다. 오늘날에도 개인이 권리를 행사하지 않는 공유자원은 제대로 관리되지 못하고 오·남용되는 경향이 있는데, 이런 현상을 묘사할 때 자주 언급된다.

귀속지대imputed rent

토지 소유자가 토지를 타인에게 빌려주지 않고 자기가 직접 이용할 때 그에게 귀속되는 지대를 가리킨다. 토지를 누가 이용하건 이용할 경우에는 항상 지대가 발생한다. 토지 소유자가 자신의 토지를 이용할 때는 타인에게서 지대를 받지 않는데도, 그의 수입은 지대만큼 높아진다. 그가 스스로에게 지대를 지불한 것이다.

논뱅크non-bank

비은행 금융기관이라는 뜻이다. 은행이 아니면서도 대출 기능을 수행하는 금융회사를 가리킨다. 단, 은행과는 달리 예금업무는 취급하지 않는다.

보유세 실효세율

부동산 가액 대비 보유세 금액의 비율을 의미한다. 공시가격을 기준으로 계산하기도 하고 시가를 기준으로 계산하기도 한다.

사회적 배당금social dividend

토지가치세 수입 총액을 인구수로 나누어 모든 사람에게 똑같이 나누어주는 것을 가리키는 용어다. 모든 국민이 토지와 자연자원에 대해 평등한 권리를 가지고 있다고 보고, 마치 기업이 주주들에게 이윤을 배당하듯이 토지와 자연자원의 주인들에게 토지가치세 수입을 배당하는 것이다. 토지가치세의 주창자 헨리 조지는 이 방법에 대해 말하지 않았지만, 그의 후계자들은 거기에 사회적 배당금이라는 이름을 붙이고 평등지권 보장의 유력한 수단으로 취급하고 있다.

사회주의적 토지공유제

토지의 사용권·처분권·수익권을 모두 공공이 갖는 토지제도를 뜻한다. 사회주의하에서는 토지 사용을 공공이 일일이 통제했기 때문에 개인의 창의성이 극도로 억압되었다. 그 결과는 효율성 저하와 체제의 붕괴였다.

사회진화론

다윈의 진화론에 입각하여 사회의 변화와 발전을 설명하고자 했던 이론으로서 허버트 스펜서가 처음 주창했다. 사회진화론자들은 사회도 생물계와 마찬가지로 적자생존의 원리에 따라 단순한 것에서 복잡한 것으로 진화해 간다고 생각했으며, 사회의 발전에 대해서도 낙관적이었다. 인종차별주의나 제국주의, 나치즘을 옹호하는 근거로 활용되기도 했다.

세입 충분성 명제

토지가치세를 통해 지대의 대부분을 환수할 경우 정부 운영에 필요한 공공경비를 충분히 조달할 수 있다는 명제다. 헨리 조지는 이를 근거로 토지세를 제외한 모든 세금을 철폐하자는 토지단일세 주장을 펼쳤다.

소득 대비 주택가격비율price to income ratio

연소득 대비 주택 가격의 비율로서 흔히 PIR로 표현된다. 각국의 주택 가격을 비교할 때 자주 활용된다. PIR이 10배라는 것은 10년치 소득을 한 푼도 쓰지 않고 모두 모아야 주택 한 채를 살 수 있음을 뜻한다.

승자의 저주winner's curse

불확실한 가치를 가진 물건이 최고가로 입찰한 사람에게 팔릴 때 낙찰받은 사람이 그 물건 때문에 고통을 겪게 되는 현상을 가리킨다. 승자가 고통을 겪는 이유는 승리를 위해 과다한 비용을 치르기 때문이다. 이 책에서는 부동산 가격이 상승할 때 선도적으로 부동산 매입에 나섰던 사람들이 매입 성공으로 인해 고통을 당하게 되는 현상을 묘사하기 위해 이 개념을 사용했다.

시장친화적 토지공개념(혹은 지공주의)

토지와 자연자원이 모든 사람의 공공재산이라는 성격을 갖고 있는 만큼 그것을 보유하고 사용하는 사람은 토지가치에 비례해 사용료를 공공에 납부하게 하고 사용료 수입은 사회구성원들에게 골고루 혜택이 돌아가도록 사용하는 것을 기본으로 하는 토지철학이다. 토지가치세제와 토지공공임대제가 양대 근본정책이다.

실수요와 투기적 가수요

실수요는 이용을 목적으로 어떤 물건을 구매하려는 수요를 가리키며, 투기적 가수요는 자본이득을 얻기 위해 어떤 물건을 구매하려는 수요를 가리킨다.

외부효과externality

아무런 대가나 보상 없이 어떤 사람의 경제행위가 다른 사람들에게 의도치 않게 이익을 안겨주거나 손해를 끼치는 현상을 가리킨다. 토지는 근접성을 갖기 때문에 토지 이용 행위는 외부효과를 유발할 가능성이 매우 높다.

응익세應益稅와 응능세應能稅

응익세는 정부로부터 받는 편익에 상응하여 부과되는 세금이고, 응능세는 납세자의 부담 능력을 기준으로 하여 부과되는 세금이다.

자본이득capital gain

토지, 주식, 채권 등 자산의 가격이 상승하여 발생하는 이득을 의미한다. 자본이라는 말이 붙어 있다고 해서 기계나 건물 등의 자본재로부터 발생하는 소득으로 오해해서는 안 된다. 자본재로부터 발생하는 소득(이자나 이윤)은 연간 생산물의 일부가 분배되는 것으로서 자본이득과는 성질이 전혀 다르다. 자본이득을 노리고 자산을 매매하는 행위가 바로 투기다.

주택담보인정비율loan-to-value ratio

흔히 LTV라고 부르는데, 은행들이 주택담보대출을 할 때 적용하는 담보가치 대비 최대 대출 가능 한도의 비율을 가리킨다. 금융당국은 이 비율을 조절함으로써 주택담보대출을 규제할 수 있다. 좀더 강력한 규제를 위해 LTV 규제에 DTI 규제를 추가하는 경우도 있다.

주택 바우처 제도

주거비 지불 능력이 부족한 세입자들에게 임차료의 일부를 쿠폰 형태로 보조하는 제도다. 정부가 세입자에게 쿠폰을 주면 집주인은 그것을 세입자로부터 받아서 공공기관에서 돈으로 바꾸게 된다. 주택 바우처 제도는 현금 급여나 현물 급여의 단점을 보완하는 제3의 사회적 지원 수단으로 각광을 받고 있다.

중립성neutrality

대부분의 세금은 생산과 소비를 위축시키지만 그렇지 않은 세금도 있다. 세금이 생산과 소비에 아무런 영향을 끼치지 않을 때 그런 성질을 중립성이라고 부른다.

증권화securitization와 서브프라임 위기sub-prime mortgage crisis

모기지 대출을 담보로 증권(Mortgage Backed Securities, MBS: 주택담보대출증권)을 발행하고, 그 증권들을 섞어서 그것을 담보로 다시 증권(Collateralized Debt Obligations, CDO: 부채담보부증권)을 발행하는 것을 가리킨다. 미국의 서브프라임 위기가 그처럼 엄청난 경제적 재앙으로 발전한 것은 바로 이 증권화 경향 때문이다. 서브프라임 모기지라 불리는 비우량 대출을 남발한 모기지 회사들이 모기지 채권을 자산유동회사나 투자은행에 매각했고, 그 회사들은 그것을 기초로 증권(MBS)을 발행했다. 투자은행들은 거기서 멈추지 않고 다시 여러 종류의 증권을 섞어서 새로운 증권(CDO)을 발행했다. 부동산 가격의 하락과 함께 최초의 모기지 대출이 부실화하면서 그와 연결된 금융상품들이 줄줄이 부실화한 것이 바로 서브프라임 위기의 본질이다.

지대이자차액세

토지보유세의 일종으로서 지대와 매입지가에 대한 이자의 차액을 환수하는 세금이다. 이자공제형 지대세라고도 부른다. 지주에게 매입지가에 대한 이자만큼의 수익을 보장함으로써 조세저항과 법률적 시비를 최소화하고자 하는 취지에서 나온 방안이다. 이 세금을 징수할 경우, 지가를 매입지가 수준에서 일정하게 유지하면서 부동산 불로소득을 완전히 차단할 수 있다. 즉, 부동산 가격 안정과 불로소득 차단이 동시에 가능해진다.

지가의 문제
① 지가가 고액인 경우가 많아서 일반인에게 진입장벽으로 작용할 수 있다는 것, ② 토지 매입 후 상당 기간 동안 토지 보유비용인 이자가 토지 이용 수익인 지대보다 높다는 것, ③ 지가가 현재의 토지가치인 지대 이외의 요인(예컨대 이자율)에 의해 결정되기 때문에 토지와 금융이 결합하여 경제위기를 야기할 수 있다는 것 등의 문제를 총칭하는 말이다.

집적의 이익
사람들이 한곳에 모여 살고 경제활동이 특정 지역에 집중되는 경우, 분업이 용이해지고 한 분야의 기술개선이 다른 분야로 쉽게 이전되며 거래비용이 감소함으로써 특정 토지의 생산성이 높아지는 것과 유사한 현상이 발생하는데, 이를 집적의 이익이라고 부른다.

초과부담 excess burden
세금은 대부분 생산과 소비 등 경제활동을 위축시켜서 경제적 후생을 감소시킨다. 이때 생기는 경제적 후생의 감소분을 경제학에서는 초과부담 혹은 자중손실自重損失(deadweight loss)이라고 부른다.

총부채상환비율 debt-to-income ratio
흔히 DTI라고 부르는데, 자금 차입자의 연소득 대비 연간 상환액의 비율을 가리킨다. 금융당국은 은행들이 주택담보대출을 할 때 차입자의 상환

능력을 감안하지 않고 과도하게 대출하는 것을 막기 위해 DTI 규제를 시행한다. LTV 규제에 DTI 규제를 추가하면 대출규제는 보다 강력해진다.

토지가치공유제
토지의 사용권은 민간이 갖고 수익권은 공공이 갖는 토지제도를 뜻한다. 이는 처분권을 어디에 두느냐에 따라 다시 두 가지 제도로 나뉘는데, 처분권을 완전히 민간이 가질 경우 토지가치세제가 되고, 공공이 처분권을 가지면서 사용권을 가진 자에게 한시적으로 처분권을 맡길 경우 토지공공임대제가 된다.

토지가치세(혹은 지대세)
토지보유세의 일종으로서 지대를 과세 대상으로 삼는 세금이다. 토지가치세의 주창자 헨리 조지는 지대의 대부분을 환수하자고 주장하면서 그것이 토지사유제의 폐해를 근절할 수 있는 최선의 수단이라고 생각했다. 토지의 소유권을 구성하는 세 가지 권리, 즉 사용권·처분권·수익권 가운데 수익권을 공공이 환수하는 것이다. 단, 토지의 사용권과 처분권은 개인의 자유에 맡긴다. 지대를 100퍼센트 환수할 경우 지가는 제로로 떨어지므로 토지는 더 이상 자산으로 취급되지 못한다.

토지공공임대제
정부가 국공유지를 확보한 후 계속 소유하면서 민간에 임대하여 임대료를 징수하는 제도다. 토지 사용자는 토지 사용의 자유와 임대기간 중 토지 사용권 처분의 자유를 누린다. 정부가 임대료를 시장가치대로 걷으면 토지에서 불로소득이 발생하는 일은 일어날 수 없다. 즉, 이 제도는 토지 사용자에게 토지 사용의 자유를 보장하면서도 토지 불로소득을 원천적으로 차단할 수 있기 때문에 시장친화적인 방식으로 토지공개념을 실현한다. 따라서 이 제도하에서는 부동산 투기가 발생하기 어렵다. 하지만 중국처럼 정부가 임대료를 시장가치대로 징수하지 않을 경우에는 시장 임대료와 공공 임대료의 차이를 노린 부동산 투기가 발생할 수 있다.

토지의 시장 근본 가치와 거품 bubble

토지의 시장 근본 가치란 공식($\frac{\text{지대}}{\text{이자율} - \text{지대상승률}}$)에 의해 결정되는 지가를 가리킨다. 이 지가를 시장 근본 가치라고 부르는 것은 지대, 이자율, 지대상승률 모두를 시장 근본 요인으로 보기 때문이다. 현실 지가는 이 수준을 넘어서 상승할 수 있는데, 그 경우 현실 지가와 시장 근본 가치의 차이를 거품이라고 부른다. 거품은 자본이득을 노리는 투기적 가수요 때문에 발생한다.

토지임대부 주택

토지공공임대제의 원리를 주택 분양에 적용한 것으로서, 주택을 토지와 건물로 분리하여 토지는 공공이 소유하고 건물은 민간에 분양하는 방식으로 공급되는 주택이다. 일반분양주택이 토지와 건물을 합쳐서 민간에 분양하는 주택이고, 공공임대주택이 토지와 주택을 합쳐서 민간에 임대하는 주택이라고 한다면, 토지임대부 주택은 그 중간 형태라고 할 수 있다. 이 주택을 분양받는 사람은 건물은 매입하고 토지는 임차하게 되므로, 건물에 대해서는 가격을 지불하고 토지에 대해서는 임차료를 지불하게 된다.

프로젝트 파이낸싱 project financing

금융기관이 차입자의 자산이나 신용이 아니라 사업에서 발생할 수익을 담보로 자금을 대출해주고, 사업 진행 중에 유입되는 현금으로 원리금을 상환받는 금융기법이다. 하나의 프로젝트를 위해 특별히 독립된 프로젝트 회사를 설립해 운용하고 사업이 끝나면 해산한다. 이 금융기법은 보통 사회간접자본 건설 사업에 활용되어왔으나 최근에는 주택 건설 등 부동산 개발 사업에도 활용되고 있다.

하우스 푸어

집을 보유하고 있지만 바로 그 집 때문에 경제적 고통을 겪는 사람을 가리키는 신조어다. 이들은 주택 가격이 오를 때 거액을 대출받아서 집을 마련했으나, 부동산 시장 침체로 인해 집을 팔지도 못하고 자신의 능력을 넘어서는 원리금 상환 부담으로 인해 고통을 겪는 외관상의 중산층이다.

한계생산력설

생산요소의 가격이 그 생산요소의 한계생산물 가치에 의해 결정된다고 보는 이론이다. 기업이 이윤 극대화를 목표로 움직이기 때문에 어느 생산요소의 가격은 그 생산요소의 한계생산물 가치와 일치하게 된다. 이 결론에는 문제가 없지만, 이 학설을 만든 클라크를 비롯하여 신고전학파 경제학자들은 그것을 모든 생산요소가 제몫을 다 받는다는 의미로 왜곡하여 전파함으로써 많은 비판을 받았다.

한계생산물marginal product과 한계생산물 가치value of marginal product

한계생산물이란 생산요소를 한 단위 더 투입할 때 증가되는 생산물의 양을 가리킨다. 생산요소의 마지막 단위가 만드는 생산량이라고 정의할 수도 있다. 그리고 한계생산물 가치란 말 그대로 한계생산물의 시장가치를 의미하는데 한계생산물에다 생산물의 가격을 곱해서 구한다.

한계지(혹은 최열등지)

현재 사용되고 있는 토지 중에서 생산성이 가장 낮은 토지를 가리킨다. 다른 각도에서 보면 한계지란 남아도는 토지 중에서 생산성이 가장 높은 토지다. 고전학파 경제학자들과 헨리 조지는 한계지에서는 지대가 발생하지 않는다고 보았다.

환매조건부 주택

토지와 건물을 합쳐서 시장가치보다 낮은 가격에 분양하지만, 정부가 환매권을 갖는 주택을 의미한다. 환매조건을 붙이는 것은 주택을 분양받은 사람이 전매를 통해 불로소득을 획득하는 것을 방지하기 위한 것이다. 토지임대부 주택을 공급할 때 복지 차원에서 건물 분양가와 토지 임대료를 시세보다 낮춰서 책정할 경우, 환매조건을 붙이는 것이 바람직하다.

참고문헌

· 국정브리핑 특별기획팀, 『대한민국 부동산 40년』, 한스미디어, 2007.
· 권오현 외, 『부동산 가격 버블의 형성과 붕괴에 관한 해외 사례 분석』, 한국건설산업연구원, 2005.
· 김기호·김대성, 「대규모 도시개발사업의 전략과 기법에 관한 연구 ─ 뉴욕 배터리 파크 시티와 런던 도크랜드 개발 사례를 중심으로」, 『대한건축학회논문집 계획계』 제18권 제10호, 대한건축학회, 2002.
· 김수현, 『주택정책의 원칙과 쟁점』, 한울아카데미, 2008.
· _____, 「공존을 위한 부동산 정책의 길」, 이정전 외, 『위기의 부동산』, 후마니타스, 2009.
· _____, 『부동산은 끝났다』, 오월의봄, 2011.
· 김수현·정석, 「재개발·뉴타운 사업 중단하라」, 『공간과 사회』 제21권 제1호, 2011.
· 김윤상, 『토지정책론』, 법문사, 1991.
· _____, 「토지 소유제도와 사회정의 철학」, 『한국행정과 정책연구』 창간호, 2003.
· _____, 『지공주의』, 경북대학교출판부, 2009.
· _____, 「버블 비극과 지공주의」, 이정전 외, 『위기의 부동산』, 후마니타스, 2009.
· _____, 『땅과 정의』, 한티재, 2011.
· 김윤상 외, 『진보와 빈곤』, 살림, 2007.
· 노영훈·이성욱·이진순, 『한국의 토지세제』, 한국조세연구원, 1996.
· 로버트 안델슨·제임스 도오시 지음, 전강수 옮김, 『희년의 경제학』, 대

한기독교서회, 2009.

· 메이슨 개프니 지음, 김윤상 옮김, 「토지세에 관한 경제사상 2세기」, 김윤상, 『토지정책론』, 법문사, 1991.

· 박윤영, 「우리나라 공공임대주택 정책의 전개와 사회복지계의 과제」, 『사회복지정책』 제36권 제4호, 2009.

· 변창흠, 「부동산 시장 팽창주의와 이명박 정부의 부동산 정책」, 이정전 외, 『위기의 부동산』, 후마니타스, 2009.

· _____, 「MB 정부의 서민주거 안정 대책의 문제점과 과제」, 자유선진당 정책토론회 발제문, 2011. 5. 9.

· 손낙구, 『부동산 계급사회』, 후마니타스, 2008.

· _____, 「부동산 계급과 한국 사회」, 이정전 외, 『위기의 부동산』, 후마니타스, 2009.

· 송기균, 『주식과 부동산, 파티는 끝났다』, 21세기북스, 2010.

· 스티글리츠 지음, 김균 외 옮김, 『스티글리츠의 경제학』, 한울, 2002.

· 이용섭, '국정감사 보도시리즈 29', 2010.

· 이재율, 「헨리 조지의 분배이론」, 이정우 외, 『헨리 조지 100년만에 다시 보다』, 경북대학교출판부, 2002.

· 이정우, 「한국 부동산 문제의 진단 ─ 토지공개념 접근 방법」, 『응용경제』 제9권 제2호, 2007.

· _____, 「세계화, 불평등과 복지국가」, 한국미래발전연구원 제1차 정례 세미나 발제문, 2008. 10. 10.

· _____, 「시장 만능주의와 금융 위기」, 이정전 외, 『위기의 부동산』, 후마니타스, 2009.

· _____, 『불평등의 경제학』, 후마니타스, 2010.

· 이정전, 『토지경제학』, 박영사, 1999.

· _____, 『토지경제학』, 박영사, 2009.

· _____, 「부동산 시장 만능주의를 넘어서」, 이정전 외, 『위기의 부동산』,

후마니타스, 2009.

- 장하준, 『그들이 말하지 않는 23가지』, 부키, 2010.
- 전강수, 「헨리 조지 경제사상의 배경과 의의」, 이정우 외, 『헨리 조지 100년만에 다시 보다』, 경북대학교출판부, 2002.
- _____, 「부동산 정책의 역사와 시장친화적 토지공개념」, 『사회경제평론』 제29(1)호, 2007.
- _____, 「이명박 정부의 시장만능주의적 부동산 정책」, 『사회경제평론』 제32호, 2009.
- _____, 「부동산 시장과 금융 위기」, 이정전 외, 『위기의 부동산』, 후마니타스, 2009.
- _____, 『부동산 투기의 종말』, 시대의창, 2010.
- _____, 「평등지권과 농지개혁 그리고 조봉암」, 『역사비평』 91호, 2010.
- _____, 「공공성의 관점에서 본 한국 토지보유세의 역사와 의미」, 『역사비평』 94호, 2011.
- _____, 「토건국가의 시장만능주의 부동산 정책」, 『황해문화』 73호, 2011.
- 전강수 외, 『부동산 신화는 없다』, 후마니타스, 2008.
- 전강수·한동근, 『토지를 중심으로 본 경제이야기』, CUP, 2002.
- _____, 「한국의 토지문제와 경제위기」, 이정우 외, 『헨리 조지 100년만에 다시 보다』, 경북대학교출판부, 2002.
- 진미윤·남원석·최조순, 『주택 바우처 제도 도입과 실행을 위한 준비 과제』, 주택도시연구원, 2009.
- 프레드 해리슨 지음, 전강수·남기업 옮김, 『부동산 권력』, 범우, 2009.
- 허문영·전강수·남기업, 『통일대비 북한 토지제도 개편 방향 연구』, 통일연구원, 2009.
- 헨리 조지 지음, 김윤상 옮김, 『진보와 빈곤』, 비봉출판사, 1997.
- 헨리 조지 지음, 김윤상·전강수 옮김, 『헨리 조지의 세계관』, 진리와자

유, 2003.

• R. J. Arnott & J. E. Stiglitz, "Aggregate Land Rents, Expenditure on Public Goods, and Optimal City Size", *Quarterly Journal of Economics* 93, 1979.

• Steven C. Bourassa and Yu-Hung Hong eds., *Leasing Public Land: Policy Debates and International Experiences*, Cambridge, Massachusetts: Lincoln Institute of Land Policy, 2003.

• Klaus Deininger, *Land Policies for Growth and Poverty Reduction*, A World Bank Policy Research Report, Washington D. C.: the World Bank, 2003.

• Fred Foldvary, *The Depression of 2008*, 2nd ed., Berkeley: Gutenberg Press, 2007.

• Mason Gaffney, "Neo-classical Economics as a Strategem against Henry George", Mason Gaffney and Fred Harrison eds., *The Corruption of Economics*, Shepheard Walwyn, 1994.

• Henry George, *Social Problems*, Robert Schalkenbach Foundation, 1939.